U0721256

# 龍門石窟

## 石刻巅峰的前世今生

温玉成 著

中国大百科全书出版社

图书在版编目（CIP）数据

龙门石窟：石刻巅峰的前世今生 / 温玉成著 . —
北京：中国大百科全书出版社，2024.2
ISBN 978-7-5202-1482-7

Ⅰ . ①龙… Ⅱ . ①温… Ⅲ . ①龙门石窟—介绍 Ⅳ .
① K879.23

中国国家版本馆 CIP 数据核字（2024）第 009899 号

出 版 人　刘祚臣
策 划 人　王一珂　曾　辉
责任编辑　王一珂
责任校对　齐　芳
责任印制　魏　婷
封面设计　今亮后声
出版发行　中国大百科全书出版社
社　　址　北京阜成门北大街 17 号
邮政编码　100037
电　　话　010-88390969
网　　址　www.ecph.com.cn
印　　刷　北京天工印刷有限公司
开　　本　710 毫米 ×1000 毫米　1/16
印　　张　30.5　　　拉页　3
字　　数　410 千字
印　　次　2024 年 2 月第 1 版　2024 年 2 月第 1 次印刷
书　　号　ISBN 978-7-5202-1482-7
定　　价　118.00 元

龙门石窟鸟瞰

由莲花洞外眺望东山香山寺

龙门石窟东西两山全景

陆浑县功曹魏灵藏薛法绍造像龛

《陆浑县功曹魏灵藏薛法绍造像记》拓本（被盗凿前）

比丘法生为孝文皇帝并北海王母子造像龛

夫抗音投澗美惡必酬振服依河
長短交自斯乃德音道俗水鏡古
今法生微逢孝文皇帝專心於三
寶又遇北海母子崇信於二京妙
演之際屬叨末莅一降淨心忝充
五戒思樹荼子庶幾須弥今為
孝文并北海母子造像表情以申
接遇法生攝始王家身終夙霄締
敬歸切帝主万品衆生一切同福
魏景明四年十二月一日比丘法
生為孝文皇帝并北海王母子造

《比丘法生为孝文皇帝并北海王母子造像记》拓本

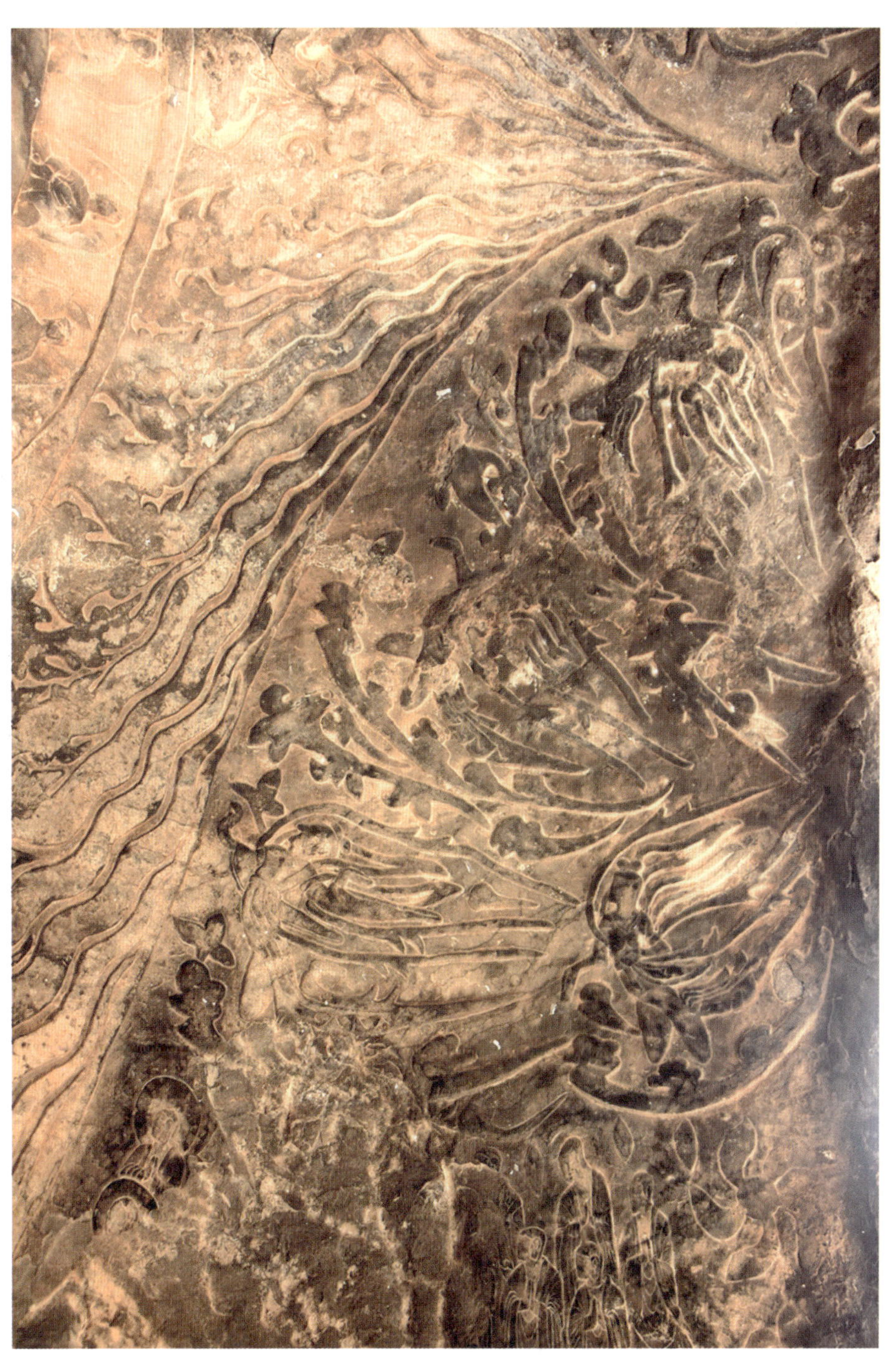

古阳洞内佛龛龛楣飞天

宾阳中洞主尊释迦牟尼佛

宾阳中洞南壁立佛

莲花洞藻井

六狮洞南壁狮子

火烧洞窟楣东王公、西王母浮雕

潜溪寺主尊阿弥陀佛

←
奉先寺卢舍那大佛

奉先寺大卢舍那像龛左胁侍文殊菩萨

奉先寺大卢舍那像龛阿难与右胁侍普贤菩萨

奉先寺大卢舍那像龛

奉先寺大卢舍那像龛北壁毗沙门天王与金刚力士

《大卢舍那像龛题记》拓本

→
万佛洞南壁

万佛洞藻井

敬善寺洞南壁天王

二莲花洞北洞窟口南侧力士

看经寺被盗凿唐代浮雕罗汉像（龙门石窟研究院藏）

宾阳中洞南壁被盗凿北魏左胁侍菩萨头像（日本大阪市立美术馆藏）

宾阳中洞南壁被盗凿北魏右胁侍菩萨头像（日本东京国立博物馆藏）

莲花洞正壁被盗凿北魏右胁侍菩萨头像（日本大阪市立美术馆藏）

擂鼓台中洞被盗凿唐代主尊头像（美国旧金山亚洲艺术博物馆藏）

奉先寺崖壁被盗凿唐代立佛头像（上海博物馆藏）

擂鼓台北洞右前壁被盗凿唐代十一面观音头像（日本仓敷市大原美术馆藏）

龙门石窟被盗凿唐代天王头像（龙门石窟研究院藏）

大中祥符四年（公元 1011 年），宋真宗赵恒撰《龙门铭》拓本

隆庆二年（公元 1568 年），巡按河南等处监察御史赵岩题“伊阙”拓本

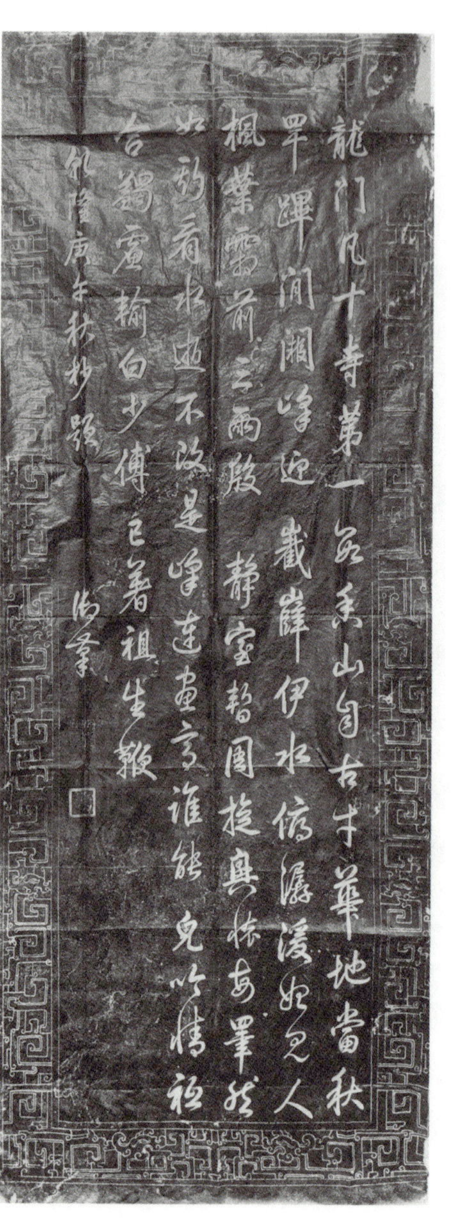

乾隆十五年（公元1750年），清高宗爱新觉罗·弘历《题香山寺二首》拓本

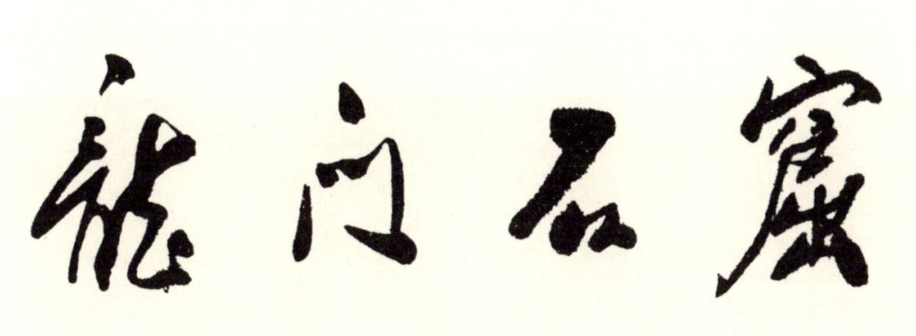

郭沫若为龙门石窟题字

陈毅为龙门石窟题字

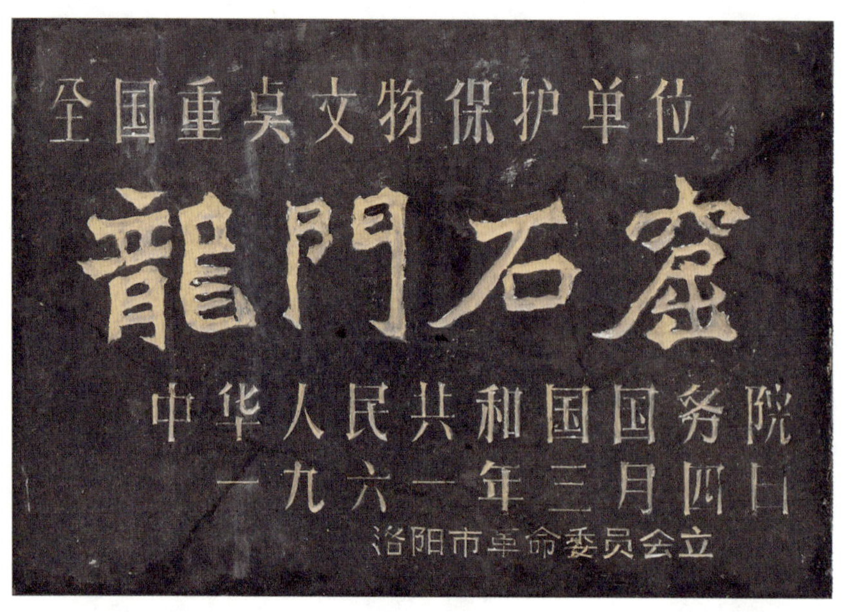


第一批全国重点文物保护单位龙门石窟文保碑

UNITED NATIONS EDUCATIONAL,
SCIENTIFIC AND
CULTURAL ORGANIZATION

CONVENTION CONCERNING
THE PROTECTION OF THE WORLD
CULTURAL AND NATURAL
HERITAGE

*The World Heritage Committee*
*has inscribed*

**Longmen Grottoes**

*on the World Heritage List*

*Inscription on this List confirms the exceptional and universal value of a cultural or natural site which requires protection for the benefit of all humanity*

DATE OF INSCRIPTION
2 December 2000

DIRECTOR-GENERAL
OF UNESCO

联合国教科文组织授予龙门石窟的“世界遗产名录”证书

1959 年 7 月 1 日，郭沫若在龙门石窟

1960 年 4 月 21 日，刘少奇在龙门石窟

1961 年 3 月 25 日，朱德在龙门石窟

1964 年 4 月 17 日，邓小平在龙门石窟

1973 年 10 月 14 日，周恩来在龙门石窟

1963 年 9 月，温玉成在龙门石窟测绘。左起：李文生、温玉成

1963 年 9 月，温玉成与宿白先生等在龙门石窟“双窑”前测绘。左起：温玉成、宿白、丁明夷

1963 年 9 月，温玉成与孙作云先生、宿白先生等在龙门石窟。左起：丁明夷、温玉成、孙作云、宿白、李文生

1963 年 9 月，温玉成（左二）与宿白先生（左五）、樊锦诗（左六）、马世长（左一）、丁明夷（左四）等在龙门石窟双窑前

1963 年 12 月，温玉成与苏秉琦先生等在龙门石窟。左起：温玉成、李文生、苏秉琦、丁明夷

1965 年 9 月，温玉成与阎文儒先生（左）在龙门石窟

1991年4月，温玉成与季羡林先生等在龙门石窟奉先寺卢舍那大佛前。后排左起：张剑福、吴炳兴、季羡林、张学书、温玉成，前排左起：张日钦、郝平、张学书夫人

1992年4月，温玉成与宿白先生（右）在龙门石窟

1997 年 5 月，温玉成与台北故宫博物院院长秦孝仪先生（右）交谈

1998 年 11 月，温玉成等五大石窟研究所负责人相聚。左起：郭相颖（大足）、樊锦诗（敦煌）、温玉成（龙门）、胡承祖（麦积山）、李治国（云冈）

1999 年 8 月，温玉成在龙门石窟奉先寺卢舍那大佛前

2001 年 2 月，温玉成与饶宗颐先生（右）在香港

2002 年 8 月，温玉成在日本冈山市做学术演讲

2010 年 3 月 28 日，温玉成与黄心川先生（右）在江苏泰州南山寺大雄宝殿前

2013 年 9 月，温玉成在斯里兰卡“佛教造像与石窟艺术国际学术研讨会”上做学术演讲

2014 年 1 月，温玉成在美国洛杉矶西来大学做“龙门石窟佛教造像艺术”学术演讲

2020 年 9 月，温玉成与龙门石窟研究院现任院长史家珍先生（右）在奉先寺卢舍那大佛前

2020 年 9 月，温玉成在龙门石窟做"'天字一号'龙门石窟"学术演讲

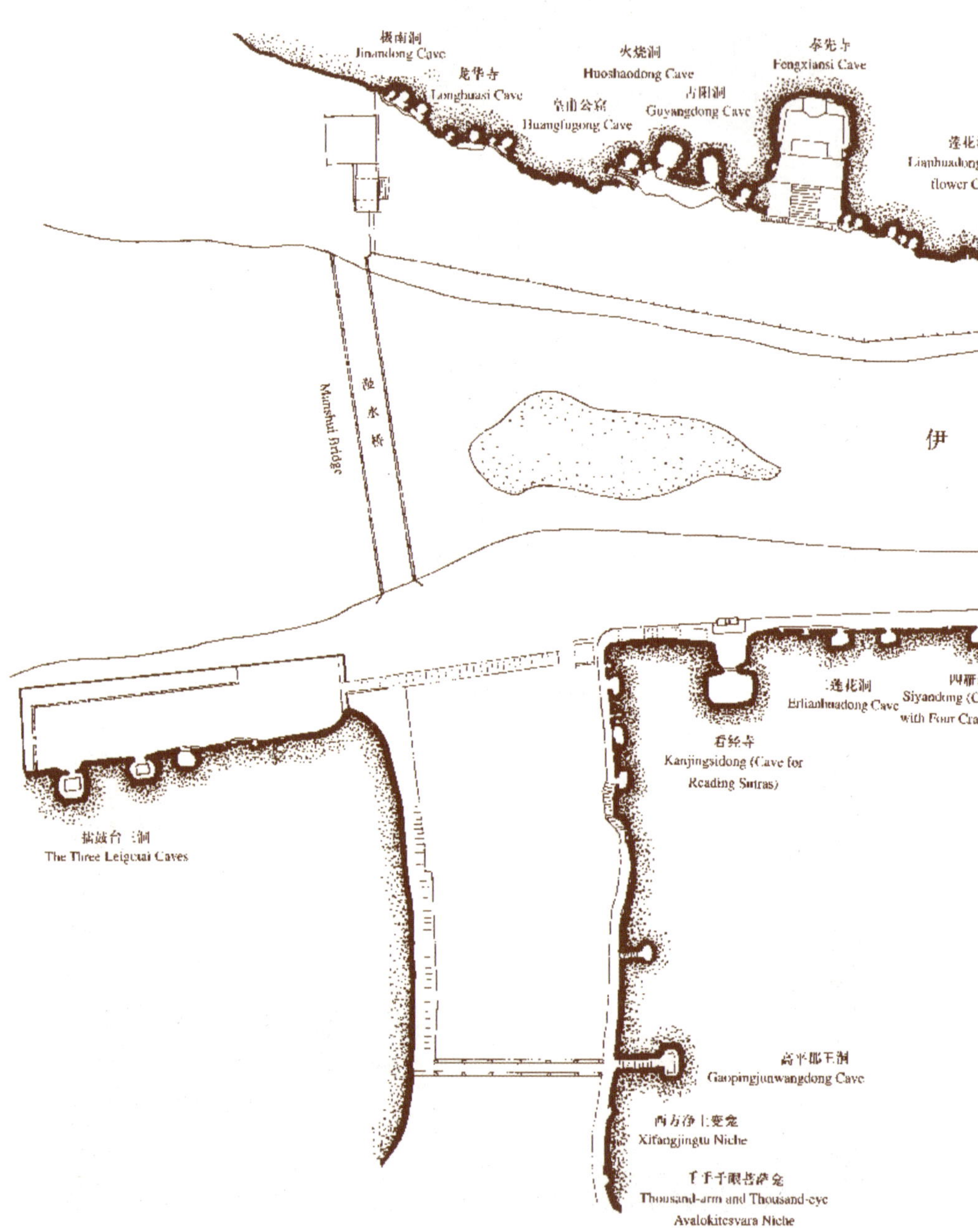

极南洞
Jinandong Cave
龙华寺
Longhuasi Cave
皇甫公窟
Buangfugong Cave
火烧洞
Huoshaodong Cave
古阳洞
Guyangdong Cave
奉先寺
Fengxiansi Cave
莲花洞
Lianhuadong
flower Ca
漫水桥
Manshui Bridge
伊
二莲花洞
Erlianhuadong Cave
四雁
Siyandong (Ca
with Four Cran
看经寺
Kanjingsidong (Cave for
Reading Sutras)
擂鼓台三洞
The Three Leigutai Caves
高平郡王洞
Gaopingjunwangdong Cave
西方净土变龛
Xifangjingtu Niche
千手千眼菩萨龛
Thousand-arm and Thousand-eye
Avalokitesvara Niche

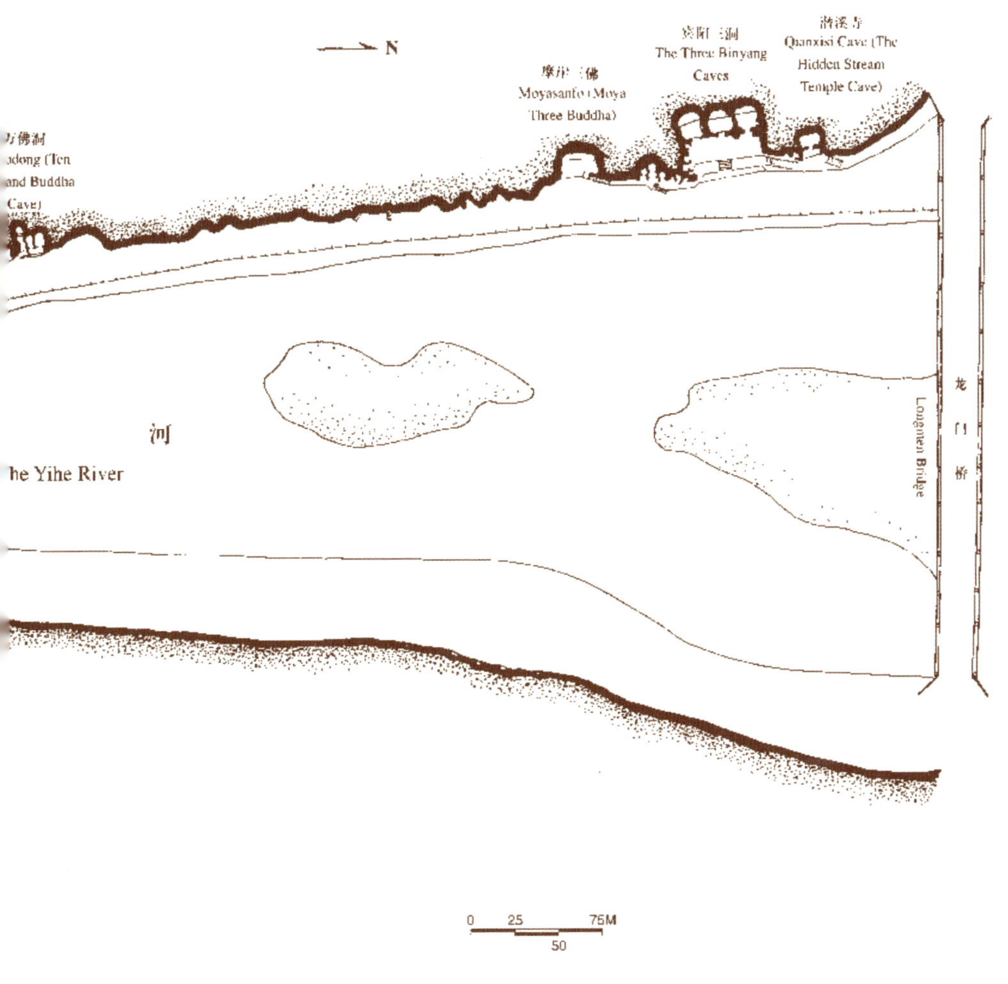


龙门石窟西山、东山石窟平面图

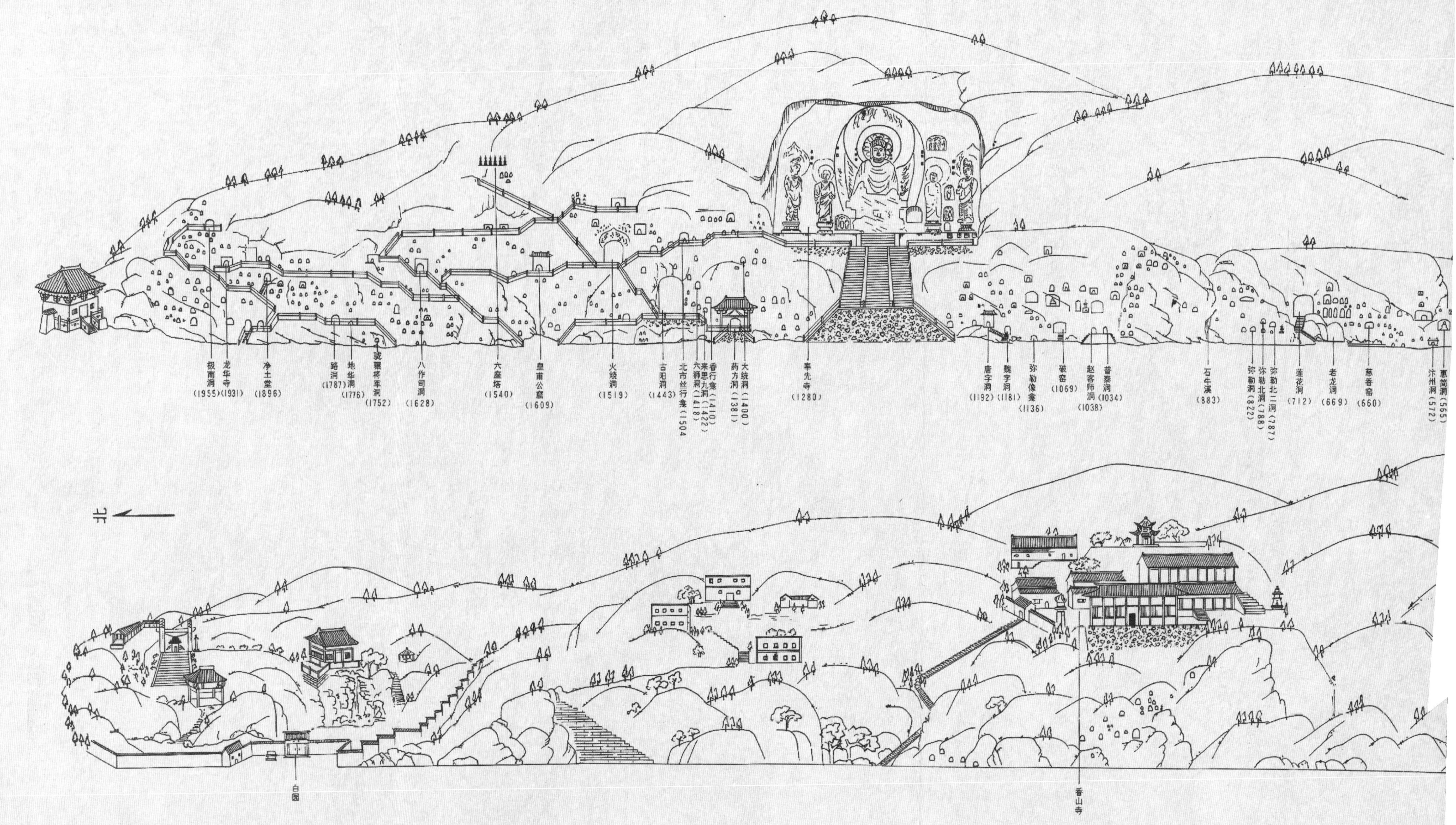

龙门石窟西山（上）、东山（下）立面示意图

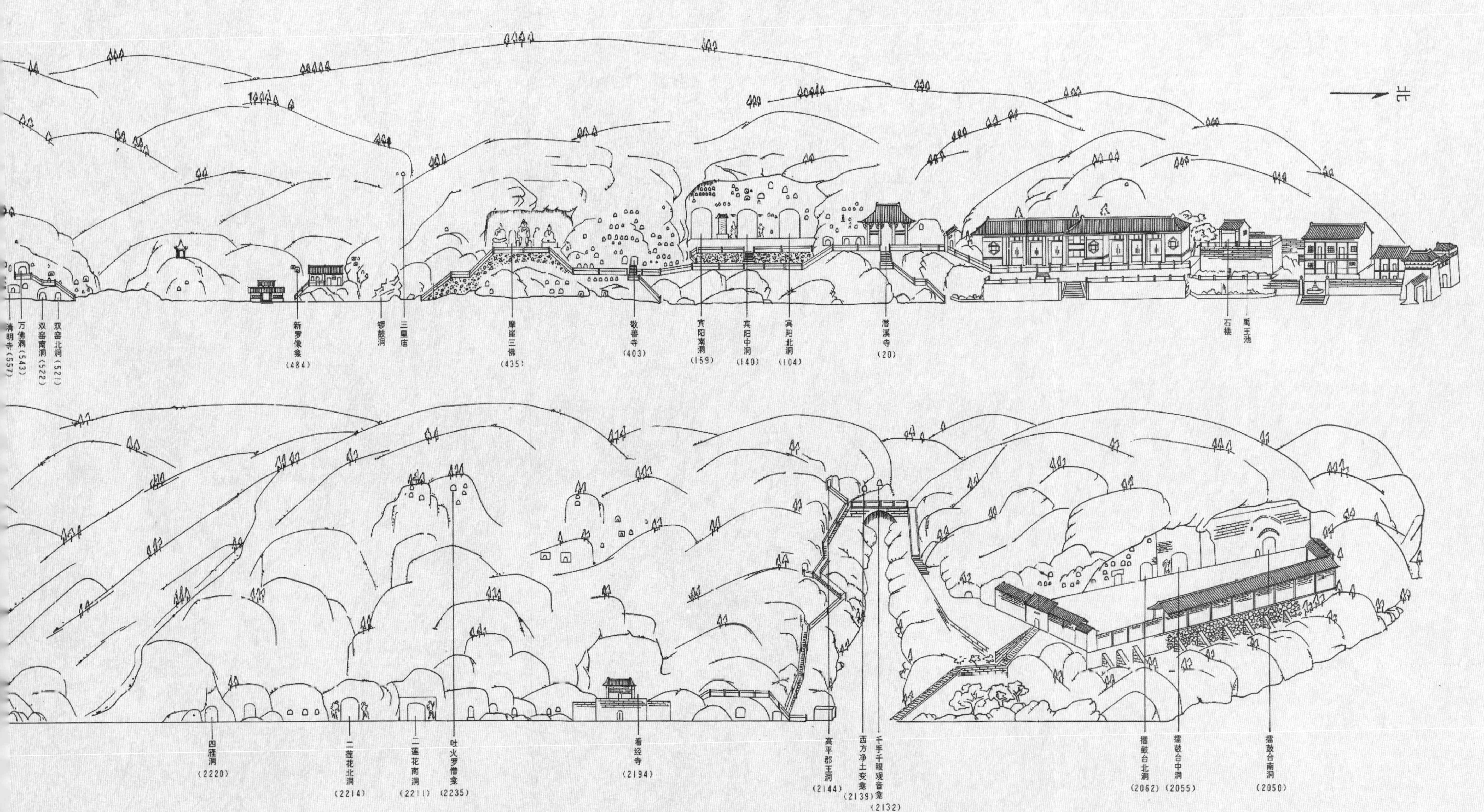
北
清明寺（557）
万佛洞（543）
双窑南洞（522）
双窑北洞（521）
新罗像龛（484）
锣鼓洞
三皇庙
摩崖三佛（435）
敬善寺（403）
宾阳南洞（159）
宾阳中洞（140）
宾阳北洞（104）
潜溪寺（20）
石楼
禹王池
四雁洞（2220）
二莲花北洞（2214）
二莲花南洞（2211）
吐火罗僧龛（2235）
看经寺（2194）
高平郡王洞（2144）
西方净土变龛（2139）
千手千眼观音龛（2132）
擂鼓台北洞（2062）
擂鼓台中洞（2055）
擂鼓台南洞（2050）

# 目录

| | 一 |
|---|---|
| 青嶂远分从地断　洪流高泻自天来 | 二 |
| 孝文执鞭称南伐　百官创开古阳洞 | 六 |
| 宣武散花闻阖门　白整受诏开双窟 | 二四 |
| 风流太后崇佛事　皇甫恃威造佛龛 | 三五 |
| 南北纷争归一统　炀帝创建东都城 | 六五 |
| 贞观之治展繁荣　魏王悼母造弥勒 | 七〇 |
| 东都歌舞叹升平　中西文化两交融 | 九四 |
| 高宗崇建卢舍那　则天石楼朝群臣 | 一〇九 |
| 弥勒下世称女主　则天挥手造天堂 | 一二一 |
| 偶将心地问高士　坐指浮生一梦中 | 一二八 |
| 渔阳鼙鼓动地来　两京陷落遭劫难 | 一三八 |
| 河洛明月挂三危　日月同天渡海东 | 一五〇 |

石刻巅峰 …… 一五九

略谈龙门奉先寺的几个问题 一六〇
唐高宗立大卢舍那像龛 一六八
武则天与龙门石窟 一七五
继承和弘扬祖国中医药文化的宝贵遗产 一八七
佛足印——龙门石窟发现的神秘图像 一九二
唐代龙门十寺考辨 一九九
龙门石窟半世纪回眸（1900—1950） 二二九
龙门石窟研究四十年（1949—1989） 二四〇
龙门石窟创建一千五百周年 二四五

龙门往事 …… 二六三

法国学者与龙门石窟 二六四
慈禧太后、光绪帝在龙门石窟 二六六
梁思成、林徽因、刘敦桢在龙门石窟 二六八
龙门石窟第一个外宾接待室 二七二
周恩来总理在龙门石窟 二七五
丹麦王国首相哈特林在龙门石窟 二八二
两件珍贵文物的回归 二八五

龙门旧影 …… 二九一

龙门古诗 …… 三一七

附录 壹 三四三

与少林寺的因缘 三四四

玄奘生平几个问题的再考证 三五一

白居易故居出土的经幢 三六三

谈谈云冈第三窟 三六九

青州佛教造像考察记 三七四

附录 贰 四一一

龙门石窟大事纪年表 四一二

龙门二十品一览表 四一八

龙门石窟主要洞窟被盗文物一览表 四二〇

龙门石窟流失海外文物收藏机构一览表 四二六

龙门石窟流失海外文物回归一览表 四二九

后记 四三〇

“天字一号”龙门石窟 四三〇

# 皇家典范

# 青嶂远分从地断
# 洪流高泻自天来

七八千年前，已步入农耕时代的原始先民就生活在河洛地区，并以绚烂夺目的史前文化——裴李岗文化开始向世人讲述洛阳的故事……

## 华夏的中心

洛阳地处北温带，位于中国地势第二阶梯向第三阶梯的过渡带，暖湿适宜；其东扼虎牢，西据崤函，北依黄河，南望伏牛，居天下之中；境内水系发达，有伊、洛、涧、瀍四条河流分布其中，丰沛的水资源不仅为原始农业的发展、人类的生存提供了保障，同时也有利于信息的传播、物流的输送。洛阳盆地的黄土分布广泛，结构疏松的黄土壤在生产力水平低下的上古时期易于耕作和开挖，其特有的自然肥效特别适合原始方式的开垦和作物的浅种直播。如此优越的地理环境，正可谓：“河山拱戴，形胜甲于天下。”

## 最早的古都

因为有上苍的眷顾，洛阳成为闻名中外的古都。我国历史上，先后有十三个王朝在此建都；它是我国建都年代最早、朝代最多、定都

时间最长的历史名城。

司马迁在《史记·封禅书》中写道："昔三代之君，皆在河洛之间。"偃师二里头遗址、尸乡沟遗址，西周姬旦迁九鼎于洛邑、东周平王尽六宫而东迁，这一系列的考古发现和历史事件，无一不是对太史公所言的注解；遍布邙山上下的"洛阳人旧墓"，既葬有帝胄显贵，又不乏平民百姓；它们用深浅不一、大小不等的墓冢，种类丰富的随葬器物为洛阳地区的古代文化踵事增华。洛阳的史话，其实就是一部浓缩了的华夏文明史。无怪司马光这样感叹："若问古今兴废事，请君只看洛阳城。"

## 佛教初传之地

以佛教人物玄奘为蓝本的章回体小说《西游记》家喻户晓，讲述了唐僧师徒历经九九八十一难前往西天取经的故事。其实，中国人前往西方取经之举远早于唐，始于汉。汉明帝夜寝南宫，梦见一位金人，身长丈六，项佩白光，飞绕殿庭。次日，明帝询问大臣：有谁能解此梦？博士傅毅奏道：西方有位神人，名曰佛，其形与陛下所梦几乎一样。明帝信以为真，遂派使者前往西方大月氏拜取佛经。永平十年（公元 67 年），汉使遣梵僧带着佛经、佛像回到洛阳，下榻于鸿胪寺。第二年，在洛阳城西雍门外修建僧院。因取回的佛经、佛像系由白马驮载而来，而梵僧又落脚于鸿胪寺，所以，这座新建的僧院就取名为白马寺。汉明帝的"永平求法"是我国佛教史上的盛举，洛阳白马寺也因之成为中国的第一座寺院，被尊为"释源""祖庭"，至今仍游人如织，香客盈门。到汉桓帝时，更在宫中祭祀黄老和浮屠，以祈福消灾，祝江山永固。随着安世高、支娄迦谶、支曜、安玄等西域僧人、居士的到来和译经的开始，《阿含经》《般若经》以及《般若三昧经》等一批佛经相继问世，洛阳成为汉地译经的中心。

曹魏时期，中天竺高僧昙柯迦罗来到洛阳（约公元249—254年），翻译了《僧祇戒心》，并开始在此正式授戒。随后又有康僧铠、昙帝、帛延先后来此译经。中国历史上第一个西行求法的高僧朱士行也正是从洛阳出发，前往于阗，求取了“正品梵书胡本九十章六十余万言”；该经于西晋时由竺叔兰译出，即《放光般若经》二十卷。

随着八王之乱，晋室南渡，洛阳城在战乱中归于沉寂，等待着佛教发展高峰的降临。

## 龙门的依托

龙门位于洛阳市区以南十三千米。这里两山对峙，伊水中流，俨然一座“石阙”，故在《左传》和《战国策》等文献中，被称为“阙塞”。《水经注·伊水》中这样记载：“两山相对，望之若阙，伊水历其间北流，故谓之伊阙矣。”伊阙是拱卫洛阳的东汉八关之首，自古便是军事要塞；约在隋炀帝时，又称之为龙门。东山名为香山，西山名为龙门山，南北长达一千米，石窟群就分布在两岸山崖的绝壁上。（图一）

香山、龙门山为古生代寒武纪（五亿年前）和石炭纪（二亿七千万年前）造山运动形成的石灰岩，主峰海拔分别为三百零三点五米和二百六十三点九米，石质坚硬优良，颜色青灰，宜于精雕细刻。伊河河床平均海拔一百四十八点一九米，汛期每年为七八两个月。

龙门的历史是悠久的。优越的地理位置、适宜的环境气候孕育出了灿烂的古代华夏文明。在龙门西山南端的魏湾村就发现了距今四千年的原始社会晚期遗存。夏禹治水，曾有“凿伊阙，通龙门”之举，对此史书屡有记载。西晋元康五年（公元295年）在西山间平通石路。至于“龙门”之名的来历，史书是这样记载的：隋炀帝杨广登临邙山，远望伊阙，见此地山河拱戴，形势险要，便问大臣们：“此非龙门耶？！自古何因不建都于此？”仆射苏威回答：“自古非不知，以俟陛下。”此番话令隋炀帝龙颜大悦，随即商议有关国都事宜。因封建皇帝将自己比作龙的化身，故而将南面正对都城皇宫的“伊阙”改

图一　伊阙风光

名为“龙门”。

约在西晋时，龙门就建立了“伊阙山寺”。至于开窟造像，则始于北魏孝文帝迁都洛阳时期（公元493年前后）。历经东魏、西魏、北齐、北周直至隋唐，其间断续营造达四百多年，形成了两岸窟龛密如蜂房、规模宏大的气势，并以题材多样、雕刻精美闻名遐迩。

不惟如此，由于北魏及大唐时的龙门石窟充分代表了皇家的意志和行为，表现在开窟造像上，龙门石窟彰显的是皇家的威仪和风范；唐代更有龙门十寺（香山寺、奉先寺、宝应寺、乾元寺、天竺寺、菩提寺、广化寺、敬善寺、胜善寺、玉泉寺）。仅此，便使得龙门石窟艺术超然有别于云冈石窟和敦煌莫高窟。

龙门石窟现存窟龛二千三百四十五个，雕像十万余尊，碑刻题记二千八百余品三十多万字，是中国古代留给后世的杰出艺术宝库。1961年，龙门石窟被国务院公布为首批全国重点文物保护单位；时隔四十年后，龙门石窟以其磅礴的气势和深厚的底蕴又跻身于世界文化遗产之列。

# 孝文执鞭称南伐<br>百官创开古阳洞

由鲜卑人建立的北魏政权，先居牛川（今内蒙古呼和浩特市东），后都平城（今山西大同），在经历了道武帝、明元帝及太武帝的数年征战后，终于在北魏太延五年（公元439年）统一了北中国，结束了北方地区战火连天的纷乱局面。

为了适应新形势的需要，魏孝文帝在位期间进行了一系列的改革。他在大力推行汉化的同时，以神学和宗教作为统治的精神支柱，让人们澄心净虑，礼佛修行，并于太和十七年（公元493年）制定了迁都洛阳的计划，以摆脱保守势力的羁绊。同年十月，诏司空穆亮、尚书李冲、将作大匠董爵开始营建洛阳，对龙门石窟的开凿也同步进行。

其实，北魏统治者崇佛由来已久。佛教是外来宗教，非常适合少数民族入主中原的心态。石虎就曾说："佛是戎神，正应所奉。"同时，他们向人民宣扬因果报应说，要他们安于现状；而深受压迫的各族人民在饱经战乱之后，也转而寻求精神上的解放和安慰，以摆脱绝望的处境。在这种社会背景中，佛教得以广泛传播，具体表现为云冈石窟的开凿。当北魏王朝都平城时，文成帝派高僧昙曜在"京城西武周塞凿山石壁，开窟五所"。这就是云冈石窟著名的"昙曜五窟"。这座距平城十六千米的武周山，在北魏和平元年至太和十八年（公元

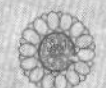

460年—494年）三十余年间，由一座普通的石山变成了“雕饰奇伟，冠于一世”的艺术殿堂。

北魏迁都洛阳后，拓跋氏对佛教的热忱丝毫未减，不仅表现在营建洛京之始便于龙门大肆营窟造像，而且洛阳城“昭提栉比”，“法教如林”；至北魏后期，“僧尼大众二百万矣”！截至太平元年（公元534年）东魏迁都邺城时，洛阳的寺院达到一千三百六十七所。杨衒之在《洛阳伽蓝记》中写道：“迨皇魏受图，光宅嵩洛，笃信弥繁，法教愈盛。王侯贵臣，弃象马如脱履；庶士豪家，舍资财若遗迹。于是昭提栉比，宝塔骈罗，争写天上之姿，竞摹山中之影。金刹与灵台比高，宫殿与阿房等壮。”

作为云冈石窟的延续，古阳洞（又名石窟寺）成为龙门石窟中开凿年代最早的洞窟。它位于龙门西山南部，洞内列龛众多，精巧华丽，各龛龛楣装饰极富变化；龛内造像端庄文静，秀骨清像。古阳洞是达官贵人、僧侣邑主发愿造像最多的洞窟。如司空穆亮、安定王元燮、广川王元略、齐郡王元祐、北海王元详、名将杨大眼以及法生、惠感等一批僧人均在洞窟内开龛造像。著名的“龙门二十品”中，就有十九品来自古阳洞这些人物留下的造像题铭。“龙门二十品”是中国书法史上的精华之作。保留在窟中的浮雕佛经故事，也因其完整性而久负盛名。（图二）

古阳洞平面为长方形，宽六点九米，深十三点六米，高十一点一米。正壁一佛二菩萨即为孝文帝所造，它与两侧壁排列整齐的八大龛建于同时，始于太和十七年（公元493年）后，完工于景明年间。

正壁主尊通高七点八米，结跏趺坐于方形台座之上，磨光高肉髻，面相长圆，清秀但不削薄。宽平肩，内着僧祇支，胸腹间系带，作成小结，结带下垂，外披褒衣博带式袈裟，双领下垂。施禅定印，腿部残。身后的舟形背光直达窟顶。（图三）

这尊造像在年代上与山西云冈石窟之昙曜五窟相距不远，又同为

图二　古阳洞窟顶

北魏王室主持开凿，但二者却表现出截然不同的风格。云冈大佛鼻梁与前额齐平，眼大唇薄，袈裟斜披，右肩裸露，其受西方艺术影响的特征凸显无遗。而古阳洞的造像不仅装束汉化，且在对形体的刻画中，因顺应了魏晋以来士族所追求的“一觞一咏”的精神时尚，也像上述主尊一样，变得面容清秀、体态瘦削、风度清羸。这种“秀骨清像”式中原风格与云冈石窟的雄伟健壮缘由各自的文化背景，代表了不同的艺术流派。

位于主尊两侧的胁侍菩萨，头戴花冠，身披瓔珞，立于莲花座上。其中左侧菩萨所持净瓶下的衣纹，被一开凿于正始三年（公元 506 年）的小龛所打破，足证菩萨的造像年代不晚于是年。（图四）

与主尊造像同时开凿的南壁上层四个大龛以及北壁上层四个大龛，大小相若，排列整齐，造像均为禅定印释迦像和二菩萨。

南壁东起第二龛为比丘法生为孝文帝并北海王母子造像龛。此龛完工于景明四年（公元 503 年）。龛高二点二米，宽一点七米，为尖

图三　古阳洞主尊

拱龛，尖拱中刻五身坐佛和六身侍立菩萨，其下为二龙矫首，龙尾相合形成圆拱，龙首却立于龛两侧隐出的八角束莲柱上。龛内主尊跏趺坐于平台座，其下正中为造像题记，两侧浮雕出供养人行列。两列供养人像布局大抵相同，头三位是比丘或比丘尼作引导，居于龛左的男供养像中第四人身材挺拔，头戴高冠，旁有侍者执盖、伞，刻名为“佛弟子北海王之优荣”。右侧的女供养人像中，也以身高的差异突出了二位贵妇的地位，可惜其刻名今天已无法辨识。北海王是孝文帝的异母兄弟，其母为高椒房。由此不难推测，头位贵妇应为北海王母高氏，后者则可能是北海王妃。（图五）

慧乐造像龛凿于景明四年（公元 503 年），是比丘慧乐为北海王所造；题记写道：“今率贫资，以曳前志，仅造像一区。”龛高一点三六米，宽一米，造像组合为一佛二菩萨三身像。与前面讲述的法生造像龛不同的是，慧乐造像龛中主尊为交脚而坐的菩萨装弥勒。造像的头面部残，仅余宝缯飘至肩部；披巾于胸前交叉穿环而过，下着大裙，衣褶密集，做说法印，下有半身地夜叉托举着主尊的双足。主尊双腿两侧各有一只狮子。弥勒的两侧有胁侍菩萨各一，头戴花冠，面庞长圆，佩戴项圈，帔帛在膝前交叉，双手合十。圆拱内刻有若干身飞天作为装饰。（图六）

建于太和二十二年（公元 498 年）的比丘慧成为始平公所造像龛则向世人展示了北魏时期的歌舞场面以及备受青睐的魏碑风采。（图七）该龛高二点七米，宽一点七五米，是比丘慧成为其亡父始平公造的像

陽洞

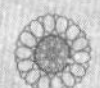

←
图四　古阳洞主尊
左侧菩萨立像

图五　比丘法生为孝文皇帝并北海王母子造像龛及线图

图六　比丘慧乐为北海王造弥勒像龛及线图

图七　比丘慧成为亡父始平公造像龛

图八 比丘慧成为亡父始平公造像龛背光

龛。造像内容为一佛二菩萨，主佛结跏趺坐于平台之上，头残，内着僧祇支，袈裟自左肩向右斜披，在右肩搭一角，施禅定印。两侧的菩萨戴高冠，帔帛在腹前交叉然后搭于肘外。龛楣内装饰着童子牵华绳，童子间以莲花相隔，龛楣下为二龙矫首，所踏平台由四臂夜叉托起，夜叉脚踩地鬼。在舟形背光的外侧，浮雕出九身伎乐人，他们裸上身或执细腰鼓，或怀抱筚篥、琵琶，或横吹排箫横笛，帔巾在身旁飘动，仿佛一幅花雨纷飞、天乐盈耳的佛国景象。（图八）

在龛的东侧，用减地阳文雕凿了慧成造像龛的题记“始平公像一区”，它是“龙门二十品”之一，也是龙门石窟中惟一一通用减地阳文手法雕凿的碑刻，极具艺术价值，弥足珍贵。（图九）但对于“始平公”其人到底是谁，至今众说纷纭。

“龙门二十品”，指的是龙门石窟的二十则北魏时期的造像题记。它们既是重要的历史资料，又是宝贵的书法艺术品，代表了我国北朝书法艺术的最高水平。其书体被称为“魏碑体”“龙门体”等。其书法端正大方，刚健有力；行次规整，大小匀称；结体和运笔则在隶、楷之间，表现出承隶启楷的过渡性风格。二十品中除“慈香”一品在慈香窑内，其余十九品均在古阳洞内。它们或深著劲重，或端方峻整，或峻骨妙气，或峻宕奇伟。其中前述慧成品（《比丘慧成为亡父始平公造像记》）结体紧凑，无松散下垂之感，笔法棱角分明，起落处宛如刀削般斩钉截铁；而尉迟品（《长乐王丘穆陵亮夫人尉迟氏为亡息牛橛造像记》）则笔画较细，稳重又不失俊秀爽利，成

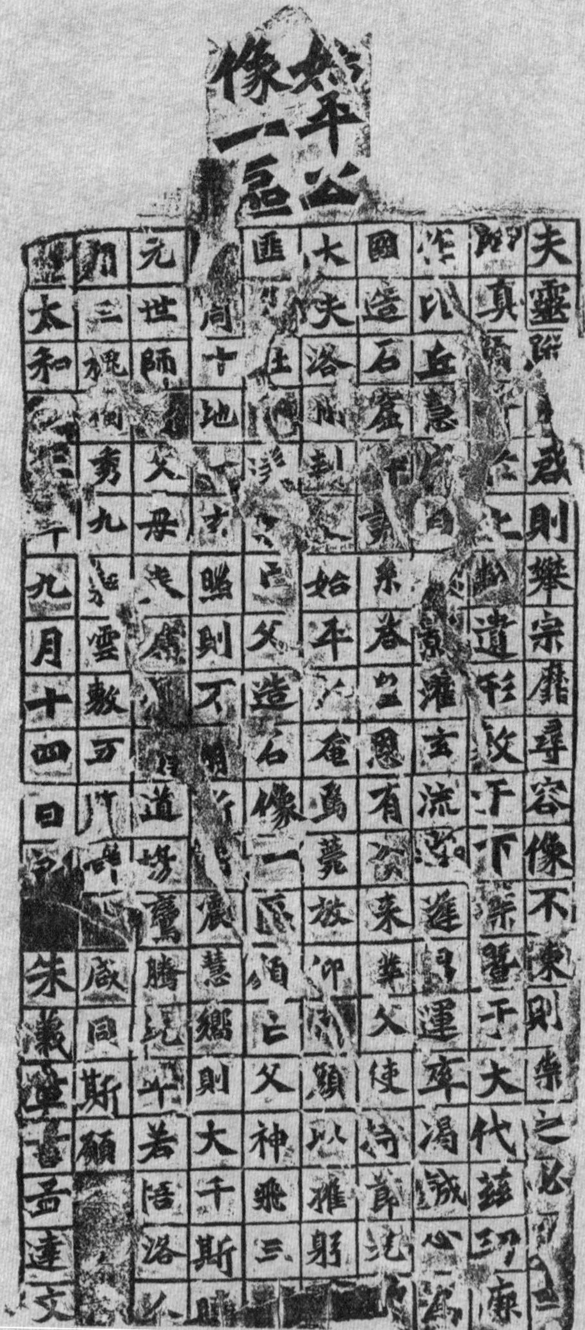

图九 《比丘慧成为亡父始平公造像记》拓本

图十　长乐王丘穆陵亮夫人尉迟为亡息牛橛造像龛

为诸品中之翘楚。

尉迟品位于古阳洞北壁的“长乐王丘穆陵亮夫人尉迟氏为亡息牛橛造弥勒像龛”。该龛凿于太和十九年（495年），高一点二米，宽一点零五米，造像组合为交脚弥勒和左右胁侍菩萨。（图十、图十一）龛楣饰以十一童子牵华绳，其下部各浮雕一飞天。飞天躯体呈“U”形，左边飞天双手合十，右边飞天双臂上举。飞天之下各刻两位胡装供养人，左侧为男性，手执莲蕾，右侧者有残损（图十二）。

古阳洞还有一个备受关注之处，那就是窟内浮雕的佛传故事。这组浮雕位于古阳洞北壁最上层的“杨大眼为孝文皇帝造像龛”。造像组合为一佛二菩萨。主佛袒右肩，施禅定印，结跏趺坐于平台上，波发高肉髻，面部被毁。头光有四重：内层为莲瓣纹；外三重的结构略有变化，呈连环状构图；中心区为一佛二菩萨，十四身小坐佛次之；最外是紧那罗像，它们有手捧博山炉的，有做舞蹈状的。头光外为舟形火焰纹背光，两侧阴线刻出弟子半身像，左右各五身，在背光尖端

太和九年十一月使持節司空公長樂
王丘穆陵亮夫人尉遲為亡息牛橛請工
鏤石造此弥勒像一區願牛橛捨於分段
之鄉騰遊无礙之境若存託生生於天上
諸佛之所若生世界妙樂自在之處若有
苦累即令解脫三塗惡道永絕因趣一切
衆生咸蒙斯福

图十一 《长乐王丘穆陵亮夫人尉迟为亡息牛橛造像记》拓本

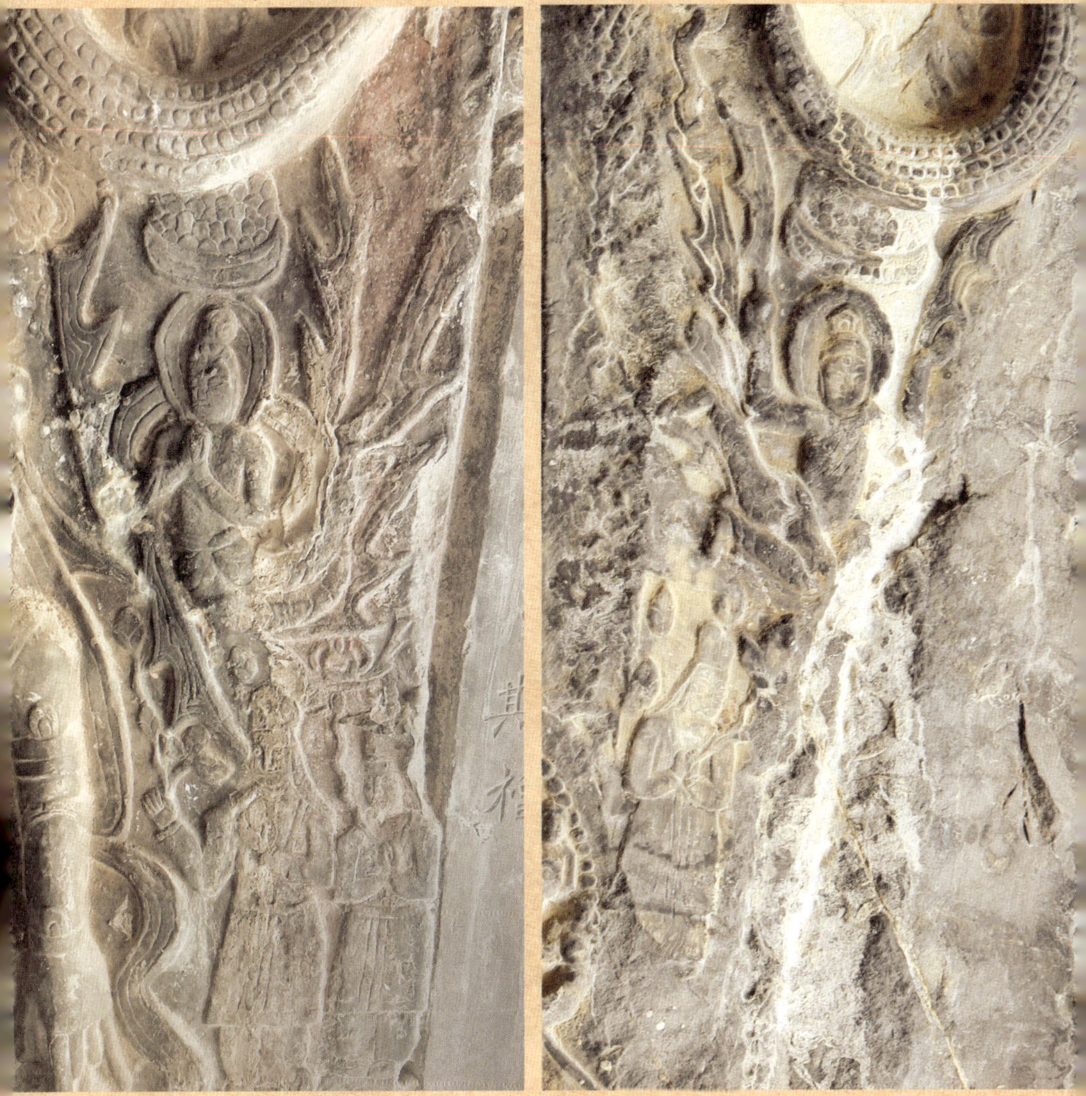

图十二　长乐王丘穆陵亮夫人尉迟为亡息牛橛造像龛左、右两侧飞天及供养人

图十三　辅国将军杨大眼为孝文皇帝造像龛及线图

两侧则为飞舞的紧那罗。（图十三、图十四、图十五）在杨大眼造像龛楣中央为二龙盘绕着的须弥山（须弥山即喜马拉雅山的古译）。其下两侧，分别刻出“乘象投胎”和“逾城出家”的佛传故事。

在古阳洞南壁第二层大龛的第三龛的拱龛楣内，浮雕出了内容更为丰富的佛传故事。（图十六）这组佛传故事从左侧开始，依次为：

**（一）佛母入梦**　画面上，古印度迦毗罗卫国净饭王夫人摩耶仰卧于四角攒尖顶的斗帐内，帐的四周及顶尖处有莲瓣装饰。

**（二）天神投胎**　帐侧一较大的圆形图案里，一菩萨乘白象，朝帷帐内的摩耶夫人奔驰而来。摩耶夫人惊醒后有娠。摩耶夫人怀孕后，一直深居宫中。按照当时印度人的习惯，怀胎期满，国王必须派人护送其回娘家分娩。画面上摩耶夫人昂首挺腹，行走在前，后有侍卫人员持伞盖、羽葆为其遮照。周围有花草、树石。

**（三）树下诞生**　当摩耶夫人在侍卫人员护送下行至蓝毗尼园时，

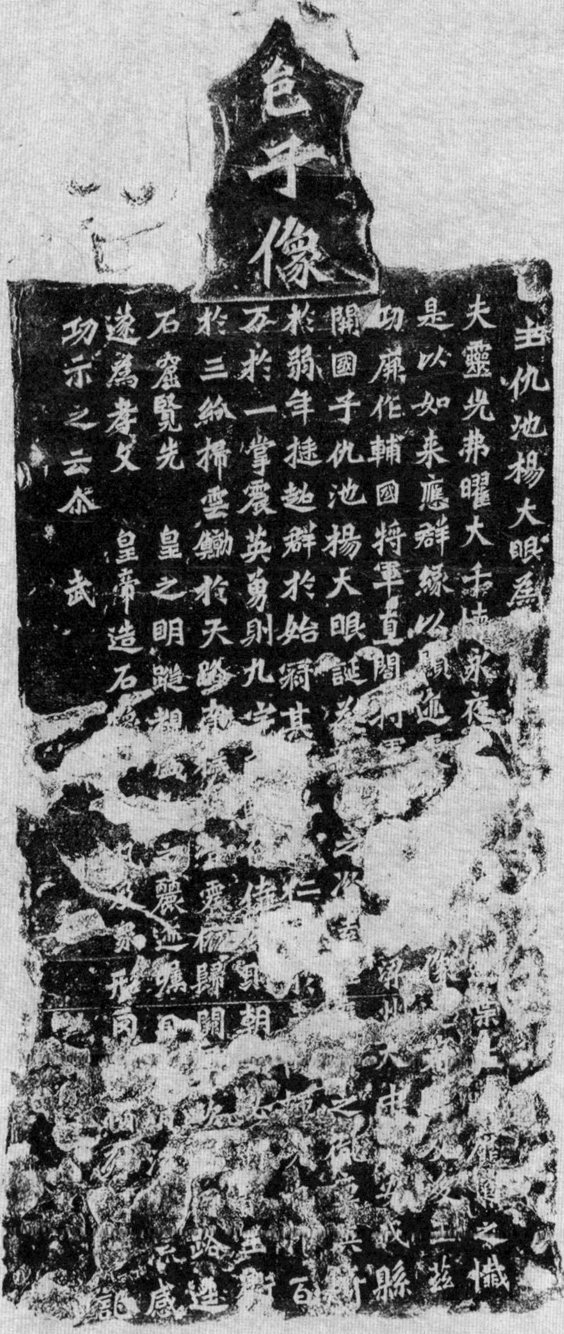

图十四　《辅国将军杨大眼为孝文皇帝造像记》拓本

看到娑罗树（又称摩可婆罗树、无忧树）枝叶茂盛，夫人刚想攀折，忽有一枝垂到她手边。夫人一伸手，太子从右胁出。画面上，两棵娑罗树中间有三人，中间是摩耶夫人，躯体向右倾斜，呈临产状；左侧一人双手扶着夫人，右侧一人跪在地上，做接生状。太子已出夫人体外。

**（四）步步生莲**　太子降生之后，即会下地行走，向四方各行七步，走一步生一朵莲花。画面上，太子似成人形象，作行走状。其头顶上方、身体两侧、脚下都有连续的莲花图案。

**（五）九龙灌顶**　太子行走之后，诸天护法俱来守护太子。龙王兄弟吐泉水为太子洗浴。画面上，一长方形凭几上，站立一裸体人，九龙头注水而下。太子左右各有一人，双跪其侧，双手做扶持状。

**（六）树下成道**　太子在苦行林出家六年未得正果之后，意识到苦行不是办法。于是他放弃了苦行，决定用明智的办法寻求解决人世间生老病死诸苦的问题。他在寂静中坐了四十八天，冥思苦想；他的毅力和真诚感动了天地，个人终于悟出真谛。世间正大光明，成就了无上正等正觉。画面上的太子，身着袈裟，双手施禅定印，通身大莲瓣形背光，是本组佛像中最显明的图案。左右两侧二菩萨胁侍，外侧为两棵菩提树。

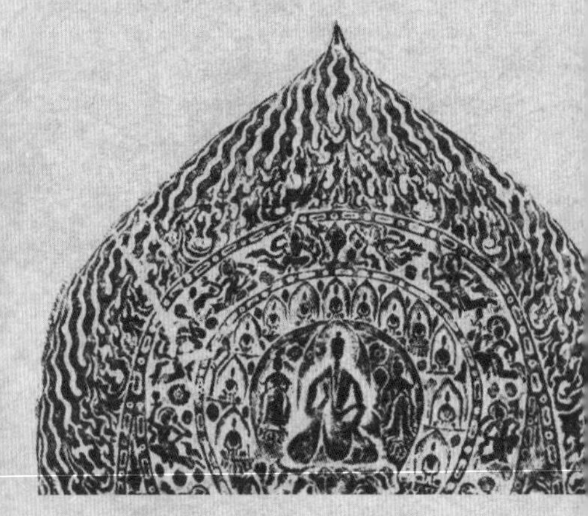

图十五　辅国将军杨大眼为孝文皇帝造像龛主尊头光、背光及拓本

图十六　古阳洞南壁拱龛龛楣内佛传故事浮雕及线图

**（七）太子观耕**　太子起名为悉达多。随着逐渐长大，太子非常希望出游，国王应允了他，并派群臣前后导从。当他在田间闫浮树（也称思索树）下休息时，看到草被犁翻起，许多虫卵和幼虫被飞鸟争食，不胜悲哀。他想到人世间的各种苦难，于是有了出家的念头。画面上，太子坐在一弧曲头的凭几上，双手合十，身上的飘带随风而扬。其面前是二牛拉一犁，牛头下低，似在觅食。其旁一小牛犊正昂首与大牛戏耍。

**（八）阿私陀占相**　太子降生后，国师就上门为其占相。说其有三十二种神奇形象，为大圣人降世；若在家能转轮圣王；若出家，必能广济天下。画面上，两棵菩提树间，一老人坐于三足鼎立的呈弧曲状的凭几上，双手抱一头光小儿，正在仔细审视。

**（九）太子还宫**　画面上，摩耶夫人怀抱太子，向一宫殿走去，身后有持华盖、羽葆的二侍从。宫殿门内有一人低头弯腰迎接夫人。

**（十）报喜** 此图在古阳洞下层惠感龛内，共五个情节，其中的“树下诞生”“步步生莲”“九龙灌顶”“阿私陀占相”等与前所述基本相同。“报喜”的内容是，太子降生之后容颜端庄，侍卫人员即向国王报告：王后生了太子，有种种神奇的形象。画面上，国王坐在较高的凭几上，身体前倾，正在观看。其面前一人双跪，双手托一小儿。后两人持华盖、羽葆。

有些佛传故事中还刻画出姨母养育的情节。摩耶夫人生下太子七天即命终，悉达多由其姨母抚养。画面上，太子姨母双膝跪在凭几上，双手搂抱太子，身后一侍女托一瓶状物，似要喂养太子。

从云冈昙曜五窟的雄浑伟岸到古阳洞的秀骨清像，其间的变化不仅是艺术风格的嬗变，同时还表明了“龙门模式”的确立。这种变化看似陡然，其实它也是特定文化氛围的产物。孝文帝改制的核心是极力推崇汉化，倾慕南朝文化成为时尚。唐代张彦远在《历代名画记》中评述南朝画家陆探微画风时所描述的“笔迹劲利，如锥刀焉。秀骨清像，似觉生动”的特征已在古阳洞造像上初显端倪。在对菩萨的处理上，高眉细目、发髻上的花冠、有着优美曲线的帔帛和璎珞则是对南朝“丽服靓妆，随时改变。直眉曲鬓，与时竞新”诸时尚的追求。通过对南朝文化的仿效，北魏的文化充满了浓郁的汉化风韵，表现在龙门石窟古阳洞及其之后的造像中，便是肩胛变瘦，由“两肩齐亭”演变为削肩，面型长圆，表现五官的线条趋向柔美，神态也随之愈加“玄妙”，产生了秀骨清像、风度清羸、褒衣博带、玉树临风的艺术效果。较之云冈石窟的“穷诸巧丽、骇动人神”的“真容巨壮”，浮在龙门石窟菩萨嘴角的一抹微笑，更加气韵生动。看似宁静飘逸的龙门雕像，不仅代表着皇族的威仪，实际上也折射了尘世间太多的痛苦和无奈；渺小的众生在佛坛之下，犹如跪拜于威严的宫廷之上，将自己在长期战乱中悲伤的叹怨和美好的向往统统放下，俯首听命，逆来顺受。这种“清羸示病之容，隐几忘言之状”的艺术作品不仅开启龙门模式之先河，也为接踵而至的隋唐时期的龙门石窟进一步中国化奠定了坚实的基础。

到了北魏后期，龙门石窟出现的这种龙门模式，又逐渐影响到龙门附近地区的石窟。如北魏晚期开凿的偃师水泉石窟、宜阳县虎头寺石窟、嵩县铺沟石窟、巩义石窟寺、渑池县鸿庆寺石窟等。这些石窟古代均属洛阳地区，其年代不晚于东魏，都是继龙门之后陆续开凿的；因此，它们的艺术风格同龙门一脉相承，只是在规模、艺术成就和完整程度上有逊于龙门而已。

# 宣武散花阊阖门<br>白整受诏开双窟

继古阳洞之后，北魏王室继续在龙门进行营造活动。随着规模的增大，皇家风范也愈发张扬，宾阳洞便是其代表之一。

《魏书·释老志》记载：“景明初，世宗诏大长秋卿白整，准代京灵岩寺石窟，于洛南伊阙山，为高祖、文昭皇太后营石窟二所。初建之始，窟顶去地三百一十尺。至正始二年，始出斩山二十三丈。至大长秋卿王质，谓斩山太高，费工难就，奏求下移就平，去地一百尺，南北一百□□尺。永平中，中尹刘腾奏为世宗复造石窟一，凡为三所。从景明元年（公元500年）至正光四年（公元523年）六月已前，用工八十万二千三百六十六。”

从这则史料中我们可以看到，原来规划的二窟规模宏大，窟顶距地表三百一十尺。从开工到正始二年（公元505年）的六年间，只“斩山二十三丈”。由于工程艰巨浩大，王质奏请紧缩原计划获准后，才在山脚平坦处开出一“去地一百尺，南北一百□□尺”的壁面。到永平年间，中尹刘腾又奏加一窟，形成了三窟并建的布局。

所建三窟，为学界指认为“宾阳洞三窟”。中洞和南洞两窟之间设巨碑一通，呈双窟并列之式，即白整为高祖、文昭皇太后所建的“灵岩寺”，宾阳北洞便是刘腾为宣武帝开凿的。其中，南北二窟造像中途停顿，仅有宾阳中洞的全部工程完成于北魏时期，其以规模的恢

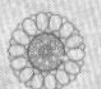

宏、技艺的精湛、布局的严谨而成为龙门石窟北魏时期的重要代表作。

宾阳中洞与南洞虽然是以代京灵岩寺为标准开凿，但它并不是对代京灵岩寺的简单仿摹和复制。（有学者考证，代京灵岩寺即为云冈石窟第七、八窟。）首先，在对窟形的定位上，宾阳中洞和南洞进行了创新：增大了窟门，增强了采光；后移了列像，使得前庭面积扩大，观像更为方便。其次，在追求造像玄妙方面，更加注重了“骨法用笔”“应物象形”及“气韵生动”。

该洞平面大致呈方形，宽十一点四米，深九点八五米，高九点五米，穹窿顶。窟内整体布局当依《法华经》而作，即在正壁及左右侧壁各雕一组佛及菩萨造像，以示过去、现在、未来三世佛。（图十七）正壁的造像组合略有变化，为一坐佛二弟子及二菩萨。主尊释迦牟尼佛结跏趺坐于须弥座上，高六点四五米，波纹状肉髻，面容长方，眉疏目朗，鼻高而短，上翘的嘴巴露出微微笑意，细颈、削肩、平胸，左手屈三指而向下，右手前伸于胸前，手心向前。内着僧祇支，裙带系结下垂，外披褒衣博带式袈裟，衣纹被处理成阶梯状并行线，衣裙前垂覆盖佛座。这是北魏时期龙门石窟佛装的通式。（图十八）其身后的身光和头光的装饰技法，为同时期的典型作品。

立于佛左侧的是佛十大弟子之一——迦叶，他被塑造得深目高鼻、老成持重。迦叶因坚持长期修“头陀”苦行而深得佛祖信任，并得到佛祖的衣钵传授。有关摩诃迦叶受佛祖传法之事，还流传着一个脍炙人口的故事。佛祖受梵王之请前往灵鹫山说法，升座之后，只字不言，手执一朵菠萝花给大众看。众人不解此意，惟有迦叶见佛示花，破颜微笑；佛祖当即将“正法眼藏”“涅槃妙心”“实相无相微妙法”以及平日所用金缕袈裟和钵盂传给摩诃迦叶。（图十九）佛陀一生虽讲经说法，但却“述而不作”，未留下文教典籍。佛涅槃后，在迦叶的领导和主持下，发起了佛教史上的首次结集，出经、律两大部佛典。此举对佛陀言教的汇集、保存及之后佛教的传播起到了至关重要的作用。

图十七　宾阳中洞造像及线图

图十八　宾阳中洞主尊释迦牟尼佛

图十九　宾阳中洞西壁北侧迦叶像

在佛祖右侧侍立的弟子名阿难，可能是佛祖的同父异母小弟弟。他年轻聪明，常年侍奉于佛祖左右。因为博闻强记，他成了众弟子中闻法最多者，被誉为“多闻第一”。他不仅佛学渊博，人品也高洁不凡。在即将入灭之际，为平息两国为争夺自己的舍利而剑拔弩张的紧张局势，阿难毅然在恒河上空入灭，并用神力将身体分作两半，分给两国，化干戈为玉帛。宾阳中洞西壁南侧的阿难塑像年轻而质朴，显示了他的性格。（图二十）

居迦叶左侧者为胁侍菩萨，身材颀长，头戴花蔓冠，弯眉细目，直鼻笑口。左手提桃状物，右手持莲蕾举于胸前，做供养状。袒上身，下着裙，身披璎珞、帔帛，倾身而立。（图二十一）这尊造像为文殊菩萨。相传，他出生时家中出现十大祥瑞，故名为“文殊师利”，意为“妙德”和“妙吉祥”。他在佛教诸菩萨中以智慧见长，由此得辅佐释迦牟尼佛的教化之重任，位居各大菩萨之首。他根机深厚，智慧超群，赢得了“大智文殊”之美誉。

南北侧壁的造像组合均为一铺三身圆雕像。主尊为主佛，左右的胁侍菩萨不披璎珞，佛和菩萨皆立于覆莲座上，其余均与正壁相同。

在前壁窟口两侧，自上而下分布着四层大型浮雕：第一层维摩诘经变故事，维摩位于南边，文殊菩萨在北面；第二层佛本生故事，北边的是萨埵那太子舍身饲虎，南边的是须大拏太子施舍；第三层“帝后礼佛图”，居北者为皇帝礼佛图，与此相对者为皇后礼佛图；第四层为十神王像，左右各列五身。

图二十　宾阳中洞西壁南侧阿难像

图二十一　宾阳中洞西壁北侧文殊菩萨像

维摩经变的主要内容依据《文殊师利问疾品》。所谓经变，就是把文字内容用图像的形式表现出来。维摩变图像是依据后秦时代龟兹国僧人鸠摩罗什所译《维摩诘所说经》刻画而成，在龙门北朝造像题材中占有很大比例。而这处浮雕在龙门石窟中是规模最大、刻画最精的上乘之作。南边的维摩居士在垂幔重重的帐中依枕而坐，头戴帷帽，手执麈尾，似侃侃而谈，身旁侍从环立。北边的文殊菩萨头戴宝冠，身着帔巾，半跏趺坐，呈答言状。维摩变的情节大致如下：维摩诘是毗耶离城的一位大居士，他拥有丰厚的家产，又精通大乘佛教的哲理，而且能言善辩，无人是他的对手。他称病在家，释迦佛曾派众弟子前去问疾。众弟子对维摩居士早有耳闻，俱不敢前往，只有"智慧最胜者"文殊菩萨受命，前往毗耶离城，凭借他卓然的智慧，与维摩诘侃侃而谈。浮雕所展现的即是文殊菩萨与维摩诘唇枪舌剑的场面。

第二层的本生故事，以"或水不容泛，或人大于山"的古拙之笔，讲述了佛祖的前世故事。

北边的萨埵那太子舍身饲虎，讲的是古印度大车国王的小儿子萨埵那同兄长外出游玩时，看见山下有几只降生不久的小老虎，围着饿得奄奄一息的母虎。萨埵那太子产生了怜悯之情，决定救助它们。他找借口支开了两个哥哥，自悬崖上纵身跳下，用自己的血肉之躯救得这群饿虎。画面以浮雕的形式，以层峦叠嶂、修木密林作为背景，撷取了萨埵那太子纵身跃崖、身体飘浮在空中、太子跪在饿虎前乞求被吃掉以及国王和王后闻讯赶到的几个场景，讲述了这一动人的宗教故事。（图二十二）

雕在南边的须大拏太子施舍，则讲述了古印度叶波国太子须大拏素来乐善好施，曾放言，凡是别人有求于他的，他决不拒绝。国王有只善战的白象，深得其喜爱，但被须大拏太子施与敌国。国王知道后十分恼火，偏巧又有大臣禀报，言因太子施舍无度导致国库亏空。国王震怒之下，将太子合家赶出皇宫。太子在将自己的财物施舍给百姓后，携妻将子潜入深山。途中遇到天神化成的伎乐劝其停留，被须大拏太子婉拒。就这样，他一路无悔地走到目的地檀特山。一日，太子妃外出采集野果，婆罗门前来向太子索要一对儿女，须大拏毅然将不愿离去的儿女捆绑起来交给婆罗门。若干年后，这对儿女被卖到皇宫，国王将他们认出，并了解到这些年须大拏生活的艰难，感动之余下令将太子夫妇接回皇宫。此时，太子已在深山荒野生活了十二年。根据这则佛经故事，工匠选取了三个情节：一是太子夫妇即将别城而去，临行前在国王、王后面前跪拜辞行。二是画面中间的太子夫妇，各自怀抱儿女，行进在荒山野岭中。三是婆罗门前来索要一对儿女，儿女仰面哭泣，太子夫妇的凝重神情和婆罗门的冷漠，被刻画得入木三分。（图二十三）

第三层便是著名的“帝后礼佛图”。每幅高约二米，宽约二点五米。北边的皇帝礼佛行列，以二位身着甲胄、手擎宝剑的将军为先导，冠冕旒、御法服、做“行秀”供佛状的孝文帝紧随其后，持华盖

图二十二　宾阳中洞前壁北侧萨埵那太子本生故事浮雕及线图

羽葆、提衣裾者拱卫左右，三师上公、大司马、大将军等依次列队其后。整支队伍徐徐渐进，人物虔诚的表情将气氛烘托得庄严肃穆。（图二十四）文昭太后高氏凤冠华服，手捧莲花，低眉恭顺，趋步向前。前有持果盘香炉的侍者，妃嫔、公主相随其后，款步前行。（图二十五）这是两幅罕见的北魏帝后出行的历史画卷，极其珍贵。它们将如此众多的人物处理得主次分明，尊卑有序；在布局上，疏密有致，高低错落，左右呼应，可谓鬼斧神工。在对人物的处理上，不仅以发式、服装、仪态对众人加以区别，而且由于面部表情刻画得准确到位，使整个画面笼罩在虔诚恭敬的氛围之中。

图二十三　宾阳中洞前壁南侧须大拏太子本生故事浮雕及线图

令人扼腕叹息的是，这两件稀世的艺术珍品于1934年被盗往国外，现存于美国纽约大都会艺术博物馆和堪萨斯州纳尔逊艺术博物馆。

位于最下层的是其人神合一的十神王像，也是我国最早的护法“十神王图”。南侧自北向南依次为山神王、珠宝神王、火神王、象神王、鸟神王；北侧自北向南则为风神王、龙神王、河神王、树神王及狮子神王。

宾阳中洞的窟顶也颇具特色。在穹窿顶的中央，用高浮雕技法雕

图二十四　宾阳中洞被盗凿皇帝礼佛图浮雕（美国纽约大都会艺术博物馆藏）

图二十五　宾阳中洞被盗凿皇后礼佛图浮雕（美国堪萨斯州纳尔逊艺术博物馆藏）

出重瓣莲花，八身乾达婆和二身紧那罗环绕四周，皆面向正壁主尊。乾达婆分别为吹笙、吹笛、弹拨阮咸、击鼓、吹排箫、弹筝、击钹及击方响者，紧那罗则手托果盘做供养状。这些飞天头梳丫髻、颈佩项圈，袒上身，下裳裙裾飘扬，在香花、流云间徜徉。周边绕以侧莲及宝珠纹，最外侧则以钱纹、垂鳞纹及流苏组成了一幅以莲花为中心的大型华盖。

该窟的地面也进行了装饰。在方形地毯式的刻花周围饰以多方连续的莲瓣浮雕及忍冬纹，中间做出通道，两侧有大型莲花两朵，间以漩涡状水波纹及小莲花。

窟门通道壁面亦被充分利用：划分成上、中、下三层，上层雕饰飞天，中层各刻两位供养人，下层北侧雕出一头四臂握白拂的大梵天；南侧壁则为三头四臂乘白象王的帝释天。这两位天神，本是婆罗门教的天神，佛教则用作护法的门神。中层的四位供养人，有学者认为有可能是孝文帝的四个儿子，即宣武帝元恪、清河王元怿、广平王元怀、汝南王元悦。

宾阳中洞的外立面一改云冈石窟二期仿木构殿堂的模式，代之以双龙、双柱、尖拱火焰纹的新式样，两立柱的外侧刻出屋檐形状，其下为金刚力士，手持金刚杵。

综观宾阳中洞，其造像完整，构图严谨，图案多变，刻工精美；以本尊为中心，其他各种形象及装饰都紧凑地互相联系，产生照应及陪衬作用。而在设计理念中，又充分利用主从、加强与减弱的手法，以突出集中到本尊身上的宗教主题。这一洞窟完整的布局，代表着北魏晚期佛教庙堂的流行样式。它的出现，也说明佛教艺术的日趋成熟。

宾阳南、北二洞均凿出窟形、窟顶及局部内容便停工，停工时间约在北魏正光四年（公元 523 年）。北洞窟门下的门槛刻以二龙，应是一个创造。东魏、北齐时青州造像龛下多有倒悬的二龙，或即起源于此。北洞北壁上另外开出一个小禅窟，此种做法也不多见。

# 风流太后崇佛事
# 皇甫恃威造佛龛

辍工于北魏永平末至延昌初年（公元 510—513 年）的莲花洞，既秉承了古阳洞的风格，又独具特色。

莲花洞为长方形，宽六点二二米，纵深九点七八米，高五点九米。立面为双龙尖拱火焰纹，火焰纹中央刻一兽头，应是印度火神阿耆尼的形象。位于窟顶的高浮雕莲花，因其巨大且华丽而引人注目：它的中心是用联珠纹围成的莲房，其外绕以三重莲瓣，大小不等，凹凸有致，最外圈以卷草纹勾勒边廓。在这朵莲花的南北两侧，各为三身供养天人所环绕，他们面向正壁主佛，手捧供品供奉释迦。南侧内起第一供养天人双手敬捧香炉；第二身双手托果盘于右肩；第三身右手持莲蕾，左手提一袋状物。北边内起第一供养天人的面部未完工，双手却被刻出捧香炉，其中或许就隐藏着鲜为人知的故事；第二供养天人左手托举宝瓶；其后的第三身则左手举一长圆状物。他们或梳高髻，或戴宝冠，颈饰项圈，下着长裙，在流动的祥云中向着主尊飞去。妙曼的身姿、飞扬的帔巾使得整个画面生机盎然。这种需仰视才可工作的窟顶，在当时的条件下，工匠们要付出多少心血才能完成如此巧夺天工的杰作已无人知晓，只有富丽堂皇的莲花、飘逸精美的飞天见证着当时的艰辛。该窟也因窟顶藻井的莲花造型而得名。（图二十六）

洞窟正壁的造像组合为一佛二弟子二菩萨。圆雕的主像为立像，

图二十六　莲花洞窟顶藻井及线图

像高五点一米，内着僧祇支，外披褒衣博带式袈裟，右肩斜下的袈裟绕于左肘外，衣纹处理得疏朗有致。立于佛侧的弟子像系高浮雕而成，左侧的迦叶造型与众不同：年老体瘦，头部侧向右边的主佛，额部有吉祥志及皱纹，胸肋暴露无遗。如此创意，是想呈现迦叶在修“头陀”时的坚忍和执着，以彰显“头陀第一”的禀性。他左手平举胸前，持袈裟一角，右手拄一环首禅杖，环首内套八个小圆环。与之相对，在佛的右侧是一年轻弟子像，已残破，仅能看清其一手所持的莲蕾。他头部侧向左边的主佛，深目直鼻，弯口含笑。双眼只刻出上下眼睑，而不刻出眼珠，造型极具趣味。此像早年被盗，今存台湾良盛堂。采取一老一少两弟子侍立于佛侧的造型式样，在前述古阳洞中也曾出现过，但古阳洞中老少的位置与莲花洞者相反。莲花洞二弟子的头像被盗凿于20世纪30年代。1965年12月，我们访问了被胁迫参加盗凿的龙门东山杨沟村农民王会成、王水、王光喜等人。他们表示，自己是在洛阳东关古董商马龙图勾结本村恶霸王梦林、王清保逼迫下干的。参加盗凿迦叶头像的王吾常本人信佛，事后受到惊吓，导致精神失常而死。

迦叶手持的禅杖，又称锡杖。它的产生与僧人外出乞食密切相关。起初，因僧人径入民居而遭呵斥，佛便告诫，应先招呼。不料，站在门前的高声吆喝仍旧引起居家的不满，敲打门扉更不受欢迎。佛祖进一步喻示：“不应打门，可作锡杖。”他还告诉众僧，锡杖应为“杖头安环，圆实盏口。安小环子，摆动作声而为警觉”。随着汉化佛教的发展，锡杖的原始含义已蜕变为威仪的象征。浮雕出的迦叶所持锡杖，环首中内套八枚小环，以示震作有声。

主佛两侧的菩萨头戴冠，饰有项圈，肩披帔帛、璎珞，下着长裙，均为火焰宝珠头光，内层刻同心圆，中层饰忍冬纹，外施火焰纹。

在莲花洞的南北侧壁上，布满了大大小小的列龛，比比皆是，佳作连连。龛楣的格局不断翻新，各具巧思。如两龛间的帷幔下，众多的人物、繁缛的纹饰却被安排得有条不紊；（图二十七、图二十八）龛楣上的飞天代替以往的火焰纹使画面更具生气；（图二十九）龛门外两侧的屋檐下雕刻威武的力士作为装饰。（图三十）这些列龛的完工时间有早有晚，非同时完成。

南壁下层东起第二龛，立面为方形，龛顶及左右两侧饰以垂幔。龛楣呈二龙尖拱形，二龙矫首，口含莲花，从莲花中化生出一童子。由龙身组成的尖拱内，一改以往的火焰纹，取而代之的是八身飞天；他们左右对称，相向而飞，翻飞的裙裾、飘动的帔巾，犹如一池春水，风吹点点涟漪，十分动感。佛龛龛门的左右上方刻出维摩诘、文殊的故事。画面中的维摩诘居士坐于帷帐内，手执麈尾，虽在娓娓而谈，但却表现得气定神闲，成竹在胸。（图三十一）维摩变在龙门的北朝造像题材中占有相当的比例，其原因是维摩诘的身份迎合了当时士大夫的趣味：他不仅坐拥大量的土地财富、娇妻美妾，还深谙佛理，能言善辩。史书记载，宣武帝在式乾殿为朝臣诸僧讲《维摩诘经》，“每至讲论，连夜忘疲”。由此，维摩变题材的盛行便在情理之中了。

龛内为三面低平台，造像组合为释迦坐佛、弟子并菩萨。左右壁上用减地阴线刻出佛传故事及供养天。西侧（左侧）的佛传故事为“天神进食”。画面中悉达多太子头戴莲花冠，身着菩萨装，左手二指托腮，右手扶踝，半跏坐于束腰高台座上，身后有头光。其面前跪一人，头戴笼冠，身着袍服，双手托钵递与太子。其身后是三位侍卫，手中分别执握华盖、羽葆、斧钺，其中二人着胡服。整幅作品讲述是悉达多太子降魔成道后在大梵天和帝释天的劝请下，前往婆罗捺国鹿野苑为憍陈那等五弟子说法，途中遇天神进食的故事。（图三十二）太子身后菩提树之侧有一长颈瓶，内插莲花、莲叶和莲蓬，另有两枝在瓶外，这就是所谓的“莲花供养”。其内容为：佛的前身善慧仙人长居山林，偶得一梦，奇异非常，诧异之余前往城中寻求答案。途中闻普光佛兴世，要回国讲法。善慧欲买名花供养，不料国王有令：所有名花不得买卖，俱送往王宫。但由于善慧心诚至虔，终得五茎莲花以供养普光如来。

图二十七
莲花洞小龛
装饰之一

图二十八　莲花洞小龛装饰之二

图二十九　莲花洞小龛装饰之三

图三十　莲花洞小龛装饰之四

与“天神进食”对应的则是另一佛传故事——“舍国相奉”。画面中太子背依菩提树，半跏坐于束腰高台座上，其装束同“天神进食”中者。他面前一人头戴冕旒，褒衣博带，伸出右手，正与太子谈说论道。其身后有四个侍卫人员，头戴笼冠，前二人一持华盖，一持羽葆；后二人一持旌旗，一持兵器。（图三十三）作品讲述的是净饭王知道太子意愿出家，为了挽留，便想出种种办法，但无论如何都改变不了太子的决心。太子夜半出城，渡恒河，路

图三十一　莲花洞小龛中雕刻的维摩诘居士

图三十二　莲花洞南壁小龛中的佛传故事（天神进食）拓本

图三十三　莲花洞南壁小龛中的佛传故事（舍国相奉）拓本

过摩揭陀国王舍城时，国王提出与他分国共治，或者让他继承王位，但都被拒绝。

太子身后菩提树上挂着一件衣服，隐喻着另一个佛传故事——“尼连禅河沐浴”。讲的是悉达多太子出家后，经过六年的苦行，仍旧未果。他意识到苦行无益，且对身体损伤太大，便到尼连禅河洗去六年的积垢，寻找新的修行方法。太子的衣服挂在树干上，喻示着太子正在尼连禅河沐浴。经文说，太子“洗浴既毕”，因“身体羸瘠，不能自出，天神下来”，为太子压弯一树枝，太子拽着树枝才出水上岸。

将太子成佛的种种故事以浮雕形式制成小品，刻于佛龛内或龛楣间，将文字转变为图画，便于加深信徒对佛法的理解，易于为人们接受。

在莲花洞北壁的众多像龛中，宋景妃龛颇有特色。该龛凿于孝昌三年（公元 527 年），为尖拱形龛；龛高八十厘米，宽八十五厘米，深八厘米。造像组合为一佛二弟子二菩萨，在龛外两侧的屋脊形龛内设力士一身。龛楣上刻七佛，其外各刻一供养菩萨和化生童子，左上角的垂幔之下为维摩并二侍女、七听法比丘，与之相对的则是文殊菩萨、二侍者及七听法比丘。（图三十四）《造像记》中写道：“清信女宋景妃，自惟先因果薄，福缘浅漏，生于阎浮，受女人形。赖亡父母慈育恩深，得长轻躯。是以仰寻劬养之劳，无以投报。今且自割钗带之半，仰为亡考妣，敬造释迦像一区。藉此微功，愿令亡考妣，托生西方妙乐国土，值佛闻法……”在这里，宋景妃一面感叹自己前生“福缘浅漏”，在世界上“受女人形”；一面又感激已亡父母的“慈育恩深”，决心省吃俭用，为亡父母造神像，希望他们来世能托生到“西方妙乐国土”，永远“值佛闻法”。全文将彼时彼地一位女性的自卑、恭顺、克己、孝敬父母、寄托来世的心态，表现得如此深刻！

北魏一代，不惟帝王宠臣崇信佛教，宫内后妃入道信佛者也不少。宣武帝元恪所立的瑶光寺，“尼房五百余间，绮疏连亘，户牖相通，珍木香草，不可胜言”。在寺中，有“名族处女，性爱道场，落

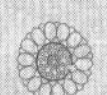

图三十四　莲花洞宋景妃造释迦像龛及线图

发辞亲，来依此寺。屏珍丽之饰，服修道之衣，投心八正，归诚一乘”。其中就有孝明皇后胡氏。她在历史上的特别之处是其显赫的家族，她的姑母及舅公文中也将涉及。尤其是灵太后胡氏，她不仅在政治上大权独揽，也是北魏后期佛教发展史中不得不提及的重要角色。

史书载，灵太后系司徒国珍之女，母亲皇甫氏；生下未几，家中赤光四射。家人异之，请人卜相，来人说，此女乃大贵之人，将来会母仪天下。及初长成，因“颇能讲道”而步步高升为承华世妇，当她不畏生死为宣武帝产下皇子后，晋升为充华。及皇子践位，是为孝明帝，胡充华便母以子贵，成为皇太后，成就了占相者的预言。

胡太后生性聪悟，多才多艺，自小耳濡目染使她略知佛经大义。当其父去世，胡太后“在宫前阊阖门南一里御道西”，“亲建刹于九级之基，僧尼士女赴者数万人”。此处就是永宁寺。其实，早在孝文帝迁洛时，就计划按平城之永宁寺旧观，在洛阳“城内惟拟一永宁寺地”。因此，该寺应系北魏国寺，它同前文提到的瑶光寺等一批城内寺院，与分布在洛阳城四周的众多寺院，将这座都城装扮得“宝盖浮云，幡幢若林，梵乐法音，百戏腾骧”。由于僧侣香客络绎不绝，导致城内“车骑填咽，繁衍相倾”。

胡太后所建洛阳永宁寺，在杨衒之的《洛阳伽蓝记》中不仅有所记载，而且描述至为详尽：所建木塔，塔身高“九十丈”，塔刹“复高十丈”，通高一千尺。在很远的地方便能看见塔刹上有宝瓶，瓶下“有承露金盘三十重，周匝皆垂金铎”，九级浮图“角角皆悬金铎”；塔为四面，每面开“三户六窗，户皆朱漆”；整座塔上“佛事精妙，不可思议。绣柱金铺，骇人心目”。至于有风之夜，塔上金铎合鸣，清脆之声闻及十里。寺内还有佛殿一所，“形如太极殿”，“僧房楼观一千余间，雕梁粉壁，青缫绮疏”；院内浓林茂木，扶疏檐流。大约在正光四年（公元523年），印度高僧菩提达摩（也就是大名鼎鼎的禅宗初祖），在永宁寺前看见金盘炫日，光照云表，宝铎含风，响出天外，乃歌咏赞叹：“实是神功！阎浮所无也！”可见永宁寺的恢宏壮丽，于其时乃首屈一指，超过了著名的乾陀城（今阿富汗白沙瓦东）“雀离浮图”。当年胡太后在修建永宁寺时，大概无论如何也没有想到，在若干年后的动荡之中，永宁寺塔竟成了囚禁孝庄帝的场所。

文献记载，终有夸张文饰之嫌，那么真实的永宁寺及其塔又是怎样的呢？20世纪70年代末，考古人员对这所建于熙平年间（公元516—517年）的著名寺院进行了考古发掘，发现塔基位于寺院中心，是一至今仍高出地表五米的土台。塔基“基座呈方形，有上下两层，皆为夯土版筑而成……在下层夯土基座的中心部位，筑有上层夯土台基，并在台基四面用青石垒砌包边。这即是建于当时地面上的木塔的基座，高二点二米，长宽约为三十八点二米……在塔基上发现了一百二十四个方形柱础，分做五圈排列”。

（一）第五圈（即最外圈）柱间残墙内壁彩绘，应是木塔内的外匝礼拜回廊壁上的壁画残迹。

（二）第四圈柱以内，围砌的方形实心体（？）的南、东、西三壁上的壁龛，应如简报所记是佛龛的遗迹。

（三）第四圈和第三圈柱之间，应为木塔内的内匝礼拜回廊遗迹。

（四）第二圈柱的范围，似乎有用土坯（？）绕砌的方形实心体，这个方形实心体应是木塔内中心柱的遗迹。

（五）第一圈（即最内圈）柱内的中心部分，即简报所记的塔基中心尚存一约一点七米见方的竖穴，应是《洛阳伽蓝记》卷一所记“永熙三年二月，（永宁寺）浮图为火所烧……火经三月不灭，有火入地刹柱，周年犹有烟气”的竖立刹柱所在。

在永宁寺塔基遗址中，人们还发现了大量的泥质塑像，均为北魏时期作品；它们造型精致，俊朗飘逸，远比同时期的石窟造像更加细腻生动。（图三十五、图三十六、图三十七、图三十八）

除胡太后大兴土木、建造佛寺外，太后的舅父皇甫度也忙于开窟造像，所造的石窟寺便是著名的皇甫公窟。该窟建于孝昌三年（公元527年），尽管规模不大，但窟内布局紧密，雕工精巧，在设计、形象和装饰诸方面极具创意，其南、北、后三壁下方雕饰的有众多仪卫的礼佛行列，使得一般中小型洞窟难以望其项背。

作为权倾一朝的胡太后之母舅，皇甫度却是贪婪无能之辈。胡太后明知“其无用，以舅氏，难违之”，使皇甫度的官爵由侍中，而司徒，而太尉。但黄甫度仍不满足，“孜孜营利，老而弥甚。迁授之际，皆自请乞”。也正是由于他与胡太后的亲缘关系，导致了在权力纷争中宾阳洞匆匆收场，而皇甫度所造石窟寺工程得以顺利进行的局面。

虽然开凿此窟的功德主无能，但他主持开凿的石窟寺形制却对后世产生了较大影响。主要表现在如下几方面：洞窟立面作庑殿式，窟门内两侧作立佛龛，窟内为三壁三大龛制。在巩义石窟寺、河北磁县南北响堂山及敦煌北朝晚期至隋初造像中，仍可窥出皇甫度石窟的流风遗韵。

石窟寺的外立面在原来的二龙尖拱式窟门上增加了庑殿式屋顶，尖拱内用千佛代替了常见的火焰纹，尖拱的左右上方各雕饰一身伎乐天：左上方吹奏横笛者，身若飞鸿，转首回眸，裳带飘扬，极具动感；右上方者怀抱四弦曲颈琵琶，在香花流云中边飞边弹。他们面容

图三十五　洛阳永宁寺遗址出土的陶头像

图三十六　洛阳永宁寺遗址出土的陶头像

姣好，体态轻盈优美，独具神韵。（图三十九）

窟内布局为三壁三龛式，但在窟门内两侧壁又各加一立佛二胁侍菩萨龛，这种形制为龙门所初见。正壁的造像组合是在一铺五身像（即一坐佛、二弟子、二菩萨）之外，又各加一身半跏趺坐菩萨像，可惜头部均已毁去。（图四十）主尊坐佛身光的两侧，雕出一组闻法弟子和菩提树。（图四十一）十一位弟子分列南北两侧，皆双手合十，面向主尊，做专心闻法状。正壁所展现的主题是释迦牟尼涅槃前在拘尸那伽罗城的阿夷罗婆提河边菩提双树下，为弟子们说《大般涅槃经》。此时，大迦叶与五百弟子在耆阇崛山，阿难等五弟子则候在佛身边。大迦叶当为北侧手持莲花者，其身前之五位弟子表示五百弟子。而正壁一铺五身外的两尊半跏趺坐菩萨，也是为佛涅槃前的说法形象而配置的。

有趣的是，主尊坐佛的左手被刻成“六指”。这是为什么呢？据推测，这是模拟了当时皇帝——孝明帝的形象。孝明帝是灵太后之子，七岁登极，本窟开造时虚龄十八岁。孝明帝左手是否“六指”，

图三十七　洛阳永宁寺遗址出土的陶头像

图三十八　洛阳永宁寺遗址出土的陶头像

图三十九　皇甫公窟窟门飞天及龙头

史料中没有记载。但在北魏的历史上，确有把佛像造得和皇帝一样的记载。例如兴安元年十二月（公元 452 年 1 月），高宗拓跋濬下诏："诏有司为石像，令如帝身。既成，颜上足下各有黑石，冥同帝体上下黑子，论者以为纯诚所感。"

洞内左壁为一双龙尖拱大龛，内刻二佛并坐，这是《法华经·见宝塔品》中的释迦佛与东方宝净世界的多宝佛分座说法。多宝佛是东方宝净世界教主，他在过去世修菩萨道时曾立下誓愿："欲供养我全身者，应起一大塔。"且在"有说《法华经》处，我之塔庙，为听是经故，涌现其前"。当释迦佛为大众说《法华经》时，一座巨大的七宝佛塔自地下涌出，多宝佛坐于其中，分半座予释迦佛，二佛分座说法。龛外东侧雕凿有男供养人，西侧为一身供养菩萨，虽然头部已不存，但那双高擎莲花的双手，却被技艺卓然的工匠刻画得无比细柔、逼真，极具质感。（图四十二）他的身后是一花瓶，内插莲花。在龛的下方，浮雕着十二人的礼佛行列。（图四十三）

洞内右壁（即南壁）是一方形帷幕大龛，内刻一结跏趺坐的弥勒菩萨及二弟子、二菩萨侍立。五尊像的头部均被毁坏。与左壁大龛布局相仿，该龛的龛基部左右分列礼佛行列；清信男居左，清信女居

图四十　皇甫公窟思惟菩萨

右；两侧为二供养菩萨。（图四十四）

窟门至主尊前的参道，左右各刻三朵大莲花。

龙门石窟的魏窟中，保存较好的还有魏字洞、火烧洞、普泰洞、路洞和药方洞诸窟。

魏字洞完工于正光初年（公元520—521年），平面呈长方形，正壁设佛坛，两侧壁各刻一大龛，为三壁三龛式的中型窟。造像为：正壁一佛二弟子二菩萨，侧壁为七尊式组合。正壁主尊结跏趺坐，右足露出，高肉髻，面容清秀，削肩，衣纹密集而流畅，刀法纯熟。（图四十五）两侧侍立的菩萨饰桃形项圈，身着帔巾，不见了华丽的璎珞。两侧壁大龛中的主佛，结跏趺坐的右足竖立伸于座前，搭于佛座前的衣纹亦更加松散稀疏，成为一种新现象。

火烧洞的辍工年代约在熙平初年（公元516—517年）。洞宽九点五米，高十米，深十二米，平面为椭圆形，穹窿顶。该洞的券面规模宏大，设计新颖。圆形拱门的上方为长方形，于其上浮雕出火焰纹，火焰纹的中心饰一花瓶并莲花，长方形的左侧（北）雕出头戴三危冠

图四十一　皇甫公窟菩提树与众比丘闻法

的东王公；只见他左手挥舞着长杆，右手紧抱龙颈，御龙乘风。右侧（南）的西王母头梳双髻，肩生双翼，着交领衫，与东王公相向御龙飞翔。这是龙门惟一的一幅东王公、西王母浮雕，从它粗犷奔放的画面依稀可辨汉画简练有力的遗风。或许正是有了券面上充满跳跃感的火焰纹，人们才以“火烧洞”作为该窟的名称。

窟内正壁的五尊像早已不存，南侧壁原有的一通造像碑也被毁。但窟内尚存小龛及造像若干，使人们能够领略到这座洞窟的劫后余韵。（图四十六）西壁有“王妃胡智”所造释迦像龛，胡智就是清河文宣王元亶的妃子。内称愿“国家无疆，四海安宁”。还刻有“元善见侍佛”五字，元善见就是高氏所立的东魏第一位皇帝，时虚龄十一岁。北壁下层有三龛佛装弥勒倚坐像，当造于东魏、北齐间。

普泰洞原名“十四窟”，现在的名字来源于窟内正壁北侧的铭记“普泰元年比丘尼道慧法盛二人造观音菩萨记”。该窟系节闵帝普泰元

→
图四十二
皇甫公窟供养菩萨

图四十三　皇甫公窟北壁供养行列

图四十四　皇甫公窟南壁供养行列

图四十五　魏字洞主尊及线图

年（公元 531 年）前开凿，并建造正壁佛坛诸像，继而造左右侧壁大龛像。

该窟的形制同魏字洞一样，也属三壁三龛式的中型洞窟，造像组合为正壁一铺五身，左右侧壁则为七尊式。在两侧壁大龛的券面上雕刻了多组佛传故事，其中出现的“涅槃图”为我国内地涅槃图中年代最早者。该图位于北壁龛的右侧，画面界隔为左右两部分：左边是释迦牟尼右胁卧于七宝床上，一弟子跪在床头双手合十，另有四位弟子仅露头部（其中一个被盗），在七宝床后举哀；右画面则浮雕出悬挂钟，其下二弟子跪拜合十。涅槃为佛教艺术常见题材。经过四十多年的修行，释迦牟尼找到了一条解脱人世间生、老、病、死之苦的途径——涅槃。他认为涅槃是永恒的不死之“死”，是从死中转化为永生的境界。上述画面即表现了佛进入涅槃的场景。（图四十七）像龛左侧的佛传故事讲述的是“梵天劝请”。悉达多太子降服魔王，在菩提树下成道后，大梵天、帝释天等劝请释迦为广众说法。释迦坐于菩提树下的束腰高台座上，倾听面前为侍者所拥之梵王表述劝请之辞。（图四十八）

图四十六　火烧洞金刚力士

路洞为北魏末期完工的一座大型洞窟，保存较好。踏入窟门伊始，位于甬道南侧的供养梵王像，便以其“面短而艳”“骨气奇伟”之势吸引了众人目光。他头挽螺髻，身着袍服，持幡恭立。（图四十九）其雕刻精细、准确，为后人图解了当时艺术风格的变化。然而，这仅仅是精彩的开端。首先是窟内的独特布局显得与众不同。正壁为七尊像，井然有序的列龛布满两侧壁；窟顶的藻井除刻有大莲花外，还遍饰千佛。其中两侧壁的列龛分为上下四层：第一层刻一列禅定印坐佛并二侍立菩萨，龛间以菩提树相隔；（图五十）第二层北壁平列四座殿堂，南壁并列三座殿堂及一铺降魔成道图；第三层为方形龛；第四层保留有不完整的十神王，以及许多后来增加的小龛。如此格局，或认为是依《大方广佛华严经》而作。第一层的诸佛、窟顶的千佛和第三层的八佛共表“十方世界十方诸佛”，而第二层则表现的是释迦降魔成道后“七处八会”（即佛在七个地方八次集会说法）的场景。该窟的变化之二表现在主尊形体上，他肩宽体厚，衣纹疏朗，旁边侍立的弟子及菩萨的体形较之原先的“秀骨清像”也都变得有些宽厚了。

龙门北魏石窟的功德主除皇室王侯之外，还有邑社的“邑主”及“邑子”们。邑社是民间信佛的团体，人数多寡不等，有比丘（或比丘尼）指导邑社的宗教活动，邑主则为社团的负责人。路洞就是邑社成员捐资开凿的。在龙门，像此类功德主所开龛窟有很多。

龙门还有一批系北魏开凿但未完成正壁大像就中辍的洞窟，如

图四十七　普泰洞北壁右侧佛传故事（佛祖涅槃）浮雕及线图

图四十八　普泰洞北壁左侧佛传故事（梵天劝请）浮雕及线图

赵客师洞、唐字洞和药方洞。其中药方洞的窟形与普泰洞相似，也应是一坛二龛式，但开工不久便因战乱而中途废弃。窟内现存早期小龛若干，（图五十一、图五十二）成为后人凭吊北魏药方洞的寄托。其中纪年最早的是永安二年（公元 529 年）元月“大都督、清水县开国公李长寿造释迦像一龛”。此人见于《北史·李长寿传》。

除却大中型石窟，北魏时期的龙门还有一批精美的小龛，如六狮洞、汴州洞等。六狮洞以狮子的精美而成为龙门石狮中的魁首，（图五十三）汴州洞的供养人像也以技艺高超而技冠群雄。（图五十四）

随着一批半途而废的石窟出现，北魏王朝已是风雨飘摇，迁都伊始的兴盛早成明日黄花。此时的洛阳城繁华落尽。东魏、北齐时代，龙门只开凿了一些小洞、小龛，如汴州洞。（图五十五、图五十六）

武泰元年（公元 528 年），胡太后毒死孝明帝，立元钊为帝。胡族酋长尔朱荣发兵南下，直抵河阴，

图四十九　路洞持幡供养人

图五十　路洞屋形小龛

图五十一　药方洞南壁龛坐佛

图五十二　药方洞陈晕造像龛

图五十三　六狮洞正壁及北壁狮子

图五十四　汴州洞北壁供养人

欲拥立元子攸为帝。在两军对垒之间，尔朱荣用计，派人潜入洛阳城，迎奉元子攸赴河阳与之会合。元子攸称帝，是为孝庄帝。胡太后见大势已去，便到永宁寺落发出家，结果仍未逃脱噩运；她终被尔朱荣擒获，沉于黄河中溺死。一代名后竟以如此下场了却一生。但尔朱荣仍不放过北魏朝臣，他请孝庄帝“循河西至淘渚引百官于行宫西北”，说是祭天；待百官到齐，尔朱荣却纵兵围歼，杀戮两千余人，此即历史上惨烈的“河阴之役”。之后，尔朱荣送孝庄帝入洛阳城，自己远据晋阳伺机篡位。永安三年（公元 530 年），孝庄帝急召尔朱荣入京，亲手将其杀死。尔朱荣旧部闻讯，提兵围攻洛阳城。孝庄帝见势不妙，仓皇逃出云龙门，结果被叛军俘获，锁于永宁寺塔上，最后被杀于晋阳。洛阳这座昔日通达百国千城的贸易都会，在混乱中“富者弃宅，贫者襁负”，大量寺观化为灰烬，陷入“城郭崩毁，宫室倾覆，寺观灰烬，庙塔丘墟，墙被蒿艾，巷罗荆棘”的凋敝惨状。

图五十五　汴州洞坐佛

图五十六　汴州洞内小龛

 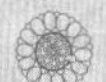

# 南北纷争归一统 炀帝创建东都城

长广王元晔称帝后，洛阳的局势仍由尔朱氏掌控。他们进入洛阳城后，烧杀奸淫，“生杀自恣”，激起了人民的极大愤慨。普泰元年（公元531年），晋州刺史高欢借机大举进犯洛阳。未待高欢逼近，城中的掌权者内讧，尔朱世隆被杀，其首级被送至高欢面前，北魏政权同时拱手让给了高欢。

高欢进入洛阳城后，废黜先前的皇帝，另立元脩为帝，史称孝武帝。高欢自称大丞相，别居晋阳，监视着孝武帝的一举一动。孝武帝不甘沦为傀儡，暗自招兵买马，调兵遣将，准备攻打晋阳。此举没能瞒过高欢的耳目。高欢当即起兵，与孝武帝对阵于河桥及北邙山。孝武帝自料不是对手，只得西去长安投奔宇文泰。宇文泰另立元宝炬为帝，定都长安，史称西魏。高欢进入洛阳城后，涂炭生灵，立元善见为帝并迁都邺城，建立东魏。从此，洛阳城便成了东魏、西魏、北齐、北周决斗的战场。北魏王朝苦心经营了四十余年的大都会在金戈铁马中，盛景不再。

此时的龙门，也因战乱频仍而转入造像低潮期。东魏、西魏及北齐、北周时期，龙门的开窟造像多是在前代的洞窟中择隙加开一些小像龛。这些像龛不仅形制较小，数目也寥寥无几。造像活动的中心转到了邺城附近的邯郸响堂山、太原天龙山及安阳宝山。龙门所存这一时期的造像活动者，有孝静帝天平三年（公元 536 年）纪年位于古阳洞内的“比丘尼□昙造像龛”，高三十五米，宽二十五米，深仅四厘米。龛内造像为一佛二弟子并二菩萨，外加二身力士。主尊为菩萨装，侍立的二弟子以袈裟裹住双手，二菩萨双手合十。

位于莲花洞的某氏造释迦像龛，凿于北齐文宣帝天保八年（公元 557 年）十一月，已残破不堪。主佛结跏趺坐于叠涩方台座上，左弟子以袈裟裹手，右弟子因残不详。二菩萨头戴平顶冠，宝缯下垂，颈佩桃形颈圈，下着裙。

虽然此时的洛阳一片寂寥，龙门的开窟造像之举零零星星，但佛教艺术生命力之顽强却是世所公认的。随着统治中心的东移西迁，龙门北朝洞窟的某些特点很快便在东魏辖区的河北邯郸南北响堂山石窟和山西太原天龙山石窟，以及西边的天水麦积山、固原须弥山等石窟群内显现出来。这些都证明孝文帝的汉化制度是顺应历史的明智之举。北齐时代的造像风格以“曹衣出水”“面短而艳”为特征，崇尚新的风范。

开皇元年（公元 581 年），隋文帝杨坚夺取北周政权建立隋朝，都长安。开皇九年（公元 589 年）灭江南陈朝，统一了全国。杨广称帝前，吸取“汉王谅悖逆”的教训，决定营建洛阳，并以此为都城，以防御徙居在河南、并州民户的反抗，同时加强对东方和江南的统治。这一“因机顺动”的迁都计划，筹划长达两年有余，至大业元年（公元 605 年），杨坚命尚书令杨素为营建东都大监，纳言杨达、将作大匠宇文恺为副监，开始了大规模的营建工程。至大业二年（公元 606 年）三月，隋炀帝正式迁都洛阳。是时，“自伊阙，陈法驾，备千乘万骑，入于东京”。自此，古都洛阳在沉寂了七十八年后，重新成为中国历史舞台的主角，在其城市发展史上再添华章。

隋炀帝的东迁是否圆了他江山永固的美梦，历史已作出回答。但综观中国佛教发展史，隋朝洛阳的短暂勃兴却为唐代佛教文化达到鼎盛奠定了良好的基础。隋炀帝大业二年（公元 606 年），在东都洛水南上林苑设立"翻经馆"。这是第一次由国家设置的译经机构，比北魏设置的负责营造石窟的"石窟署"在弘扬佛法上更加深入。置馆的同时，隋炀帝诏令将新平林邑所获的一千三百五十余卷佛经并昆仑书多梨树叶经等送至翻经馆，请高僧彦悰（公元557—610年）主持编目、翻译。届时，南天竺僧达摩笈多（？—619年）等高僧也参与了译经活动，使得京都内外遍布僧尼学士，一时热闹非凡。著名的西天取经高僧玄奘就是大业年间在洛阳净土寺出家的。

杨广的崇佛缘自文帝杨坚。西魏大统年间，杨坚出生于陕西一座尼寺，并在寺中生活了十三年。当他登上帝位时，认为自己之所以能龙袍加身，全赖于佛祖的保佑，于是便普诏天下，大兴佛事，大葬舍利。杨广继位后，在崇信佛法上比杨坚有过之而无不及，他是天台宗的积极支持者。由于杨氏父子的努力，全国各地掀起了奉佛热潮，预示着中国佛教的黄金时代即将来临。

然而，由于隋王朝的短命，这股热浪并未在龙门留下太多的印迹，仅仅是开凿了数个小龛而已。

能确定为隋代的小龛，在龙门屈指可数。它们分布较为集中，多在宾阳洞附近。其中有纪年者仅三例，分别是开皇十五年（公元595年）裴慈明造阿弥陀像一龛、大业十二年（公元616年）蜀郡成都县募人李子斌造观音一龛、大业十二年河南郡兴泰县人梁佩仁造释迦并二菩萨双龛。

梁佩仁造释迦像双龛，位于宾阳南洞北壁。双龛整体面阔一点五米，双龛形制、大小相同，均为尖楣圆拱形，高零点九二米。双龛之间设造像碑一通，龛内造像均为一坐佛二菩萨，龛下壁分别饰有香炉、狮子及供养人等。（图五十七）两龛中以西龛保存较好。主佛左面部残，结跏趺坐于覆莲座上，头光为素面桃形，颈部磨光，圆肩，厚胸，着双领下垂式袈裟，内着僧祇支，右手施无畏印，左手虚握置于左腿之上，右足露出。左边侍立的菩萨头戴莲花冠，身躯修长挺拔，腹部以下较为粗壮；身着长裙，帔巾在膝前环绕，左手举莲蕾于胸

图五十七　宾阳南洞北壁梁佩仁造双龛

前，右手握桃形器于腹侧。右边的菩萨被毁，残存部分约与左侍立菩萨同。龛下壁雕饰的供养人居右，蹲狮居左，正中为香炉。中间的造像碑高零点六一米，半圆形碑额，螭首，上刻楷书碑文六行。

隋代造像虽然为数不多，但由于处于转型期，特征较为明显。从上述梁佩仁造释迦像龛的主佛看，它在形体的塑造上，已与北朝的秀骨清像大不一样：其肩部变得浑圆，胸部厚实，反映了已开始由人体的平面、呆板向立体、生动的转变；虽然还不成熟，但正是因为有了它的铺垫，盛唐的蓬勃朝气才得以喷涌而出。

有人推测，龙门破窑和老龙洞也许是在隋代开凿的，但未及造出主像便因战乱而停工了。国内有文字可考的隋代大窟都在山东省，特别是青州的驼山及云门山石窟。

# 贞观之治展繁荣 魏王悼母造弥勒

隋炀帝杨广在位十四年，大兴土木，苛暴空前，耗费资财，靡所不至，由此引发了各地的暴动，导引群豪竞起。武德元年（公元618年），李渊另立新朝，是为唐。中国历史最为辉煌灿烂的篇章就此展开。

高祖武德年间，李渊一方面平息战乱，一方面恢复生产，颁布了均田制与租庸调制、发行“开元通宝”钱、制定《唐律》和官制、完善科举制等一系列有利于政权巩固和国家富强的制度，为“贞观之治”奠定了坚实基础。

至唐太宗李世民践祚帝位，他“以古为镜”，“惟善是务，积功累德”，从政治、经济等多方面采取措施，促使国家走上富强之路。他以人为本，注重减轻农民负担，减免赋税，并下诏停修劳民伤财的洛阳乾元殿。他认识到：“帝王之所欲，百姓之所不欲；帝王之所欲者放逸，百姓所不欲者劳敝。”为避免奢侈所激化的阶级矛盾，他诏令天下：“奢侈者可以为戒，节俭者可以为师。”他重视农业生产的态度，直接影响到农民的生产活动，大大提高了农民的生产积极性，促进了农业的快速发展。

唐太宗知人善用，惟才是举，“不以一恶忘其善，勿以小暇掩其功”，“智者取其智，愚者取其力，勇者取其威，怯者取其慎”，做到各取其长，因材施用。而他与魏徵、裴矩之间的“君使臣以礼，臣事君以忠”的关系，使得众臣知无不言、言无不尽，既将臣僚的作用发挥到极致，又巩固了李唐王朝的政权。

上述措施实行后，国家经济得以发展，政治初步稳定，周边关系日趋缓和，形成了“王公、妃主之家，大姓豪猾之伍，皆畏威屏迹，无敢侵欺细人”，“高旅野次，无复盗贼，马牛布野，外户不闲”，“频致丰稔，米斗三四钱”这些“古昔未有”的繁荣景象。

唐朝建立后，仍以长安为都。当李唐一统宇内，便废去隋东都洛阳。唐太宗贞观六年（公元 632 年）称之为“洛阳宫”，至唐高宗显庆二年（公元657年），复称“东都”。唐高宗在恢复洛阳东都称号时，曾告其臣下说：“两京朕东西二宅，来去不恒，卿宜善思修建。”这与前朝隋炀帝为防御东夏而营建东都的初衷有天壤之别。唐高宗恢复东都后，时常往来二都之间，但长安的都城地位丝毫未减。这种情形至武则天时为之一变。武则天以东都洛阳为“神都”，久居不归。她在长安逗留的时间竟然仅有两年。由于她长居洛阳，朝廷机构也随之东迁，甚至选举贡士也在洛阳举行。洛阳城的重要地位由此可窥一斑。至唐中宗神龙元年（公元 705 年），洛阳复称“东都”。

随着洛阳城的日渐复苏，龙门如同凤凰涅槃般地得以重生。高宗、则天、中宗及玄宗时代，洛阳空前繁荣，统治阶级对佛教的提倡使龙门的佛教造像活动达到最高峰，并以其丰满柔和、雍容大度之势续写着龙门的皇家风范！

龙门唐窟中纪年铭记最早的是贞观十一年（公元 637 年）正月二十一日的“洛州乡城老人佛碑”，（图五十八）最晚的则为贞元七年（公元 791 年）二月八日户部侍郎卢征的“救苦观世音菩萨石像铭”。此间的一百五十余年当为龙门开窟造像的鼎盛时期。当然，安史之乱曾使之一度中断。龙门唐代窟龛的数量庞大，约占龙门窟龛总数的五分之三，大概有一千二百六十个，其中有纪年的造像题记四百七十品，尤为珍贵。唐时洛阳地区佛教的兴盛，不仅表现在开窟数量的激

图五十八　洛州乡城老人佛碑造菩萨

增，还反映出窟龛的功德主身份复杂，几欲涵盖当时社会的各个阶层。他们中有皇室、百官、僧尼、行会、街坊，乃至外国人、庶民，甚或奴婢。而唐窟的功能也进一步细化，分为造像窟、禅窟和瘗窟。

中国佛教发展至唐代，能够达到从风而靡的程度，完全得益于自身对外部不同思想及观点的妥协融合。儒释之混，天人合一。一批造像竟成了表达忠孝的方式。为此，在与中国传统思想的不断调和中，隋唐之际形成了在理论上相对独立的佛教宗派，如三阶教、天台宗、法相宗、华严宗、律宗、禅宗、净土宗和密宗。其中的禅宗和净土宗以其教义和修行的简易性尤其为百姓所接受，得以流传久远，并于隋唐以降成为佛教思想发展的主流。在经济方面，到了中、晚唐，僧侣也采取了世俗地主宗法制度的传法方式，即师父在传授佛法的同时，也把寺产传给嗣法弟子，这一做法是前所未有的。此法一出台，佛教寺院经济高速发展，很快触犯到世俗地主和贵族的利益，也影响到国家的财政收入，从而招致会昌灭佛的噩运。

作为历史的见证，龙门石窟以其特有的方式忠实记录了大唐盛世的律动，为世人留下了珍贵的实物资料。凭吊龙门，欣赏塑像，沉默中能品味历史，无言中可净化灵魂。

宾阳南洞始凿于北魏景明元年（公元 500 年），是北魏世宗诏大长秋卿白整为高祖和文昭皇太后营建的双窟中的一个，但仅留下了窟顶的高浮雕宝盖、南壁东侧壁的山神王和北壁东侧壁的风神王等少量北魏遗迹后，便中途辍工。隋末唐初，陆续在前壁及两侧壁上营造小龛，前文介绍的凿于隋大业十二年（公元616年）梁佩仁所造释迦像双龛等均属此列。北壁西侧有一立佛龛，高三米，宽一点一米；立佛着通肩式袈裟，衣纹紧贴躯体，犹如“曹衣出水”，立于圆形莲座之上。（图五十九）它的南部是凿于贞观二十二年（公元648年）四月八日的“河南县思顺坊老幼等造”弥勒像龛。（图六十）

该窟正壁造五尊大像一铺，主尊是结跏趺坐阿弥陀佛，面相方圆，高肉髻上饰以波状发纹，高眉大目，眉间有白毫，鼻大翼宽，双唇微厚，颈间刻横纹二道。内着僧祇支，于胸前束带；外着双领下垂式袈裟，左胸前有衣钩。袈裟衣裾覆盖于方形台座前，不露足。右手举掌于胸前，左手屈三指，食指下指。台前左右前方各刻一护法狮子。（图六十一）

分立主佛两侧的弟子分别是阿难和迦叶。侍立于佛左侧的伽叶，依旧以特征鲜明的造型示于众人：额头布满皱纹，双颊塌陷，胸骨暴凸。然而紧抿的双唇却流露出闻法后的喜悦。（图六十二）

侍立于外侧的菩萨头戴高宝冠，冠中饰有化佛和宝瓶，面相丰满圆润，肩刻粗大的璎珞，长长的帔巾下垂至膝部交叉；下系长裙，一手执莲蕾，一手提圆形物。

正壁这五身一铺像系同时所为。据窟外北侧“伊阙佛龛之碑”碑文记载：文德皇后长孙氏殁于贞观十年（公元636年）。此窟是其子（唐太宗第四子）左武侯大将军、相州都督、雍州牧、魏王李泰（公元618—652年）为悼亡母所造。由此可知，宾阳南洞正壁的这组造像完工于贞观十五年（公元641年）。这通“伊阙佛龛之碑”位于宾阳南洞与北洞之间的崖壁上，高三点六五米，宽一点九米，是在磨去北魏旧碑之后重新镌刻上去的。全文一千八百字，极尽歌功颂德之能事。碑文先以对比手法宣扬佛法，斥“八儒三墨”“柱史园吏”之所述，“犹糠秕矣”。而欲从“六经”“百氏”中寻求真谛，就好像到陷阱中去找淼漫之水，于块阜间寻觅峻极的地轴那样徒劳无益。惟有佛

←
图五十九
宾阳南洞内唐代立佛

图六十　宾阳南洞内弥勒佛

图六十一　宾阳南洞一佛二弟子二菩萨

图六十二　宾阳南洞主尊左侧迦叶

法才像“无边慧日，垂鸿辉于四衢”。接下来颂扬母亲长孙氏文德皇后“道高轩曜，德酌坤仪。淑圣表于无疆，柔明极于光大……求贤显重轮之明，逮下彰厚载之德。忠谋著于房闼，孝敬申于宗祀……宏览图籍，雅如艺文”。有如此高洁贤淑的母亲，其子似乎也不应是个平庸之辈吧！碑文笔锋一转，变成了对李泰的褒扬，说他“发晖才艺，兼包礼乐”。在学习上，“朝读百篇，总九流于学海；日撷三赋，备万物于词林”；在战事中他“驱鲁卫以骖镳，驭梁楚使扶毂”，不可不谓是文韬武略、文武兼备的全才！他主编的《括地志》留传至今。而且他还“长人称善，应乎千里之外；神通日孝，横乎四海之滨”。在母亲亡后，李泰“结巨痛于风枝，缠深哀于霜露……弥节鹫岳，申陟屺之悲；鼓枻龙池，寄寒泉之思……博求报恩之津，历选集灵之域。以为百王建国，图大必揆于中州；千尊托生，成道不□于边地”。就是这位忠孝两全的魏王李泰，此时正与太子李承乾（？—645年）各自为政，结党营私，“潜有夺嫡之意”。由此可见，这通碑表面歌颂皇家的美德，言辞工仗华丽，洋洋洒洒，实则为弘扬美名、制造“夺嫡”之氛围才是其真正的目的。（图六十三、图六十四）

无论其真实用意如何，这则《魏王李泰造像记》却以其独特的魅

→
图六十三
伊阙佛龛之碑

图六十四 “伊阙佛龛之碑”碑文拓本

力享誉书法界。该发愿文，系中书侍郎岑文本撰文，谏议大夫褚遂良书丹。褚遂良（公元596—658年），杭州钱塘人，历任起居郎、谏议大夫、中书令，高宗时封河南郡公，与欧阳询、薛稷、虞世南并称“唐初四家”。书法作为中国独有的艺术，是线的艺术的最直接、最充分的展露。在线条形体、间架结构之间，往往体现了书写者的喜怒哀乐以及与大自然的融圆和互动。作为初唐书法的杰出代表，褚遂良在碑文中行笔潇洒，微含隶意；笔力劲挺，瘦硬而具弹性；起笔或方或圆，有逆有顺；线条起伏波折，钩趯刚劲锐利，展示了初唐楷书的轻盈华美、高谢风尘。

图六十五　宾阳南洞南壁“淮南公主造自在王佛”拓本（唐贞观年间）

有迹象表明，一俟魏王为其母的追福工程结束，一些颇具权势之人又开始在窟内营造小龛。

位于宾阳南洞南壁上的《豫章公主造像记》云：“大唐贞观十五年（公元641年）三月十日，豫章公主敬造像一塔，为己身平安并为一切含识、公主、你萨、为己身并儿。蒋修子等五人亦同造像一塔，及一切含识，共登正觉。”此豫章公主为太宗第二十一女，下嫁唐议识。还有《淮南公主造像记》。（图六十五）此外，同为贞观年间的造像龛还有撰写“伊阙佛龛之碑”碑文者岑文本和岑嗣宗各一龛、魏王府一龛等共计二十七龛。这批贞观年间的造像，均身体僵直，对衣纹的处理颇为零乱，过渡阶段的特征显露无遗。值得注意的是，永徽元年（公元650年）十月，汝州刺史、驸马都尉刘玄意在此洞中造了两龛。一龛是为该洞配上了二身金刚力士（在洞门左右），另一龛则

图六十六　宾阳北洞主尊

图六十七　宾阳北洞菩萨及弟子阿难

是造阿弥陀佛。刘玄意的夫人是太宗女儿南平公主。南平公主先嫁王敬直，后改嫁刘玄意。刘玄意这两龛造像反映出他们夫妇与魏王李泰的关系非常密切。

与之对应的宾阳北洞，在贞观年间也有所作为：正壁的五尊大像和窟门内侧浮雕的二天王像应系此期作品。主佛面相方圆，高眉大眼，眉梢上挑，直鼻宽翼，双唇微启；袈裟自左肩斜下，经右肘后上绕，搭于右肩；结跏趺坐，右足露出。（图六十六）方形台座的正立面上，雕刻有三身夜叉托扛佛座，虽有残损，但表现得颇具力度。侍立于佛左右者仍为二弟子与二菩萨，其中菩萨在面相、姿态及服饰上比宾阳南洞更加精美。（图六十七）门内左右之二天王，以北侧者保存较好，他头束冠，大眼直鼻，双唇紧抿，短圆的脸上透出威严；左手捏于胸前，右手握矛扛于右肩；身披裲裆甲，下系战裙；足蹬战靴，下踏小鬼。为数不多的线条准确地勾勒出天王的威猛强悍，他身上彰显着“醉卧沙场君莫笑，古来征战几人回”的果敢豪迈，“但使龙城飞将在，不教胡马度阴山”的自信和勇气。这一大窟的功德主应是一位极有势力的人，但没有资料能够证实他是谁。该洞中留有“太子典设郎袁中蒋造阿弥陀像一龛”的题铭。或许，宾阳北洞的功德主与太子有关。

潜溪寺是初唐新创的第一个大窟，它完工于唐高宗初年。该窟平面呈马蹄形，穹窿顶，宽九点四五米，高九点七米，深六点七二米。正壁塑像为一佛二弟子，胁侍菩萨位于左右壁的中心部位，在近窟门处有圆雕的二天王像。将二天王像列入主尊一铺造像中，是洛阳造像布局特征之一。潼关以西的陕西、四川往往把二力士列入主尊一铺造像中，而天王则置于门外。

主尊阿弥陀佛结跏趺坐于方形束腰台座上，面相丰圆饱满，高肉髻上饰以旋涡状发纹；身着双领下垂式袈裟，内着僧祇支，于胸前束结；右手平伸，左手伸出二指置于左膝上。（图六十八）

左侧的弟子迦叶老成持重，双手合十；右侧的阿难年轻虔诚，双手执一宝珠状物。分立于南北壁的胁侍菩萨是龙门初唐时期最为精彩的雕塑作品。两位菩萨的头发梳成中低边高的双圆形，戴花蔓宝冠，额间耳上刻画出发纹；面相丰满圆润，弯眉秀目，直鼻小口，微闭的双唇透出笑意；璎珞自两肩垂下呈“X”形，交叉于腹前的圆环上；帔帛自颈后披于两肩头，再绕至两膊后。下穿长裙，腰间束带，一绅带下垂至足面。赤足，立于束腰圆莲座上。其造型健康丰满，文静矜持，周身洋溢着浓郁的人情味和亲切感，昭示着中国佛教艺术在历经了北朝的秀骨清像、婉雅俊逸之后，形成了清新活泼、健康丰腴的时代特色。而观音菩萨宝冠中有“化佛”，大势至菩萨宝冠中有“宝瓶”，隋代以来成为定式。（图六十九、图七十）初唐时期的造像还有莲花洞外南壁的“张世祖供养像”，刻于贞观二十年（公元 646 年）。（图七十一）该龛造像左侧的供养人服饰引起许多观者的注意。

很明显，潜溪寺洞无论从布局还是从雕刻技艺上看，都比宾阳南洞、宾阳北洞更为合理，更为成熟，堪称初唐雕刻的杰作。

自唐高宗起，龙门石窟迎来了它的第二次开窟造像高潮。“敬善

图六十八　潜溪寺主尊阿弥陀佛

图六十九　潜溪寺主尊左侧观世音菩萨

图七十　潜溪寺主尊左侧观世音菩萨特写

寺区”的开辟、大批中小型洞窟的出现，反映出经过“贞观之治”后，随着庶族地主阶层经济实力的增长以及他们在文化上的活跃，龙门呈现出“雁塔遥遥绿波上，星龛奕奕翠微边”的繁荣景象。

敬善寺区以敬善寺石窟为中心，在其周围分布着密集的小龛，它们都是唐高宗前期兴造的，故而以“敬善寺区”名之。其中有韩氏洞、梁文雄洞、袁弘勣洞、沈曩洞、刘子道洞、武上希洞等。敬善寺石窟窟门外左侧有碑，其上刻《敬善寺石像铭并序》，由宣德郎、守纪事参军李孝伦撰文。据碑文记载，敬善寺石窟是在高宗前期由太宗之妃——纪国太妃韦氏出资兴造的。韦氏乃纪王李慎生母，系“京兆人也。茗姿含绮，霏华椒掖。兰仪湛秀，缉美蘋隈。而思惕红沙，浪真辉于五剑；神栖缟雾，延妙业于三珠。爰择胜畿、聿修灵像……”。不仅韦氏淑仪好佛，其子李慎也以聪慧好学、擅长文史在皇族中口碑甚佳。史书记载，李慎（公元 628—689 年）为太宗第十子，贞观五年（公元 631 年）始封“申王”，十年改封“纪王”，十七年迁襄州刺

图七十一　张世祖供养像

史。永徽元年（公元 650 年）拜左卫大将军，二年授荆州都督，累除邢州刺史。文明元年（公元 684 年）加授太子太师，转贝州刺史。其母韦太妃晚年大概居于洛阳，《大唐纪国故先妃陆氏之碑》记载："麟德二年（公元 665 年）六月廿六日，（陆氏）薨于泽州馆舍，春秋卅有五……纪国太妃时在洛下，初闻凶讣，颇极哀痛之情；旋遣悼书，备竭辛酸之旨……"由她出资兴造的石像被冠以"敬善寺石像"，说明位于龙门东山北阜的敬善寺功德主，或许与纪王一家有着特殊的关系。

敬善寺石窟大胆采用了一种全新的布局，即把整个石窟营造成西方安乐世界。据佛经载，昔日天竺国鸡头摩寺的五通菩萨感得之"阿弥陀五十二尊曼陀罗"，一佛五十二菩萨，各坐莲花之上。至北周末隋初，从青州来到江都安乐寺的僧人慧海（公元 541—609 年）自齐州僧道诠处得到"无量寿像"，在安乐寺图写此尊仪。介绍此像的来历时，道诠说是"天竺鸡头摩寺五通菩萨乘空往被安乐世界图写尊仪"。该窟表现的就是"阿弥陀五十二尊曼陀罗"。

敬善寺石窟分前、后二室，前室呈横长方形，立面以窟门为中心，门上方原有一方形佛龛，惜造像已失，两侧各有一飞天相向而

舞。窟门左右各雕一力士，头戴低冠，裸露上身，展现出健硕的肌肉；下着战裙，赤足立于方台座上；上体前倾，双腿弓步，战裙向后飘扬，动感十足。类似这种凶猛暴烈、展示力量的力士形象，为后来唐代造像所效法。再外侧为南北相对应的菩萨各一身（其中一身或为“五通菩萨”），在北侧的金刚力士与菩萨之间，即为《敬善寺石像铭并序》碑刻。

后室宽三点七米，高三点五米，深五点五米，平面作方形。正壁及左右侧壁是阿弥陀五尊：一坐佛、二侍立弟子及二侍立菩萨。正壁为一阿弥陀坐佛，下为束腰八角形莲座，台座下方左右角各刻一狮子。坐佛身后有舟形高浮雕身光及圆形头光，身光下部左右各刻一身供养菩萨，立于有梗莲花座上。正壁左右转角处，刻迦叶、阿难侍立，其中阿难雕刻得尤为精彩传神。在左、右侧壁上各自雕刻一身圆雕菩萨及一浮雕持剑踏夜叉的天王，菩萨端庄华丽、曲线优美，天王威猛雄壮。（图七十二）在弟子与菩萨之间，加造了较低的高浮雕沙门立像，左右各一。左侧为一比丘，右侧可能是比丘尼。这两尊对称的人像无头光，应是世俗人物，他们代表了纪国韦太妃在此做供养。这种把供养人组合到一铺造像中的新做法，似乎喻示着皇权的提高以及神权、皇权的有机结合。（图七十三）此外，窟内四壁间穿插雕饰了姿态各异的菩萨五十身，他们或立或坐，以莲梗串联成组。这五十尊塑像加上两大菩萨，形成了“阿弥陀五十二尊曼陀罗”。佛座前方的地面上，残留着五个浅坑，方圆皆有，推测原来坑上放置有可移动的博山炉或护法狮子。穹窿顶浮雕大朵莲花，周围有七身飞天环绕，他们不持乐器，做供养状。

同时，另有一些雕刻精美者，也属于高宗前期的作品。品味这些塑像，可大致把捉这一时期的社会脉动。

袁弘勣洞完工于显庆年间，宽二点五米，高二点二米，深二点一米。正壁低坛塑一坐佛、二菩萨，洞内浮雕的跽坐女供养人较为传神：她低眉垂眼，双手捧物，跪坐于莲座上，身后有二侍女相随。（图

图七十二　敬善寺洞持剑天王

图七十三　敬善寺洞供养比丘

七十四）还有双窑北洞的力士、（图七十五）清明寺的菩萨，（图七十六、图七十七）均可作为这一时期的代表。

惠简洞开凿于唐咸亨四年（公元673年），宽三点五三米，高四点二五米，深二点八米，正壁坛基上造有五尊像：主尊弥勒佛面相丰满，高肉髻上刻饰波纹，内着僧祇支，外披双领下垂式袈裟，垂双腿，赤足，倚坐于有高靠背的方座上。（图七十八）左右为二弟子、二菩萨侍立。据窟内造像题记可知：此系西京法海寺寺主惠简为高宗皇帝、皇后及太子、周王造像。此僧也是参与检校大卢舍那像龛的高僧之一。

龙门的弥勒佛造像在太宗时仅有小龛，没有单独开窟。但自高宗以来，陆续开凿了梁文雄洞、双窟南洞、东山大万五千佛龛、极南洞

图七十四　袁弘勣洞女供养人

和摩崖三佛等，规模日趋扩大。这种信仰的出现，除了宗教上的原因之外，也与武则天的政治需要紧密相关，这是后话。

图七十五　双窑北洞的力士

敬善寺区还有一个现象令人注目：本区出现了大量的优填王造像，年代多集中于高宗时代（公元 649—683 年）。宾阳洞区也是如此。二区的优填王造像总数在一百躯左右，且风格统一，皆身着贴体的袒右肩袈裟，衣薄透体，不见衣纹，状如赤裸，倚坐于方台座上，二腿间垂下一条宽带。倚坐高度一般在一米左右。（图七十九）到总章、咸亨年间（公元 668—674 年），优填王像的座式发生了变化，有的在佛像身后加上了倚背，有的在长方形台座两侧加刻二根立柱，立柱下端刻出狮子，足踏的小圆座也发展成叠涩的八角座式。优填王像的进一步发展，则是在优填王两侧增加了二弟子、二菩萨及二天王等夹侍像。优填王像的粉本应源自印度“笈多式”造像，很可能是玄奘（公元600—664年）自印度带回的。玄奘的故里在洛阳偃师区府店镇滑城河村，西北距龙门约三十千米。

此时还出现了药师佛的造像。位于药师洞西壁的造像为立佛，右手托钵，左手自然下垂，着通肩式袈裟，衣纹流畅，大约作于武则天至中宗时代。（图八十）药师佛全称“药师琉璃光如来”，是东方净琉璃世界的教主，因他能除生死之病，故名药师；能照三有之闇，故名琉璃光。当他为菩萨时，曾发过十二大誓愿，其中之一即让众生现世求得欢乐，使众生将药师佛作为现世消灾延寿的祈求对象。当他修成正果，化现出东方净琉璃世界，“一向清净，无女人形，离诸欲恶，亦

图七十六　清明寺二菩萨

图七十七　清明寺观音菩萨

→
图七十八　惠简洞主尊弥勒佛和阿难

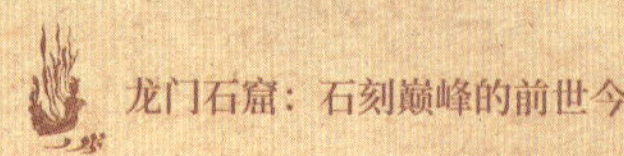

图七十九　敬善寺区优填王像

无一切恶道苦声。琉璃为地，城阙垣墙，门窗堂阁，柱梁斗拱，周匝罗网，皆七宝成"。这一佛国净土堪与阿弥陀佛的西方极乐世界相媲美。众生只要念药师佛的名号，就可不入畜生、地狱恶道，可以解除生老病死等苦难，还可以免除九横死（九种非正常死亡），所以他又被奉为"大医王"，受到广泛信奉。造像组合通常为药师佛居中，左为日光菩萨，右为月光菩萨，通常称之为"药师三尊"或"东方三圣"。

说到药师佛，不能不提及龙门的药方洞。药方洞因其洞内镌刻了大量的中药药方而得名，这些药方是我国中医药文化的宝贵遗产。

药方洞作为龙门西山南段的一座大型石窟，始造于北魏孝明帝后期，初具窟形后，突然中止。这一行为或许与尔朱荣发动"河阴之役"屠杀诸王、公卿数千人有关。窟内南壁上方现存的李长寿妻陈晕造像龛、孙姬龛、路僧妙龛及道岩龛，开凿年代在公元 530 年至 533 年之间。由它们现处位置不难推断，今日所见的窟底平面要较辍工时的窟面低了许多，当是公元 533 年之后增凿的结果。

窟内正壁今存一铺五身大像，窟门外二立柱、二金刚力士、窟门上方的造像记及左右飞天是同期完成的作品，约完工于太宗贞观十五年（公元 641 年）之前。主像通高三点二七米，结跏趺坐于方形台座上，肉髻平缓且磨光，面相方中见圆，先用阴线刻出眼眉，再用阳线勾出轮廓，再刻眼珠，鼻大唇厚，下颏用一条阴线刻出。佛像内着偏衫，胸腹部束带作结，外着双领下垂式袈裟，以圆刀法刻出稀疏而不规则的衣纹。其后浅刻两重头光，内层为莲瓣纹，外层为卷草纹，上刻七佛。身光宽大，包含二弟子且直抵窟顶莲心，上饰桃形火焰纹。（图八十一）坐佛两侧的二弟子和二菩萨像均立于圆莲座上。

在药方甬道及前壁上共刻药方一百五十五个，包括内科、外科、神经科、妇科、小儿科及五官科等，其中既有药物疗法，也有针灸疗法，所记药物多达一百七十三种，散、丸、膏、汤及外敷药均有，是国内最早的石刻药方。这批石刻药方的镌刻年代为唐高宗永徽元年至

图八十　药方洞西壁药师立佛

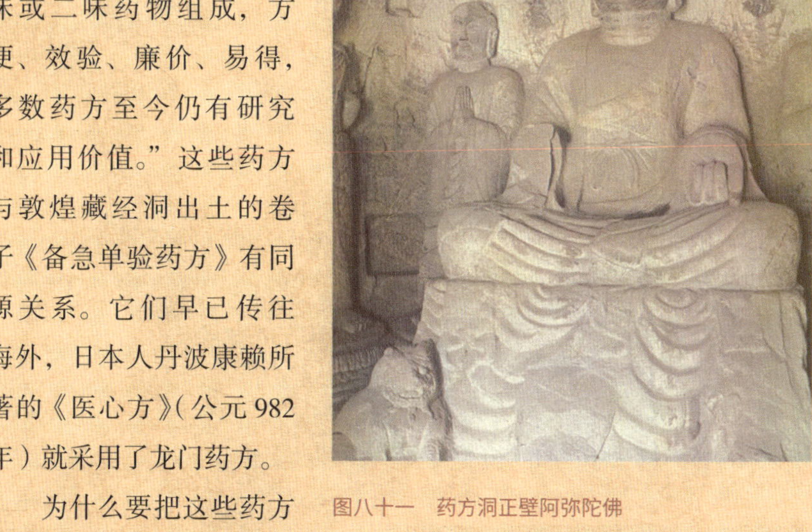
图八十一　药方洞正壁阿弥陀佛

四年间（公元650—653年）。医史专家指出："龙门药方处方独特，多由单味或二味药物组成，方便、效验、廉价、易得，多数药方至今仍有研究和应用价值。"这些药方与敦煌藏经洞出土的卷子《备急单验药方》有同源关系。它们早已传往海外，日本人丹波康赖所著的《医心方》（公元982年）就采用了龙门药方。

为什么要把这些药方刻在佛窟中呢？

"医王"药师佛能治病疗伤，其实有许多僧人也都精通医术。古印度高僧往往兼攻"五明"，即五种学问，其中的"医方明"即为医药学的知识，指"禁咒闭邪，药石针艾"。早年来华的西域高僧往往兼通医术。东汉末年的安世高就是"洞晓医术，妙善针脉，睹色知病，投药必济"的人物，后赵时的佛图澄、北周的宝象均是此行中的高手。古代有的寺院也附设"医所"，这一情形在典籍中都有记载，足证当时寺院对医药的重视程度。龙门石窟于北宋熙宁六年（公元1073年）也在今禹王池附近建有"药寮"——"珠渊堂"，免费为来往路人治病。药方洞中的药方可能是知晓医药的僧人刊刻，为的是益于大众，以此作为一种功德。

如果说，雕造药师佛像只是给患者战胜疾病精神上的支持与安慰，那么，雕刻出药方则向治疗实践迈出了切实的一步。

# 东都歌舞叹升平 中西文化两交融

唐代，西方净土（阿弥陀净土）在民众中最受欢迎，有“家家阿弥陀，户户观世音”之说。龙门石窟中这一题材的表现形式，生动地反映出对阿弥陀佛信仰的演变过程。较早的只刻出阿弥陀主尊（一佛二弟子二菩萨）或七尊（加二力士）、九尊（再加二天王）的造像，到稍后的敬善寺洞，除九尊像外，在洞内壁间造数十身菩萨，形成了“阿弥陀佛五十二尊曼陀罗”。而佛国“极乐世界”得以完满地表现，是在万佛洞。

图八十二　万佛洞力士

万佛洞分为前后室。前室窟门两侧为二力士，（图八十二）再外是相对的护法狮子；而位于外南壁的观音菩萨体态优雅、生动，大有呼之欲出之势。（图八十三）后室平面略呈方形，平

→
图八十三　万佛洞外壁观音菩萨

許州儀鳳寺比丘尼真智敬造觀世音菩薩

图八十四 万佛洞供养比丘尼

顶，宽五点九米，高五点八米，深六点九米，正壁前为低坛基，其上造一坐佛、二弟子、二菩萨，并在弟子与菩萨间雕出穿着云头履的二供养人，分别为优婆夷和比丘尼。窟门内两侧有极具夸张形态的二天王踏夜叉像。在洞窟的甬道则浮雕出憨态可掬的比丘尼供养像。（图八十四）主尊阿弥陀佛坐于八角束腰莲花座上，（图八十五）束腰处刻四金刚力士托举莲座，（图八十六）弟子、菩萨及供养比丘尼均侍立于束腰圆莲座上。在主佛头光上，刻

图八十五 万佛洞主尊阿弥陀佛

图八十六　万佛洞主尊座部托座力士

饰着五十二身菩萨并二飞天，左右侧壁则雕凿出排列井然有序的千佛一万八千余身，惟在上方中部各造一龛优填王像。千佛的下端，二壁各饰五身伎乐人，她们姿态各异，弹之奏之，舞之蹈之。（图八十七、图八十八）万佛洞内的塑像具有很强的艺术感染力，以主尊的严肃祥和、比丘尼的朴实温顺、菩萨的端庄华美、力士的威猛强壮、伎乐的弹拨腾跃，或表现仁慈，或显映天真，或展示力量，或传递欢乐，描绘出一幅“西方极乐世界”的画面，也折射出了政治清明、社会安定的盛唐情怀。如此恬静、庄严、欢乐、永恒的“佛国”，承载的是唐代民众对美好生活的向往与憧憬。

万佛洞中雕刻伎乐人，虽然目的是营造“西方极乐世界”，但却又是唐代现实生活的再现，反映了当时社会的歌舞升平。

在窟顶大莲花周围刻有铭文：“大监姚神表，内道场运禅师一万五千尊佛龛。大唐永隆元年（公元 680 年）十一月卅日成。”“大监”为宫中高级女官，此官名始见于北魏，常常被误会为“将作监”的官员。“内道场”为设在皇宫中的道场。在窟门北甬道刻有另则铭文：“沙门智运奉为天皇、天后、太子（英王李哲）、诸王，敬造一万五千尊像一龛。”所提“智运”，与前文中的“内道场运禅师”为同一人。万佛洞是宫中女官和女尼为皇室所造。龙门有比丘尼惠灯（公元 650—731 年）“藏魂千秋”的瘗窟。她就是运禅师的弟子，受到武则天的“躬亲供养”，在内道场二十余年。

唐代强盛时，国土北越贝加尔湖，西及咸海，西南达于阿富汗及伊朗。大唐的声威和影响远播异域的同时，也吸收和圆融了各种外

图八十七　万佛洞伎乐者

图八十八　万佛洞伎乐者

来文化。像万佛洞中伎乐人所展示的乐舞，在唐代便达到一个新的高峰。其特征是外来成分增多，如乐器、音调乃至艺人，且颇受重视；庙堂之上，闾里之间，相习成风，至玄宗亲自执教“梨园”弟子之际，更成推波助澜之势。在这些伎乐群体中，既有“卷发胡儿眼睛绿，高楼夜静吹横笛”的奏者，也有“红蜡烛移桃叶起，紫罗衫动柘枝来”的舞者。就连一向清静、远离尘世凡间的佛门禁地，也有属于自己的佛曲。在敦煌石窟的遗籍中就发现有许多佛曲，且多标明诸调，有婆陀调、乞食调、越调、双调、商调、徵调、羽调、般涉调、移风调等，以说法为主。在这种社会背景中出现的伎乐像，由于被赋予了现实中的情感和幻想，自然变成了诗人笔下“鼓摧残拍腰身软，汗透罗衣雨点花”的图示了。

对西方净土的崇拜，在完工于武则天延载元年（公元 694 年）的“北市彩帛行净土堂”，又得到新的诠释。“北市彩帛行净土堂”是石窟窟檐上原有的题额。“北市”即东都洛阳三大市场之一，其余二者为南市和西市，俱为商业区之所在。三市的分布情况为：由于洛河以南的郭城面积稍大，便在此设立了南市和西市，洛河之北仅设北市。北市系显庆二年（公元 657 年）十二月九日所设，地址在临德坊，隶太府寺管理。对于北市，文献中没有详细记载，但据龙门像龛可知，北市有“丝行”“彩帛行”“香行”等行业。“北市丝行像龛”造于天授二年（公元691年），位于奉先寺南；“北市香行社”龛在古阳洞北，造于永昌元年（公元 689 年）。

由一批中外丝绸商人营造的“北市彩帛行净土堂”，其独特之处在于，一是在前室侧壁上刻出了“九品往生图”，二是在石窟正壁上刻出了《佛说菩萨诃色欲经》。在王室泰等人的造像记中提出了“佛国混同，岂有东西之异”，反映出商人们在信仰上的兼容性。

这一中型石窟也分为前后室。其外立面的做法是，在长方形窟门的上方和左右两侧做成长方形边框，上部横向刻结跏趺坐的佛像十二身，左右侧边框自上而下各有四个圆拱龛，除最下边的龛内刻饰狮子

外，剩余六龛均刻一坐佛二胁侍菩萨。十二佛像之上是题额“北市彩帛行净土堂”。石窟平面呈横长方形，宽三点一三米，高二点二五米，深一点七四米，平顶素面无饰。窟内三壁起坛，其上原有造像十一身，可惜无一幸存。现今能见到者，仅有前室南北两壁上的小龛及“九品往生图”，今存“下品上生”“下品中生”“下品下生”及莲花化生童子、迦陵频伽鸟、坐佛、立菩萨、裸体童子以及舍利鸟等浮雕图案。“九品往生”是在五十二菩萨基础上进一步发展的西方极乐世界。在那里，有佛号阿弥陀，由观世音、大势至二菩萨侍立其左右，协助阿弥陀佛普化一切众生，并接引人们往生极乐世界。由于受持与修行不同、前世造业不同，往生西方净土者被分为三个等级，即上、中、下三品，每品又分上、中、下，合而为九品，即上品上、上品中、上品下、中品上、中品中、中品下、下品上、下品中、下品下。不同等级往生所需时间不同，在西方极乐净土也将得到不同的果报。虽然主室原像俱已不存，但学者们根据正壁左侧造像记中所述“凿岩开室，号之曰西方净土”等迹象推测，正壁所供的三尊主像应为阿弥陀、观世音和大势至，即净土宗西方三圣；加之在前庭侧壁表现了西方净土的部分场面，其中出现的迦陵频伽和舍利鸟是阿弥陀佛欲使法音宣流、变化所作的神鸟，此做法极为少见。

刻于主室南壁的《佛说菩萨诃色欲经》为姚秦时期高僧鸠摩罗什所译，刻此经的目的是告诫商贾们“色欲”的危害。经云：“女人之相，其言如蜜，其心如毒……家室不和，妇人之由。毁宗败族，妇人之罪。实是阴贼，灭人慧明。”刻经年代在武周时期，或以为针对武则天。刻经者除僧人外，还有北市彩帛行的成员。

与西方净土崇拜有密切关系的是对观世音的崇拜，“家家阿弥陀，户户观世音”。他深受人们的信奉和青睐，在中国传统文化中影响深远。“观世音”，就是菩萨以无漏（无烦恼）圆通大智观照六道众生因痛苦而念诵其名号的声音。如果菩萨听到有人念其名号，就会立即循声去解救。他以慈悲为怀，根据众生的不同身份随类化现去济世救苦。随着观音信仰的盛行，观音在民间显灵的事迹比比皆是，演化出许多具有独立思想和形象的观音，如马郎妇观音、施药观音、泗洲大圣等，并于唐末五代时期形成了观音道场。而此处的“西方三圣”表现的就是观音和大势至辅助阿弥陀佛接引往生众生的题材。观音形象以头戴化佛冠，手提净瓶为特征。为求变化，有手托净瓶者、倾瓶出水者、在瓶中插莲者等等，不一而足。其体态多被塑造得婀娜多姿，呈“S”形，丰胸细腰，异常妩媚。

此时的龙门石窟已成为中西文化交流的聚集地，其间保存了一批涉及中外交通的珍贵史料。在宾阳南洞正壁下侧，有王玄策造像龛，像已残毁，但造像记依稀可辨：“王玄策□□□□□□□下及法界众生敬造弥勒像一铺麟德二年（公元 665 年）九月十五日。”王玄策，洛阳人，贞观十七年（公元 643 年）之前任融州黄水县令。此人在太宗和高宗时代曾奉命三次（或曰四次）出使印度，著有《中天竺国行记》十卷，原著已佚，散见于《法苑珠林》。王玄策第三次出使印度的归期为显庆六年（公元 661 年）。麟德二年（公元 665 年），王玄策将他自印度取回的“弥勒菩萨新样”供洛阳敬爱寺塑像，同时还在龙门石窟造弥勒石像。龙门宾阳南洞正壁迦叶像下的这铺造像龛便成为这位大旅行家留下的珍贵文物。近年，在西藏吉隆县靠近尼泊尔的山口处，发现了王玄策的《大唐天竺使出铭》（公元 658 年）摩崖铭刻。王玄策之侄、比丘智弘律师也曾远赴印度求法。（见《大唐西域求法高僧传》。）

玄奘（公元 602—664 年）“自吊影西寻教迹”，历经“春秋寒暑一十七年，耳闻目见百三十国”，始成《大唐西域记》，在当时便已成为万众景仰的一代硕勋。由于他的西行，龙门石窟的造像题材得以扩大。前文介绍的一百余尊优填王像，其粉本便是玄奘大师自印度带回的。玄奘在贞观十九年（公元 645 年）正月返回长安时，除了经卷六百五十七部、舍利一百五十粒之外，尚携有七尊佛像，其中就有“拟憍赏弥国出爱王思慕如来刻檀写真像刻檀佛像”一躯，“通光座高

尺有五寸”，正是优填王（Udayana，汉译为出爱王）造像。玄奘赴印度时正值戒日王在位（公元 606—646 年），属于后笈多时代。故此优填王所刻檀“如来写真像”（后俗称此类像为优填王像），体现更多是后笈多风格。这种新的造像模式首先传至长安、洛阳两京，但是这种“仿佛赤裸”的形象与汉民族对圣贤人物应“冠服端坐”的习俗相悖，所以优填王像只流行了三四十年即告停止。

在这些西行高僧中还有一位名玄照，他也在龙门留有造像龛。该龛位于万佛洞外南侧金刚力士的北侧，有造像记云：“大唐调露二年（公元 680 年）岁次庚辰七月十五日，玄照敬造观世音菩萨一躯。愿救法界，苍生无始罪障，今生疾厄，皆得消灭。”玄照事迹见于义净的《大唐西域求法高僧传》卷上。玄照，太州仙掌（今陕西省华阴县）人，西安大兴善寺僧人，两次赴天竺，最后终老于奄摩罗跋国。他第一次赴印，走唐蕃古道，蒙文成公主礼遇。这次自天竺回国的时间是麟德二年（公元 665 年）正月。第二次何时赴天竺，没有明言。义净（公元 635—713 年）云：“（玄照）于是巡涉西蕃（吐蕃），而至东夏。以九月而辞苫部，正月便到洛阳。五月之间，途径万里。于时麟德年中，驾幸东洛，奉谒阙廷。遂蒙敕旨，令往羯湿弥罗国，取长年婆罗门卢迦溢多。既与洛阳诸德相见，略论佛法纲纪。敬爱寺导律师、观法师等请译《萨婆多部律摄》。既而敕令促去，不遂本怀，所将梵本，悉留京下。”事实上，玄照于调露二年（公元 680 年）仍在洛阳，并于此年在龙门开龛造像，此时距他归来已有十五年。第二次西行，乃奉旨取“长午婆罗门”。此事可能是高宗效仿唐太宗以天竺方士那罗迩娑婆寐造延年药的故事而为之，其时间约在唐高宗因“服饵”而令太子监国的开耀元年（公元 681 年）七月前后。玄照当时怀着怎样的心情再次踏上唐蕃古道，今天已无法知晓；但这次的西行对他来说却是踏上了一条不归之路，他最终客死异乡。玄照“遂往弶伽河北，受国王苫部供养……后因唐使王玄策归乡，表奏言其实德，遂蒙降敕，重诣西天追玄照入京。”他与义净的相遇，也应是在第二次赴天竺之时。义净于咸亨五年（公元674年）到那烂陀寺，“住那烂陀，十载求经。方始旋踵言归，还耽摩立底”。那么，当玄照返回那烂陀寺时，义净仍居该寺，由此二人得以相遇。义净后于证圣元年（公元695年）回到洛阳。

玄照、玄奘、王玄策早已随着那个时代成为历史，但他们留在龙门的这批造像，却让后人能够与过去面对，甚至触手可及，字里行间的历史便有了另种注解的途径。

龙门在当时不仅仅是帝王垂青之地，也是僧侣关注的焦点，更不乏大批外籍僧人在此徘徊流连。他们的到来，为龙门的国际化注入了异域风情。

“新罗像龛”位于敬善寺洞以南、明代“观澜亭”遗址旁。该洞宽一点七米，高一点九米，进深一点七米，平面方形，内部造像全部失佚，仅在窟门上方残存“新罗像龛”字样。（图八十九）依窟形推断，其开凿时间当在武周前后。当时新罗与唐交好，大批留学生及僧侣来华。其中新罗僧惠超是少林寺禅宗六祖法如（公元638—689年）的大弟子，曾西行求法，著有《往五天竺国传》三卷。长庆元年（公元821年）新罗使臣金柱弼及其从者沙门无染，曾到龙门香山寺向如满求禅法。与玄照一同西行的还有新罗僧慧轮。所以，此龛应系留学生及僧人所作。

龙门敬善区有阿史那忠造像龛。文云：“右骁卫大将军，薛国公阿史那忠造。”突厥人阿史那忠是阿史那苏尼什（？—634年）之子。颉利可汗被李靖所破时，苏尼什父子率部归唐。阿史那忠（？—675年）《旧唐书》《新唐书》有传。他以擒突厥颉利可汗献唐太宗之功，擢“左屯卫将军”，尚宗室一女定襄县主。永徽初封“薛国公”，擢右卫大将军，上元二年（公元675年）卒。从造像风格推断，此造像记为高宗前期所作。

阿史那忠家族造像不止一处。在火烧洞南壁上方有《阿史那忠之子造像记》，文云：“左玉钤卫将军薛国公史、夫人李氏，垂拱二年

图八十九　新罗像龛拓本

（公元686年）十月八日敬造。”这是阿史那忠之子史暕及李夫人所造。该公于《旧唐书》卷一百零九《阿史那社尔传》附见之。史暕以垂拱年间，任司行卿；又有“左玉钤卫将军”之衔，则《旧唐书》《新唐书》失载。

突厥，其可汗自称与“九姓回纥”同族，而回纥族出铁勒。铁勒于战国、秦汉时称“丁零”；因民俗喜乘高轮车，所以北魏时又被称为“高车”。西魏大统年间部族强大，击败柔然，土门自号“伊利可汗”。令中土朝廷刮目相看。隋文帝开皇三年（公元583年），突厥分裂为东、西两部，西突厥“居乌孙之故地”，即今新疆和中亚大部；东突厥则南迁臣服于隋。至唐时，西突厥也部分归附李唐王朝。

在龙门东山的万佛沟内，遗有吐火罗僧宝隆造像龛。龛宽零点七五米，高零点九米，深零点二五米，圆拱龛内造一身立佛并二侍立菩萨，立于束腰圆莲座上。大龛两侧各造一力士龛侍立，大龛下正中为造像记，两旁各刻二供养人跪拜，内侧者为男像，外侧者为女像。造像记云：“盖闻百空者，诸佛……旋资粮。所以慧观穷于二边……破□四德。今有北天竺三藏弟子宝隆，上奉诸佛，中报四恩，下□□□，敬造释迦牟尼一铺……为赞曰：大悲大愿，是救是依。灭

□生善，不枉不欺。景云元年玖月一日吐火罗僧宝隆造。”

吐火罗即大夏（巴克特里亚）故地，为西域古国，其属地在今兴都库什山与阿姆河中游以南地区，与西突厥、昭武九姓比邻，国都兰氏城在今阿富汗喀布尔北境的马札里沙里夫西郊之巴尔赫。唐高宗龙朔元年（公元 661 年），唐朝于吐火罗故里置都督府。就在宝隆造像之前，有吐火罗高僧弥陀山（寂友）在洛阳，天授年间（公元 690—692 年）与法藏等译《无垢净光陀罗尼经》一卷，后归国。而造像记中所云，宝隆“灭□生善，不枉不欺”，与玄奘所见到的吐火罗人“其俗则志性恇怯，容貌鄙陋，粗知信义，不甚欺诈”之语不谋而合。

令人最感兴趣的是，在龙门还发现了华严宗创始人康法藏（公元 643—712 年）的三处造像和一处祖坟题记。

这三处造像，一为龙门宾阳洞“伊阙佛龛之碑”上方峭壁间第一排小龛（宽、高、深均在一米五左右）中有一龛题“法藏供养”。此处的二排造像为优填王像，每洞仅勒某某造或某某供养的造像记。第二处在西山老龙窝上方峭壁间，有一造像洞，造像记所记三十八人中有“康法藏”。所列人名中，史诚、曹行基、寻威仁等可能是昭武九姓国人氏。第三处位于魏字洞南侧弟子、菩萨像间的一小龛（宽零点三六米，高零点三一米）内，造一佛、二弟子、二菩萨五尊像，其下有供养人分列于博山炉左右，各胡跪一人，做礼拜状。造像记云：“法藏为父母、兄弟、姐妹，又为胜蛮，敬造阿弥陀像一龛。乾封二年四月十五日。”

祖坟题刻发现于龙门博物馆保存的一座方形墓塔上，文云：“次西边坟，祖婆康氏，右麟德二年八月亡；祖父俱子，右上元二年三月亡，其年八月葬在洛州河南县龙门乡孙村西一里。父德政合葬记，孙男法藏，阿杵、无泰、惠琳。男崇基、万岁。父德政，右去垂拱三年七月七日亡。母尹氏右去长安元年十一月二十九日亡。”

上述四项题记中的主人康法藏是华严宗的开创者贤首法师，其祖上为中亚昭武九姓康国人（今乌兹别克斯坦的撒马尔罕）。自其祖康俱子入中国，父康德政、母尹氏，有兄弟、姐妹各三人。康法藏二十八岁时（公元 670 年）才出家于洛阳太原寺（后改为大福先寺），而开凿乾封二年（公元 667）龛时，他应为居士。那么造像记中的“胜蛮”可能是其妻。

崔致远在《法藏和尚传》中对法藏译经事业做了一番评价：“藏本资西胤，雅善梵言，生寓东华，精详汉字。故初承日照（此僧为葬于龙门香山寺的地婆诃罗），高山擅价；后从喜学（即实叉难陀）则至海腾功。”法藏生长于洛阳，祖上为康国人，母尹氏为汉人，故而能兼通梵汉。神龙元年（公元 705 年）武则天去世，唐中宗为其追福而造圣善寺。神龙二年（公元 706 年），以造圣善寺论功行赏，僧慧范、法藏、慧珍等九人并加五品阶，赐爵郡、县公。

法藏祖上为康国人，这个康国为“昭武九姓”之一，其余为安、曹、石、米、何、火寻、戊地、史。因康旧居祁连山北昭武城（今甘肃临泽县境），支庶分王各地，故总称为“昭武九姓”胡人。公元 6 世纪后隶属西突厥，唐高宗永徽年间（公元 650—655 年）康等皆内附，唐以其地分置唐居、大宛等都督府和南谧、佉沙、贵霜、安息等州，隶安西都护府。

除了上述几条材料，龙门还存有许多由西域人或疑为西域人留下的遗迹。

安思泰所造墓塔为四层方塔，总高一点六五米，其上有造像记及发愿文，人名有安思泰、康法藏、裴婆，均为西域人。

安思泰为安附国之子。向达先生所言，安附国“盖为隶属突厥之安国人，谓为出自安息，则文人之附会耳”。或是。安国在今乌兹别克斯坦的布哈拉。调露二年（公元 680 年）附国死，至长安三年（公元 703 年）安思泰立塔，可能是因其母去世始有此举。裴婆为疏勒（今新疆喀什）人，所以才会在发愿文中出现“三愿国王寿万岁”，“四愿边地无刀兵”等语句。若其为汉人，则不会有“国王”“边地”等字眼。此发愿文中出现许多新字，故知其造于武则天时期。

在赵容师洞南壁西侧下部有一小龛，宽零点二米，高零点一八米，内一小阿弥陀佛，应造于显庆龙朔年间。造像记云："殷朋先为康胡七人遂恶捺佛愿造像一。"其中的"康胡七人"应为康居国胡七人，"遂恶捺佛"或指抛弃了袄教而归依佛法。

敬善寺洞北的王惠达洞内，门北侧下部有一小龛，高零点三六米，宽零点三九米，内造一阿弥陀佛并二胁侍菩萨。造像记云："总章二年二月十日，高昌张安为亡父敬造。"宾阳南洞北壁有小龛，造像记云："永徽三年四月，高昌张□、康居□□为亡父母及□□□内外眷……"高昌国，故地在今吐鲁番地区，唐王朝贞观十三年（公元639年）平高昌，置西州。此造像者"高昌张□"或移居高昌之汉民。用高昌而不用西州，是习用旧名。

除此之外，在石牛溪北壁、北市丝行像龛、古阳洞外北侧、惠简洞、东山擂鼓台等处，均有简略的造像记，由姓氏观之，疑为西域疏勒、康国、安国、史国之人。著名的唐代安菩墓就出土于龙门东山，也非偶然。

它们虽然没有宾阳南洞、敬善寺的宏伟巨制和王者之气，也不见潜溪寺、万佛洞的富丽堂皇和精雕细琢，但却以穿越千余年的真实再现了逝去的岁月，成为人们研究历史、缅怀往事的珍贵材料，见证了大唐东都洛阳作为国际化大都市的辉煌。

# 高宗崇建卢舍那<br>则天石楼朝群臣

作为龙门石窟皇家风范的典型代表，奉先寺摩崖造像摆脱了以往窟室的桎梏和束缚，以前所未有的自由和奔放横空出世——劈山成形，依岩造像，仰对行云，俯视流水，规模恢宏，气势雄壮，令人叹为观止。它是大唐帝国盛世文化艺术的结晶，留下了永恒的、不可企及的艺术魅力。

该龛位于龙门西山中段，在唐代的正名为“大卢舍那像龛”。宽约三十三米，高约三十五米，深约四十米。大龛地面高出山脚下地面约三十五米，居高临下，一眼望去，气象万千。

正壁主尊卢舍那大佛，是“光明遍照”之佛，背倚青山端坐，通高十七点一四米，头高四米，耳长一点九米。大佛面如满月，发纹如波；弯似新月的双眉下是一双灵秀微启的慧眼，流露出关切的目光；高直的鼻梁，小巧的嘴巴，在透出祥和笑意的同时，又不乏果敢坚毅；身着通肩袈裟，简洁的衣纹仿佛透出柔美的肌肤。手及腿部虽然有所残损，但坐像那宁静的坐姿、素朴的袈裟以及高大的束腰台座，都烘托出卢舍那佛的圆融和谐、伟大慈悲与无比圣洁的气度，令人肃然起敬。（图九十、图九十一、图九十二）其身后背光为大莲瓣形，外层为翩跹起舞于流云间的伎乐天人；中层是两条竖线纹，间饰花朵和枝叶；内层为火焰纹。头顶处一圆形龛内，刻一佛二菩萨。卢舍那大佛的头

←
图九十　奉先寺
卢舍那大佛

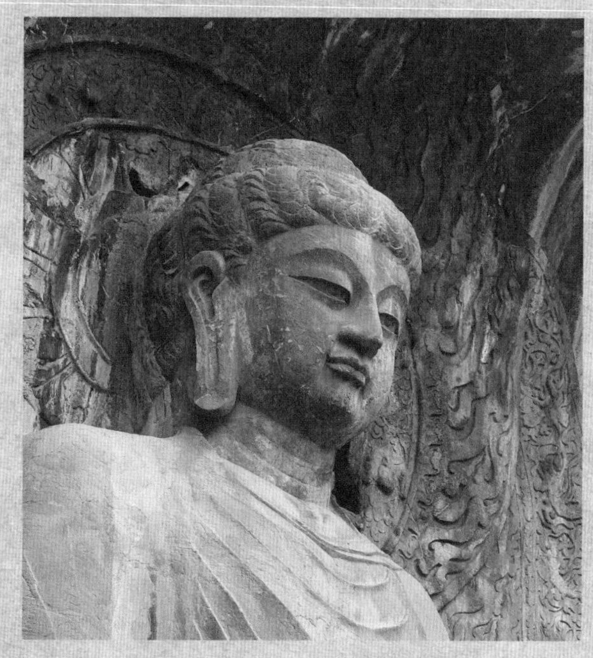

图九十一　奉先寺卢舍那大佛头部

光为莲瓣形，重叠于背光之上，亦分三层排列。外层为火焰纹；中层为七组一佛二菩萨组合，其中佛与菩萨座均在同一莲梗之上，间饰忍冬纹；内层为变形的莲瓣纹。

梁思成在《中国雕塑史讲义》中这样写道："唐代宗教美术之情绪，赖此（奉先寺卢舍那大佛）伟大之形象，得以包含表显，而存留至无极，亦云盛矣！……此像实为宗教信仰之结晶品，不唯为龙门数万造像中之最伟大、最优秀者，抑亦唐代宗教艺术之极作也。"

卢舍那大佛左右侍立的是二弟子迦叶与阿难，通高十点六五米。左侧的迦叶尽管头部等多处已残缺不全，但他老成持重的风格仍于留存处显露；右侧的阿难脸庞丰满，眉目清秀，青春年少之意被刻画得淋漓尽致，健壮身躯上的衣纹表现得颇具力度，工匠技艺之超群由此可见一斑。（图九十三）迦叶腿下由仰覆莲组成的束腰座上有五个壸门，内无塑像。壸门的采用，与弟子穿交颈衫、供养人被列入正壁以及佛着通肩袈裟且坐于八角束腰莲座上等此处出现的造像形制，在之后的

← 图九十二　奉先寺卢舍那大佛侧影

造像中常被采用，并影响到武则天至玄宗时代的造像活动。

二弟子外侧侍立的是文殊、普贤两大菩萨，通高十三点三米。头戴花蔓冠，宝缯和发辫垂至肩头，面相丰腴，宽额广颐，双目微睁，体态丰盈，腰肢微侧，仪态万方，造型庄严华贵。透雕的花冠，纹路清晰的发绺，表现出强烈的写实风格。（图九十四）

图九十三　奉先寺主尊南侧阿难

这五尊大像配置适度，主从鲜明，凸显了卢舍那大佛至高至尊的地位。

图九十四　奉先寺主尊南侧普贤菩萨

在开阔的左（北）、右（南）壁面上，各造一天王、一力士。惟有左壁保存较好。（图九十五）内侧为北方毗沙门天王，发髻高耸，头戴三珠宝冠，面相长圆，深目高鼻，平颐薄唇，似西域人容貌。（传说毗沙门天王生于于阗国，即今新疆和田地区。）他头向东方，作注目状；颈护以顿项，肩披护膊，身穿裲裆甲，腰束腾蛇，足蹬乌皮六缝靴；左手叉腰，右手平托一圆形三重宝塔；右腿稍屈，重心置于左腿之上，下踩一健硕

图九十五　奉先寺北壁毗沙门天王与金刚力士

图九十六　奉先寺北壁毗沙门天王特写

图九十七　奉先寺北壁金刚力士特写

的夜叉。（图九十六）天王外侧是等高的金刚力士，力士的头向与天王相同，侧对东方。在他身上不见了天王的沉稳，有的是蹙眉怒目、张口含舌的暴躁，突现的锁骨、暴起的筋肉将金刚力士表现得孔武有力。左手举掌而内收，右手叉腰似运气，双腿弓立，有如冲出前的一瞬间，造像的威严勇猛和凛然正气扑面而来。（图九十七）就连天王足下的夜叉，也以夸扬的手法雕出扬眉怒目，咬牙切齿，发达的肌肉、赤裸的身体把夜叉活灵活现地展示了出来。（图九十八）“夜叉”是印度语译音，意思是“勇健之士”。

图九十八　奉先寺北壁毗沙门天王脚下夜叉

北壁菩萨与天王间有十五身佛像，每排数量不等，姿势均为一手抚衣一手举起，立于圆形束腰莲座上，束腰处雕力士三身。在天王与力士间饰有上下两身立佛，已残。力士龛沿的内外两侧，亦分布立佛若干排。据考证，奉先寺壁面穿插的立佛共四十八尊。这是“内侍省”的宦官高力士等一百六十人在开元十八年（公元 730 年）为唐玄宗祝寿所造的四十八体阿弥陀佛。在奉先寺北壁外侧有“唐赠陇西县君牛氏像龛碑”，碑文第一行为“礼部员外郎张九龄文”字样。再外侧下方有《唐虢国公杨思勖造像记》。

在二天王内侧，南北各有一供养人，高六米，立于仰莲座上，面向卢舍那大佛。二人皆头梳丫髻，面相饱满，身着长袍，裙裾曳地，足蹬云头履，应为代表皇帝、皇后的替身——童男、童女。在奉先寺下方还出现了道教的造像，（图九十九）充分反映了即便是在佛教大行其道之际，仍然有释道双修的现象。

奉先寺造像于刻画佛、弟子、菩萨、天王和力士的性格、气质等精神世界方面取得了无与伦比的成就，在唐代雕刻作品中出类拔萃，

图九十九　奉先寺下方的道教天尊及二真人

成为唐代艺术作品的楷模。它那美轮美奂的造型使观者无不为之动容，无不为之震撼！

有关卢舍那大像龛的艺术成就瑞典学者喜龙仁也给予了极高的评价："龙门大佛是唐代艺术的成熟之作。它显示，中国雕塑当传统的宗教概念在造型艺术形式中找到了它们最完整、令人惊服时达到的发展顶点。它是一座纪念碑式的塑像，匀称端整，以一种立体感的有力扩大却又只微微显示出形体的结构……这样一组塑像的宗教因素是内在的，表达一种风采或者一种气氛，而不是一种公式化的再现。它可能显露于脸上，通过某种蕴藉的微笑成分而频添生气；它可能凭借严谨安详的线条和镇定自若的姿态均衡而表现气度。但是，它不能用言语形容，因为它超乎理智定义之外。"他还对大像的佛头作了深入的分析："决不只是尺寸和重量使得头部给人如此深刻印象；而是塑造，技艺精湛的明暗处理，它暗示一种内心和谐的气氛或反响……人们将承认，那个制作这个头像的无名大师是位非常伟大的艺术家，因为他赋予这个造型形体一种独特的旨趣、一种恬静和坚实的力量——它可

以体现这个词的最正确及最深层的含义，可以称之为宗教力量。”

关于这龛大像的开凿年代及发愿人，在唐人镌刻于佛座北侧面的《河洛上都龙门山之阳大卢舍那像龛记》中有所记载。造像记高一点零七米，宽零点六五米，四周环以半破之莲花纹。文章开篇便明言：此乃“大唐高宗天皇大帝之所建也”。佛身、菩萨、弟子及金刚神王等众像各自的尺寸也随之标注，在“咸亨三年壬申之岁”，“皇后武氏助脂粉钱二万贯”。随后是负责营造巨像的“检校僧西京实际寺善导禅师、法海寺主惠暕法师；大使、司农寺卿韦机，副使、东面监、上柱国樊玄则；支料匠：李君瓒、成仁威、姚师积等。至上元二年乙亥十二月卅日毕功”。并于调露元年（公元679年）“奉敕于大像南置大奉先寺。召高僧行解兼备者二七人，阙即续填，创基主持。范法、英律而为上首。至二年正月十五日，大帝书额……恐年代绵邈，芳纪莫传，勒之颂铭，庶贻永劫云尔”。这则刻铭，颇类备忘录。它主要记录了高宗发愿、巨像尺寸、武后捐助、营造负责人、大龛毕功之时、大奉先寺之设置及帝赐寺额等几桩大事。由此揣测，大像完工于唐上元二年（公元675年）十二月，是唐高宗为其父唐太宗追福所作，故而专设“奉先寺”管理此龛造像。奉先寺遗址在阙口南西岗，今魏湾村北埠。杜甫曾写道：“已从招提游，更宿招提境。阴壑生虚籁，月林散清影。”描写了奉先寺清幽的夜境。也曾有人认为卢舍那大像龛是武则天出于政治上的需要而建的，该大像在一定程度上就是武则天形象的写照，并声称卢舍那大佛是武则天的模拟像。这一观点缺乏依据。因为在整个造像工程中，武则天始终就是一个赞助者，不可能成为高宗为太宗追福的主角。

唐高宗选择雕刻卢舍那大佛，是因为“卢舍那”意为光明遍照，是“三身佛”中的“报身佛”，为华严宗与天台宗所尊奉。《华严经》传为龙树所写，华严宗是依《华严经》谈法界缘起、事事无碍的法门，协调各派学说，以“圆教”自居。作为一个教派，华严宗在唐初就已确立。华严二祖智俨大师与武则天同为并州（今山西太原）人。

智俨的衣钵继承者、华严宗的实际创始人康法藏与武则天的关系更为密切。康法藏本是康国人（今乌兹别克斯坦的撒马尔罕），祖父辈移居中国。在龙门曾发现他的祖坟题刻。咸亨元年（公元 670 年），武则天为悼念已故母亲而舍宅建寺，即太原寺。时年二十八岁的法藏剃度并常住该寺。这一史实在崔致远的《法藏和尚传》中有载："则天皇后广树福田，度人则择上达僧。康法藏时年二十八，乃出家于太原寺。"此寺又改名大福先寺，是《华严经》的主要译场之一。法藏精通《华严经》，曾在延载元年（公元694 年）为武则天讲授《华严经》。证圣元年（公元 695 年），武则天敕译八十卷《华严经》，法藏亦参与了此项译经工作。神功元年（公元 697 年），他为武则天行十一面观音的道仪平息契丹作乱，长安四年（公元 704 年）奉旨前往岐州法门寺迎佛骨。华严宗的兴盛，可以说与武则天的支持不无关系；而法藏作为当时的一代宗师，成为武则天的御用僧人也就不足为奇了。

与大卢舍那像龛有直接关联的，是《河洛上都龙门山之阳大卢舍那像龛记》中提及的樊玄则。此人为华严宗门徒，疑为法藏在《华严经传记》卷四中记载的居士樊玄智。玄智早年投身长安杜顺禅师门下，以诵读《华严经》为业。杜顺与法藏之师智俨又是师兄弟，所以二人相识，法藏将玄智写入书中。由华严宗居家弟子负责对"大卢舍那像龛"工程督工，更是情理中事。

武则天在开凿大卢舍那像龛时仅以"捐助者"身份出现，但对佛教的热衷，为她日后践祚帝位埋下了伏笔。

武则天封为皇后不久，便与高宗移宫东都洛阳，开始了她在洛阳长达四十余年的生活。由于高宗体弱多病，武后便以"素多智计，兼涉文史"的才干博取百官信任，达官显臣们纷纷上表呈奏，"皆委天后详决。自此（武则天）内辅国政数十年，威势与帝无异"。至麟德年间，武则天羽翼渐丰，高宗对她已是奈何不得。据载，她先是鸩杀太子李弘，立李贤，后又废李贤为庶人，转立李显为太子。永淳元年（公元 683 年）高宗病逝，李显即位，史称中宗。为保证大唐政权不旁落，她又于文明元年（公元684年）废中宗为庐陵王，立四子李旦为帝，但令其不得干预朝政。同年九月，下令改元光宅，“旗帜皆从金色，八品以下，旧服青者更服碧。改东都为神都，宫名太初。又改尚书省为文昌台，左、右仆射为左、右相，六曹为天、地、四时六宫；门下省为鸾台，中书省为凤阁，侍中为纳言，中书令为内史，御史台为左肃政台，增置右肃政台，其余省、寺、监、率之名，悉以义类改之”。如此大的举措，标志着朝廷的更替；但武则天并未急于称帝，她采取了一系列的措施，为自己的终极目标做铺垫。

天授元年（公元690年），在扫清障碍之后，武则天正式称帝，自尊为圣神皇帝，革唐立周，年号天授；其用意为神权天授，她乃弥勒下世，利用佛教大作文章，为她君临天下寻找依据。武则天称帝后，曾率群臣春游龙门香山寺。君臣为龙门山水所陶醉，则天性起，便命群臣赋诗，讴歌武周政权，并给魁首宋之问赐予锦袍，一时传为文坛佳话。

香山寺，号称龙门十寺之首（其余为奉先寺、宝应寺、乾元寺、天竺寺、菩提寺、广化寺、敬善寺、玉泉寺和胜善寺），创建于北魏熙平元年（公元516年），禅宗二祖慧可（公元487—593年）在孝昌二年（公元526年）入嵩山拜菩提达摩为师前，曾“出家依龙门香山宝静禅师得度具解”。

唐垂拱三年（公元687年）之后，香山寺因中天竺国三藏法师地婆诃罗的到来而重兴。据《华严经传记》载，地婆诃罗“爰以永隆初岁，言届京师……以垂拱三年十二月二十七日……无疾而卒于神都（洛阳）魏国东寺……香花辇舆瘗于龙门山阳、伊水之左。门人修理灵龛，加饰重阁，因起精庐其侧，洒扫供养焉。后因梁王所奏，请置伽蓝，敕内注名为香山寺”。据此可知，香山寺位于龙门东山南部。此处原有一处废寺，是地婆诃罗门徒修理灵龛（即“石像七龛”），加饰重阁（即“飞阁凌云”）后，经由梁王奏请而重设伽蓝的。

文献中提到的“梁王”并非他人，正是武则天的侄子武三思。此人在武则天称帝后曾一度争嗣，以群臣反对而告终。

在龙门石窟，至今还能找到武氏家人留下的遗迹。

高平郡王武重规造像位于东山万佛沟，洞窟分为前后两室，平面呈“吕”字形，前室宽七点三五米，深六点一七米；后室宽九点四三米，深六点九三米，是万佛沟中最大的一个佛洞，但未完工。《新唐书》记载，武重规是武尚宾之弟，为“郑汴二州刺史……突厥之叛，以重规为天兵中道大总管……引众三十万讨之……还，为左金吾卫大将军，终卫尉卿”。而龙门东山未竟的洞窟，在开元十六年（公元 728 年）由香山寺上座惠澄法师加以补修、装饰。

龙门石牛溪上方北侧，有灵觉和尚“永闭幽深”的瘗窟，窟中刊有《大唐都景福寺威仪和上□□铭》，铭文曰：“和上灵觉，俗胜武氏……之次女也……”这位威仪和尚灵觉是武三思的女儿，武则天的侄孙女。生于富贵之家，能抛弃钟鸣鼎食的奢华，“辞荣出尘”，遁入空门，可证是时佛教影响之深。

在奉先寺南部上方，发现有智远的女弟子惠灯（公元 650—731 年）“藏魂千秋”的瘗窟。据窟中残留的铭文记载，惠灯瘗窟是崔瑶及妻永和县主武氏开凿的，铭文乃武三思之子武崇正所撰，称惠灯为“家代门师”；永和县主武氏为惠灯造窟，当也因惠灯为“家代门师”之故。所以，永和县主也应为武氏家族成员。

由上述诸武在龙门的宗教活动不难推测，自武则天御宇以来，其家族成员也随之跃上政治舞台，表现极为活跃。有关武氏家族的故事并未结束。

# 弥勒下世称女主 则天挥手造天堂

武则天革唐立周时，曾借助佛教大造舆论，为其问鼎帝位寻找理论根据。其实，在武则天的一生中，有关她与佛门之间的关联，不胜枚举。远的有显庆五年（公元 660 年）三月，她为迎奉法门寺舍利到东都大内，舍所寝衣帐，直绢一千匹；近的则有垂拱元年（公元 685 年），她敕令重建白马寺，封僧怀义作住持；以及将洛阳皇宫的乾元殿拆除改建为明堂等等。在诸多事例中，对她最有帮助的就是颁布了《大云经》。该经一出，六十七岁的武则天便堂而皇之地登极作了皇帝。

《大云经》亦称《大方等无想经》，属大乘教的经典。经文记载："一佛设七百年后为女王下世，威服天下。"女王现受女身，当王国土，普化众生。为了迎合武则天，僧怀义（即薛怀义）与其他僧人于载初元年（公元 689 年）向武则天奉献《大云经》，并对其中的经文作了进一步的解释和发挥，言称武则天乃弥陀佛下世，理应代唐为人主。此言正中武则天下怀，或许正是她的精心安排。欣喜之余，武则天当即向天下颁诏《大云经》，并敕令东西两京及诸州各置大云寺一座；寺内均藏《大云经》，由寺僧向民众宣讲。同年九月九日重阳节，武则天登上皇位，成为大周女皇，也是中国历史上惟一一位女皇帝。近年发现于甘肃泾川县贾家庄的大云寺塔基地宫，出土了带有铭文的石函，刻铭为“大周泾川大云寺……”该寺于延载元年（公元694年）重修，石函内的舍利为隋代造物；而这次发现的盛放舍利的金棺银椁，首开将中原传统的棺椁之制纳入佛教之先河，具有划时代的意义，同时也印证了文献中有关武则天颁布《大云经》的记载。

自改周后，武则天以外佛内法为治国方针。她本人便是佛教的转轮王或金轮皇帝、慈氏（即弥勒佛）。她以“金轮圣神皇帝”自居，延载元年（公元694年），升作“越古金轮圣神皇帝”，次年更升为“慈氏越古金轮圣神皇帝”。证圣元年（公元695年）九月，武则天又改号为“天册金轮圣神皇帝”。“轮”是古代印度特有的一种兵器。国王因善使“轮”，称为“转轮王”。圣王出世，乃有“金轮”。有趣的是，武则天的做法影响到了日本皇室。日本长谷寺一件铜板弥勒下生图上，日本天皇也自称“超金轮”“同逸多”（弥勒佛）。

由上述事例可以看出，佛教始终贯穿武则天的治国纲领，而且在她的生活中也有僧人频繁出没。此人便是白马寺的住持薛怀义。作为武则天的内宠，他被拜为左威卫大将军、梁国公，并经常出入宫掖，“用财如粪土”。他不仅为武则天建造“明堂”，还在龙门开凿了摩崖三佛。（图一百）

摩崖三佛与奉先寺一样，也是将山坡劈成三面露天而造像。南北宽达十六点八五米，高七点三米，进深八米，颇具气势。它以独特的造像布局引人注目：三身坐像并列分布，倚坐的弥勒佛居中。（图一百零一）这处造像尚未完成便中途废弃了。据考证，辍工时间约在公元692年至694年间。这一时间与薛怀义的失宠、被杀相吻合。薛怀义恃势“骄恣”，进宫时放北门不走，偏要在宰相往来的南牙行走，结果被宰相苏良嗣碰见并遣人抽打他耳光。武则天知道后也对其训斥。从此薛怀义“颇厌入宫，多居白马寺”。因其在寺中“所度力士为僧者满千人”，被疑为聚众谋反。正拟逮捕，薛怀义闻讯逃亡，结果被捉遭流放，后又被召回。证圣元年（公元695年），当知道自己已失宠于武则天时，他一怒之下，竟放火焚烧明堂，招来杀身之祸，终

图一百　摩崖三佛龛

被“执之于瑶光殿前树下，使建昌王武修宁率壮士殴杀之，送尸白马寺”。同时，武则天“罢慈氏越古”号。摩崖三佛的开工时间当为薛怀义上表《大云经》前后，中辍于其失宠，其间五年有余，同工程进度相合。

开凿于武周时期的“大万五千佛龛”，也以弥勒佛为主尊，是一处典型的“弥勒净土”。该洞又名“擂鼓台中洞”。它布局新颖，是以比丘道远为首的邑社共同建造的，可能就是宋代游人常称的“远公龛”。

该窟平面呈马蹄形，正壁起高坛，坛宽零点七三米，高一点五米，坛上造倚坐弥勒佛并二侍立菩萨。左右侧壁及正壁下离窟底部零点二米的平面内，刻有释迦灭度后传法圣僧二十五身，高约零点七米。宽阔的窟室中央有一深零点零二米、南北宽四点三米、东西长三点四米的凹坑，其中心有一石台，高零点三五米，南北宽二点六米，东西长一点七米。

图一百零一　摩崖三佛居中的弥勒佛

窟顶中心是浮雕重瓣莲花，周围刻出祥云宝塔、飞翔的裸体童子、猞猁鸟以及兀自飘浮在空中的筝、琵琶、细腰鼓、曲颈琵琶、钹、鼓等乐器和摩尼宝珠。窟内其余壁面遍布千佛。

窟门外为二力士像，已残。窟门上方题刻“大万五千佛龛”，在题榜左右及力士周围亦遍刻千佛。

洞内还刻有题榜：“上方壹切诸佛”“北方壹切诸佛”“西北方壹切诸佛”“南方壹切诸佛”“东南方壹切诸佛”“西南方壹切诸佛”。在窟门内南侧下方刻有经文《佛说阿弥陀经》《金刚般若波罗蜜经》《六门陀罗尼经》《般若波罗蜜多心经》等。在二十五身圣僧像旁，刻有摘自《付法藏因缘传》的段落。

该窟布局俨然是一处“弥勒净土”。龙门对弥勒净土的崇拜，从北朝到唐代有一个演变发展的过程。北朝时期的弥勒像，为交脚，身着菩萨装，一副闲居兜率天宫的模样。弥勒，又名慈氏，先于释迦牟尼入灭，上升到兜率天宫，准备继承释尊之位成佛，是未来佛。当他以菩萨身份入居兜率天后，将此处改造得庄严神圣、美丽如画，佛经称之为“兜率净土”或“弥勒净土”。他在兜率天要住上四千岁（相当于人间五十六亿七千万年），然后降生人间成佛，转大法轮。到那时，人间将变得风调雨顺，年丰物阜，珠宝遍地，诸事皆遂人意，成为一处佛国净土。北魏太武帝的灭佛，使得佛教徒认定佛教的“末法”时代来临。佛经中曾预言，佛法有一定的流传规律，即正法五百年，像法一千年，末法一万年。释迦佛不能再来人间，他们只得将希望寄托于未来佛身上，于是崇尚起弥勒信仰。

唐代一统宇内，经过“贞观之治”，形成了社会安宁、万邦来朝的强盛之势。此时出现的弥勒造像就改着佛装，已然自兜率天“下生”成佛，表示“末法”已经过去，一个新的时代已经开始。这些现象在龙门千佛洞（凿于高宗前期）、惠简洞（凿于公元673年）以及展示了一个雨泽随时、一种七获、万人成佛、快乐安稳的气象的大万五千佛洞均有所表现。但在具体的表达方式上，大万五千佛洞又有所发展。一是用后壁起高坛的形式安置主像，以便安排环绕三壁的二十五身传法圣僧像；二是取消人间伎乐，让乐器在空中独自飞翔，以此表示净土世界百般乐器“不鼓自鸣”之状，更具吸引力；三是把净土表现和强调传统的二十五圣僧、重要经典结合起来。

在上述以弥勒为主尊的龙门大窟中，最为独特的还数摩崖三佛。如此布局，在全国独一无二，就如同武则天是中国历史上惟一的女皇一样。

# 偶将心地问高士<br>坐指浮生一梦中

唐朝人刘沧在《题龙门僧房》一诗中的两句写道："偶将心地问高士，坐指浮生一梦中。"而该诗中的"僧宿石龛残雪在，雁归沙渚夕阳空"则表明，在龙门，不仅有造像窟和瘗窟，还存在着禅窟。

禅，梵文 Dhy ā na，意为"静虑""思维修""弃恶"等。佛教教义为心注一境、正审思虑，即能使心绪宁静专注者深入思虑义理。其修行层次共分四种，称之为"四禅"或"四静虑"。习惯上将禅与定并称为禅定。意指通过精神集中、观想特定对象而获得佛教悟能或功德的一种思维修习活动。大乘佛教将禅定与般若结合起来，以"智慧"指导禅定，"止""观"并提，"定慧双运"。

以禅命宗的佛教宗派——禅宗，即因主张用禅定概括佛教的全部修习而得名，又自称"传佛心印"，以觉悟所称众生本有之佛性为目的。它避免了烦琐的宗教教义和仪式，不必出家，不必苦修苦炼，保持或具有一种超脱的心态，即可成佛。所谓"语默动静，一切声色，尽是佛事"。

相传此宗的禅法是生活在 5 世纪初的菩提达摩由印度传入，下传慧可、僧璨、道信，至五祖弘忍而分成北宗神秀、南宗慧能。神秀、慧能均为弘忍门徒。相传弘忍在传衣钵时，曾考试二人对佛教教义的理解，神秀以"身是菩提树，心如明镜台。时时勤拂拭，勿使惹尘

埃”阐明了自身对教义的理解。慧能却认为：“菩提本无树，明镜亦非台。本来无一物，何处惹尘埃？”此偈一出，弘忍深为欣赏，便将禅法、法衣传与他。弘忍死后，慧能在韶州（今广东韶关）宣传“见性成佛”，是为南宗。神秀则赴江陵当阳（今湖北）倡导渐悟法门，称之为北宗。“安史之乱”后，经慧能弟子神会等人的提倡，南宗渐成禅宗正统，受到唐王室的重视，《金刚经》《楞伽经》《大乘起信论》《六祖坛经》等为其代表性经典。

其时，诸如神秀、慧安、法如等弘忍的大弟子都以嵩洛为根本道场。神秀弟子义福归葬于龙门山奉先寺。1983 年 12 月，在龙门西山唐代宝应寺遗址中，发现了“神会墓”，出土了比丘慧空（公元 696—773 年）撰写的《大唐东都荷泽寺殁故第七祖国师大德于龙门宝应寺龙岗腹建身塔铭并序》石刻，这一发现是禅宗史料的重要收获。在龙门已发现多处僧人用以禅定、止息的“毗诃罗”式禅窟，而禅僧用来坐禅入定、尽化机心的禅窟往往建造在偏僻幽静之处。正如诗中所云：“静室遥临伊水东，寂寥谁与此身同？禹门山色度寒磬，萧寺竹声来晚风。”

龙门东山看经寺可能即为禅堂。它的建造年代约为唐武周末到玄宗初期，是东山最大的洞窟。平面方形，四壁直立，高八点二五米，宽十一点一六米，深十一点七米，规模宏大，但无主尊之设。窟顶为四面起坡的薄壳式顶，中央刻重层八瓣莲花一朵；其周围有六身飞天盘旋，面相丰腴，一手托果盘，一手挥舞；或一手持花，一手振臂，前后呼应，追逐嬉戏。（图一百零二）最为独特的是在窟内南、北两侧壁和正壁的下层，浮雕出一点八米高的众罗汉像，其中正壁十一身，南北两侧壁各九身，共计二十九身，有二十六身保存完好，是我国唐代留存至今最为精美的罗汉群像。

这二十九身罗汉大多面向左边，他们或舒眉朗目张口欲语，或疾首蹙额苦心冥想，或洗耳恭听虔诚作礼，或扬眉抬眼开口雄辩，或拄杖回首有所瞻望，或翘首向天遥望星际，或以手抚胸沉思不语……

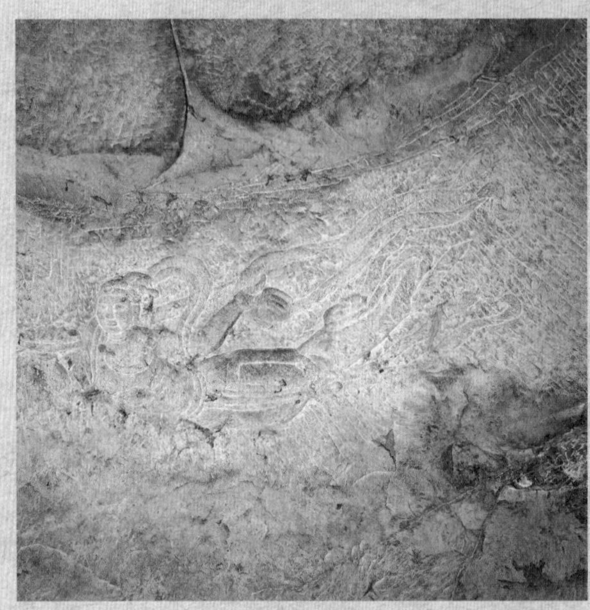

图一百零二　看经寺窟顶飞天之一

（图一百零三、图一百零四、图一百零五）他们中有老有少，面相迥异，体态有别，形神兼备，遥相呼应，整群雕像似一气呵成，足称妙品。此应为西土二十九祖的形象。据隋代费长房《历代法宝记》所载，西土二十九祖传法谱系，即摩诃迦叶至菩提达摩共二十九人。（图一百零六）

前文介绍过的大万五佛像龛中，在距窟底零点二米处刻有高约零点七米的传法罗汉二十五身，其身旁还刻有《付法藏因缘传》。这二十五身传法罗汉与看经寺的二十九身罗汉之间存在明显的传承关系。

看经寺二十九身像中的第二十九位高僧（即北壁西起第一像），即为中国禅宗思想的奠基者、禅宗初祖菩提达摩。该像为一老者，颧骨高隆、眼眶塌陷、鼻子尖挺；如此刻画，是想表明这是一位来自异域的僧人。他面向左侧，着右袒袈裟，左手在胸前持经卷，右手亦置于胸前，似有所指说。（图一百零七）可看作达摩祖师向弟子慧可教授《楞伽经》的场面。另在大理张胜温（作于公元 1173—1176 年）的画

图一百零三　看经寺洞南壁第二身罗汉

图一百零四　看经寺洞北壁第二十六身罗汉

图一百零五　看经寺洞北壁第二十七身罗汉

图一百零六　看经寺洞北壁第二十九身罗汉

图一百零七　看经寺罗汉像

卷中，也有一梵僧形象，手势与看经寺者相同，亦为菩提达摩。菩提达摩为南印度人，婆罗门种姓，他“神慧疏朗，闻皆晓悟”，以弘扬大乘佛法为志向，并对禅定有独到的见解，“冥心虚寂，通微彻数，定学高之”。大约在 5 世纪 70 年代，菩提达摩来到刘宋，不久又北上北魏，“随其所止，诲以禅教”，即实行头陀行，并在禅窟中坐禅。嵩山少林寺西北二千米山腰间有山洞，传说是菩提达摩“冥心虚寂”之处，俗称“达摩洞”。

菩提达摩晚年所收的弟子有道育、慧可等人。慧可为河南荥阳人，本一介儒生，四十岁始遁入空门，出家于龙门香山寺，依宝静禅师得度具戒，孝昌二年（公元 526 年）左右投嵩山菩提达摩为师。菩提达摩的“楞伽宗法”又称“南天竺——乘宗”，入此门者，惟意相传，其学说主张入道的途径分为“理入”与“行入”二种，行入又分四行，即报怨行、随缘行、无所求行及称法行。约在“河阴之役”（公元 528—530 年）后不久，菩提达摩灭化于洛水之滨，弟子们就近将他葬于陕县西南的熊耳山下。安史之乱后，郭子仪向唐肃宗上表，请求给菩提达摩“谥号”。至唐代宗李豫始谥以“圆觉大师”，塔号“空观”，后毁于武宗灭佛。唐宣宗时重新建塔修寺，主持此事的是龙门天竺寺的审元禅师。

龙门出现的罗汉形象，有侍立于佛两侧的阿难、迦叶二弟子，有宾阳中洞礼佛图中的引领比丘、皇甫公洞中的闻法比丘，直至奉先寺卢舍那大佛侧高达六米的二弟子像，其无论被简化处理，还是精雕细琢，在整组造像中均位于从属地位。看经寺二十九身罗汉像则是以祖师的身份作为本窟的主导出现的，故而其意义非同一般；而且这组造像将中土传统的线刻技法与来自异域的写实风格完满地融为一体，神、趣、韵、味浑然天成，充分体现出角色的内在精神，将造像塑造得更为平易近人，更加通俗易解，其表现方法超群轶伦。

龙门不仅有禅窟，还有全国现存最早的一批密宗观音造像。学界

图一百零八　龙门惠上洞十一面观音及线图

通行的观点认为：密教是在“开元三大士”善无畏、金刚智和不空入华后建立的。其实不然。道宣《续高僧传·达摩笈多传》、赞宁《宋高僧传·智通传》都记载了隋唐之际瑜伽密教传入的事实。相关遗存于1986年前后发现于龙门，最具代表性的是刘天洞的鉴别。该龛的年代早于武周天授三年（公元692年）。另外，惠上洞、擂鼓台北洞、擂鼓台南洞及万佛洞中的“千手千眼观音像”亦具代表性。

为何在龙门出现了密宗造像？这与大批密宗经典译自洛阳有关。早在唐太宗贞观年间，就有智通于洛阳翻经馆译书《千眼千臂观世音菩萨陀罗尼神咒经》，并行瑜伽密教，大有感道。武则天长寿二年（公元693年），北印度迦湿弥罗国僧人宝思惟（阿弥真那）届于东都洛阳，在天宫寺等寺译经，到唐中宗神龙二年（公元706年），译出《不空羂索陀罗尼自在王咒经》三卷等七部经典。宝思惟“自神龙之后，不务翻译，惟精勤礼诵，修诸福业。每于晨朝，磨香为水，涂浴佛像，后方饮食。自始至终，此为恒业。衣钵之外，随得随施。后于龙门山请置一寺，制度皆依西域，因名‘天竺’焉。门徒学侣，同居此寺，精诚所感，灵应寔繁，寿百有余岁。以开元九年（公元721年）终于寺，构塔旌表焉”。南天竺国僧人菩提流支，自永淳二年（公元683年）至中宗神龙二年（公元706年）在洛阳大福先寺译《佛境界》《宝雨》《华严》等经十一部。开元十二年（公元724年）又入洛，在长寿寺居住直至去世，享年一百五十六岁（公元572—727年），葬于龙门山西山原上。

刘天洞在擂鼓台北洞之北侧，完工于天授元年（公元690年）。该洞结构为上下两层，较为特殊。上层高一点二米，下层高一点一米，平面布局呈三壁环坛且坛边直通窟外，下层造像保存较好：正壁为大日如来，头残，颈部饰有项圈，斜披袒右肩袈裟，右臂有臂钏，施禅定印，结珈趺坐。左右胁侍无存，两侧壁各刻十身菩萨坐像，分上下两列分布，在分隔上下层的隔梁上刻供养人及狮子。

惠上洞位于西山惠简洞上方、万佛洞南侧，正壁造观世音菩萨，右壁（南壁）造“十一面三十四臂观音”像。该像“十一面”中，仅存右侧的“三面”，左侧上排已残去“七面”。该像左侧十九臂，内中主臂持开莲花于胸前，其余手中似捏宝珠。右侧十五臂，内有主臂下伸，手握利刃。（图一百零八）该像应是“不空羂索观音”像，依何经典而作，尚不能确定。值得注意的是，菩提流支于景龙三年（公元709年）的《不空羂索神变真言经》卷十三中，记述了“十一面”“三十二臂”的不空羂索观音形象。“羂索”，梵语播舍，是古代印度猎取鸟兽之具，用为佛、菩萨摄取众生之象征。其实，在武则天时期对密教观音的信仰就已初具规模。这一信仰在武则天“神功”之后，愈发显现出其重要性。

证圣元年（公元695年）五月，营州城契丹人李尽忠等举兵反唐，

图一百零九　擂鼓台北洞内左侧大随求菩萨及线图

法藏奉诏借“十一面道场”平息此乱。武则天不仅大赦天下，而且改年号为“神功”。法藏所借十一面道场，即十一面观音道场。据考证，韩国庆州石窟庵就是依据法藏十一面观音道场所作，目的是战胜倭人。

擂鼓台北洞约完工于唐中宗神龙丙午至唐玄宗开元六年（公元706—718年）之间，是龙门最重要的密宗洞窟之一。该洞内造三身坐佛。正壁主尊为大日如来，头戴宝冠，颈系桃形项圈，其上缀以宝珠、宝铃、莲花等物。袒右肩，右臂佩臂钏，结跏趺坐于方形台座上，可惜面部及双手皆残。北壁坐佛着通肩式袈裟，结跏趺坐于八角束腰莲座上。南壁坐佛仅余八角束腰莲座，佛像早已不存。这三佛应是以大日如来居中的“三身佛”。窟门内左侧为一面八臂的大随求菩萨，（图一百零九）头部虽已残破，但仍可确认是“一面”像。该菩萨左侧四手尚存，除胸前一手似持莲花外，其余三手均不持物。据宝思惟所译《随求即得大自在陀罗尼神咒经》，该菩萨是观音之变身别名也，乃胎藏界观音院之一尊。右侧十一面观音的十一面头像在20世纪30年代之前被盗，现存日本仓敷市大原美术馆。该观音左侧上手外伸，下手垂下持军持（已残）；右侧上手已毁，下手下垂持串珠。这两尊塑像在千余年的沧桑中已是千疮百孔，但高华雅逸的气派依旧呼之欲出。（图一百一十）

在窟门外南侧，紧贴窟门处刻一身侧立梵僧。他身高一点七五米，顶骨隆起，深目高鼻，身披袈裟，下半身侧立。北印度迦湿弥罗国高僧宝思惟在龙门东山修建了“丈六石龛”,《唐河南龙山天竺寺碑》云：“法师即于山之东偏，建丈六石龛，匪泐而攻，载鎚而琢。”文献中记载的宝思惟所建“丈六石龛”或即今之擂鼓台北洞，该洞窟门外的梵僧或即这位北印度高僧。

擂鼓台南洞平面呈方形。地面中央有凸起的方坛，高零点一米，南北宽三点三米，东西长二点三米。坛上原有一尊大日如来像（现存库房），系圆雕作品。他头戴高宝冠，螺髻，面相长圆，双目微启，

图一百一十　擂鼓台北洞内右侧十一面观音菩萨及线图

眉梢上挑，直鼻小口，项系桃形项圈，着袒右肩袈裟，右臂佩臂钏，双手做降魔触地印，结跏趺坐于方形台上。台座前取消了台布。雕刻年代似为唐代宗至唐德宗（公元 762—805 年）年间。（图一百一十一）除此之外，在龙门其他地方也发现有大日如来造像。（图一百一十二）擂鼓台南洞窟顶为一浮雕的莲花。除此之外，在窟内三壁距窟底零点五米的壁面上，遍刻结跏趺坐于短梗莲座上之菩萨像。像一般高约零点四米，有状如冠形的高耸之发髻，或尖顶，或圆顶，缀以珠宝；身着华丽的项圈、璎珞并佩有臂钏。有的肩披帔帛，有的斜挂璎珞，手势各异，总数有千余身。该洞约完工于天授（公元 690—692 年）之后至唐中宗神龙（公元 705 年）之前，是开元三大士来华前所建的密教“曼陀罗”，即聚众集会之处，万德交归之所。

在龙门还发现约四十尊地藏菩萨像，他们大多为零点五米以下的

图一百一十一　大日如来像（原位于擂鼓台南洞）及线图

小像，造型为左舒坐。佛经说，在释迦灭度后，弥勒成佛之前的“末法”时期，只有地藏能弘大道、济大苦、拔三涂、证六道，三阶教徒笃信之，朝廷屡禁不止，多于民间流行。

三阶教系隋唐时佛教派别之一。隋代创立，创始人信行自称一乘菩萨，以其所著《三阶佛法》《对根起行杂录》等为主要依据。他将佛教按“时”“处”“机”分为三阶：第一阶为正法时期，“处”为佛国，只有佛和菩萨，修行的是大乘一乘佛法；第二阶是像法时期，“处”是“五浊诸恶世界”，人（即机）是凡圣混杂，流行大小乘佛法；第三阶是末法时期，“处”也是“五浊诸恶世界”，但人都是邪解邪行，当信奉“三阶教”“普信”“一切佛乘及三乘法”。此教于李唐一朝屡禁不止，直至宋代始湮没不闻。

图一百一十二　东山散件一坐佛

# 渔阳鼙鼓动地来
# 两京陷落遭劫难

龙门极南洞是以弥勒佛为主尊的大型洞窟，开凿于唐神龙二年（公元 706 年）至景云二年（公元 711 年）。该窟分前后室，窟门作圆拱形。门上部并列三小龛，龛中各雕一佛二弟子二菩萨，窟门左右分别雕刻金刚力士像，已残，但其造型生动有力，气韵十足。左侧力士跣足立于平台上，头部缺失，左臂上举，力托须弥山；右臂下垂，已残。上身赤裸，下系短裙。（图一百一十三）右侧力士同样受损，留给我们的也是一具残缺不全的造像。（图一百一十四）即便如此，我们仍能从他们那暴张的肌肉、紧抿的嘴角，感受到千年前的力量和威严。

极南洞窟内呈方形，环三壁下起高坛，造像均在坛基之上。造像为：善跏趺坐弥勒佛居中央，坐于束腰方形莲座上，身着通肩式袈裟，衣纹呈同心圆式下垂。左手抚右膝，右手残。（参照摩崖三佛主尊，右手应为举于胸前。）面相丰满圆润，曲眉修目，直鼻小口；双目微启，做沉思默想状。佛左右为迦叶、阿难二弟子侍立。左侧迦叶于胸前双手合十，身着宽大袈裟，衣褶密集；右侧阿难头小面残，双手置于腰间。

北壁坛上塑菩萨、天王各一，菩萨头半残，面丰唇厚，饰项链，串珠式璎珞在腹前交叉穿一圆璧，帔帛横于腹膝间。左手提净瓶，右

→
图一百一十三 极南洞前庭窟门北侧力士

图一百一十四 极南洞前庭窟门南侧力士

手屈肘外伸。身躯修长，腰胯间略有扭动，立于仰覆莲座上。（图一百一十五）其外侧的天王像头残，上披铠甲，下束战裙，脚蹬长靴，左手叉腰，右手上举。足踏小鬼，小鬼半仰，面目狰狞。窟口处刻一人面兽身像。

南侧壁坛上造像组合同北壁。菩萨面部已风化，左手心置一宝珠，右手下提帔巾一角，其装扮、姿态与北侧壁者同。（图一百一十六）其外侧的天王造型也与北壁天王相当。

窟顶中央为莲花藻井，外绕六身飞天，束高髻，上身袒露，下束长裙，轻曼飞舞。

在前室外侧摩崖上残存一碑，由此可知极南洞是唐宰相姚崇（公元651—721年）等人为亡母刘氏做功德所造。当时姚崇官拜“春官尚书，同鸾台、凤阁三品。上柱国、梁县侯”，与史载一致。姚崇向来以不信佛著称，此举可视为他尽孝道而已。这也是儒释融合之典型例证。

比姚崇造极南洞稍早的二莲花南洞（唐武周时期所造），位于龙门东山。窟内布局与极南洞极为相似，平面呈方形，三壁设佛坛，窟顶为弧面状，高四点二米，宽四点九米，深四点三米。前室方形，平顶，崩坍严重，窟楣刻两身飞天，南侧者保存完好，北侧者被盗。窟门两侧各刻一力士像，其中北侧力士因窟门坍塌而不存。南侧者跣足，弯腰，面向窟门，左手托物上举与肩齐，右手握拳置腹侧，头已不存。胸部筋骨突起，下着短裙。前室南壁中部开一方形浅龛，内为三身坐佛像。北壁上部，上下各刻一方形龛，龛内造像均为一铺七尊

像，下方中央刻一香炉，两侧相对刻狮子和供养人。

后室正壁下设坛，坛上造像三身，主尊通高二点七三米，结跏趺坐于八角束腰须弥座上。佛像发髻如波状，面相丰满，左臂下垂，平伸五指于右足上；右臂亦下垂，五指平伸抚右膝；身着通肩袈裟，身后为舟形火焰纹背光，无纹饰。（图一百一十七）左侧为迦叶，身披袈裟，跣足立于束腰莲座之上；头被盗，双手握宝珠于胸前。阿难居于佛右侧，双手相叠置于腹上。

南、北侧壁设一高零点六四米的佛坛，其上造像为内菩萨、外天王。可惜造像非残即失，在菩萨与二弟子之间，分别刻释迦像与药师

图一百一十五　极南洞北壁菩萨

图一百一十六　极南洞南壁菩萨

图一百一十七　二莲花南洞阿弥陀佛

图一百一十八　二莲花洞窟顶飞天

佛像各一身，旁边还留有榜题为："河南府兵曹参军王良辅，敬造释迦牟尼像一躯。"北壁的榜题为："河南府兵曹参军王良辅妻□，敬造药师佛一躯。"

窟顶中央装饰成一重层八瓣大莲花，周围为右旋四身飞天，皆袒上身，下着长裙，赤足，双手或做游弋状，或上举，体态流畅健美。（图一百一十八）

有关飞天题材，前文曾多处涉及，在介绍北魏时期的莲花洞、皇甫公窟诸洞时，就出现过飞天的特写图像。到了唐代的洞窟中，飞天闪现的镜头愈加频繁。那么，这种图像所寓含的意义是什么？北魏和唐代的飞天又有何不同？

飞天，这个名称具有十足中国气质的天神，实际上是舶来品。他属于佛教护法神——天龙八部中的乾闼婆和紧那罗，前者专司音乐演奏和散花舞蹈，后者负责法乐歌舞部分。在向佛献纳供养时，乐舞是其中的一部分，不可或缺；但人们无法准确区分二者，只得依他们的表现形态将他们划分为伎乐天和供养天，后来或干脆统称之为"飞天"。

早期的飞天手执乐器，多为跪姿，体态呈"U"字形。龙门唐代的飞天不再持乐器，改持花朵做供养天状。在体态与面容的表现上，身躯平直，符合空中飞翔的动作，瓜子形脸，有的头梳双丫髻，显得俏丽多姿。所着帔帛和长裙亦随流云漫舞，其妩媚生动之势，被刻画得淋漓尽致，堪称美妙绝伦。

那些被刻凿在佛坛正面壸门中的伎乐，与窟顶的飞天相比毫不逊色。她们有的风化漫漶，有的残缺不全；但通过残存的部分，依旧能够感受到工匠们的鬼斧神工。这种高超技艺不仅在二莲花洞、极南洞、看经寺可以见到，在龙华寺洞中的伎乐像上同样得以充分展现。

龙华寺洞位于西山南端。该洞平面为方形，也是三壁设佛坛，穹窿顶，高四点四米，宽五点一六米，进深四点四米。窟门两侧各雕一力士像，在北壁力士像外有数个造像龛，内有坐佛、观音像、一佛二菩萨，壁面下层一圆形龛，内雕狮子。南壁相对开出小龛无数，多为观音像，其中有长安四年（公元704年）刘怀福造观音、中山郡王隆业造观音、神龙三年（公元707年）比丘尼恩造地藏、业道等像。南壁下也有一狮龛，狮头刻画细腻，毫发毕现；尖尖的双耳立于脑后，前突的吻部平添几分稚气，硕大的嘴巴、凛凛的鬃毛呈圆形围于头部；后肢蹲坐，右前肢扬起，左前肢支于地；粗壮的尾巴呈伞状被刻至龛外。（图一百一十九）这具狮子的造型简洁有力，在突显其威猛的同时又不乏趣味，惹人怜爱。

窟内正壁基高零点六六米，于其上造像五尊，造像之主尊为阿弥陀佛，结跏趺坐于方形八角束腰台上。着通肩袈裟，头及右臂残；左手托右膝，大衣下摆呈折叠状垂于座前。佛座束腰处有壸门，内刻天王像，头束髻，上身有护颈、护胸，下袒露。正中一门内天王半结跏趺坐于二人身兽面对背上。主佛右侧弟子已不存，仅余莲座；左侧弟子只残存右侧身躯，立于仰莲束腰圆台座上。弟子外侧是二立佛，头像均残，着通肩袈裟，佛衣贴体。左侧像左手伸五指于前胸，右手二指下伸；右侧像左手握衣襟于胸前，右手掌心向外。二佛像线条清晰，立于仰覆莲束腰台座上。

北壁坛高零点六二米，坛上塑三身像。主尊为善跏坐弥勒佛，头残；身着双领下垂袈裟；内穿僧祇支，束带；坐于方形叠涩式台座上，双足下踏同茎莲圆台座。头光内为莲瓣、外为七佛。背光为弧角长方式，外层饰以骑狮人。狮子的造型呈多样化，有直立的，有奔跑的，莲花、坐佛点缀其间。佛右侧为胁侍菩萨，挂璎珞，着长裙。佛左侧为天王，惜头残；上身着铠甲，下系战裙，足蹬长筒靴；双足下踏小鬼，小鬼头长角，双眼暴突，神态夸张。

南壁坛高零点六四米，正中塑一结跏坐佛，头残，着双领下垂式袈裟；内穿僧祇支，于胸前束带。头光内饰莲瓣，中饰七佛，外层为火焰纹。佛左侧为一菩萨，已残，右侧亦为天王像一尊。

窟面东西各有四朵莲花，南北各三朵，十四朵莲花之间以宝相花相配。

在龙华寺洞窟内的坛基正面和佛座束腰处的壸门内，都以伎乐或神

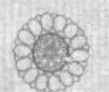

图一百一十九　龙华寺前庭南侧壁狮子

王作装饰。南北西壁的坛基正面各浮雕伎乐四躯，分别持排箫、长鼓、鸡锼鼓、琵琶、钹等乐器，跽坐于地。某些细部已然漫漶，但其造型仍足以让人浮想联翩……（图一百二十、图一百二十一、图一百二十二）

石窟中这些生动的乐舞形象是依照佛经中的相关内容创作的。《妙法莲花经》中曾列出十种供养：“一华（花）、二香、三璎珞、四抹香、五涂香、六烧香、七缯盖幡幢、八衣服、九伎乐、十合掌。”伎乐供养是敬佛中不可缺少的内容之一。于是，这些浮雕作品带着浓郁的时代之风出现在石窟的壁面或坛基正面上。虽然她们的出现带有很强的宗教意味，但她们又往往部分再现了当时世俗社会的舞乐形象。如北魏时期莲花洞内释迦牟尼龛楣上的一排飞天。其中有二身手持羽毛装饰的翟，身着华服；其外侧是两对手持笙笛的飞天。如此场景，或以为是前代的舞蹈规范化形式，而手持翟，更被认为是“文舞”的模式。到唐代，这群美妙多姿的飞天也变幻自身，以呼应社会的需求。她们自窟顶纷纷飘落至窟壁下端，以更加写实的手法，展示独特之魅力。她们那丰盈的体态，表达了唐代女性对美的诉求，舞于身后的帔帛和她们出胯转腰以及妙不可言的手指造型，则代表了唐代音乐舞蹈中对外来元素的兼容。石窟中诸飞天的造型已引起学者的关注，人们纷纷著文以期复原失传已久的古代艺术。

图一百二十　龙华寺伎乐之一

图一百二十一　龙华寺伎乐之二

图一百二十二　龙华寺伎乐之三

原本是为宗教服务的石窟，其内容往往随着时代的更迭而发生变化。中国佛教在自身的发展中，世俗意味也愈加浓厚，这一点从造像的面部表情、衣着，以及对飞天的诠释中均能显现出来，就连不起眼的供养人也处在变化之中。早期的供养人多出现在佛龛的下部，如宾阳中洞的礼佛图，描绘的是北魏孝文帝率群臣、文昭太后率嫔妃礼佛的场面。虽贵为帝后，在超然、睿智的佛祖前面，他们也只能屈尊于毫不显著的窟门内侧。佛像的巨大，与供养人形象的渺小形成强烈反差，以此标明佛界的高高在上和超凡脱俗。到了唐代，这一情形发生了变化：供养人开始离开角落走向正壁，立足于弟子与菩萨之间，形象也愈发高大，并且一如现实中的上层人物，盛装华服，按尊卑长幼排序，且被雕琢得细致入微。现实的人间被强调，证明了中国佛教离开高高的神坛，走向世俗。

龙门石窟不仅是皇家贵胄们崇信佛教、展示自己的场所，就连宫中宦官也于此造像立碑，祈福禳灾。

在奉先寺北壁外侧有摩崖刻碑一方，题为“大唐内侍省功德之碑”，高二点八米，宽一米，是内侍省高力士等“一百六十人奉为大唐开元神武皇帝”造像。碑文称“敬造西方无量寿佛一铺四十八身”，时间为开元十八年（公元730年）六月七日。这是高力士与杨思勗等人为唐玄宗造阿弥陀佛四十八身。该批造像分组穿插于大卢舍那像龛岩壁间，全部为立佛，高一点九至二米，又称之为等身像。这些佛像如出一辙，均为螺髻，着通肩袈裟或双领下垂式大衣，立于八角束腰莲座上，束腰处刻单莲瓣形壸门，内刻天王。

龙门的等身造像之风始于唐高宗前期。如老龙洞北壁的永徽二年（公元 651 年）九月三十日樊庆为亡兄造“等身救苦观世音像”。此风盛于武则天及唐玄宗时期。据统计，除奉先寺崖壁处，龙门共有等身像龛约五十个，但大多已成无像的空龛了。

唐玄宗天宝十四年（公元 755 年）十二月，叛军安禄山攻陷洛阳，大肆烧杀抢掠，昔日繁华的东都变得荒芜萧索。由陕州到洛阳沿途“居无尺椽，爨无盛烟，兽游鬼哭”，“编户千余而已”。龙门的造像活动因此而沉寂。中唐及其以降，虽仍有零星的小龛开凿，但已无法与昔日的皇家气象相提并论。盛唐时那“千峰势到岳边止，万派声归海上消”的气度，使得龙门石窟艺术达到巅峰，如日中天。同时，这种辉煌也如同夕阳中的一抹余晖，日渐沉沦，很快便归于沉寂。

然而，成就了龙门精髓的是人，他们并未忘怀这处圣地。正因为有了人，特别是名人的活动，龙门的故事才得以延续。

“龙门凡十寺，第一数香山。”香山寺前文曾述及，但这里要讲述的，是唐代大诗人白居易与它的故事。（图一百二十三）

白居易晚年退居洛阳城履道里。他时常来到龙门，幽栖于香山寺，自号“香山居士”；并与寺僧如满禅师等人结为“香山九老社”，终日聚在一处。残阳中的龙门山、晨曦中的伊洛河，化作“两面苍苍岸，中心瑟瑟流。波翻八滩雪，堰护一潭油”。（白居易：《重修山寺毕题二十二韵以纪之》）大和六年（公元 832 年），白居易将为好友元稹撰墓志所获六七十万贯报酬，捐献出来以修缮香山寺。会昌六年（公元 846 年），白居易卒，“遗命不归下邽，可葬于香山如满禅师塔之侧。家人从命而葬焉”。从此，龙门又多了一处景致，引得世人纷至沓来。香山寺毁于元末，清时在唐代乾元寺旧址重修香山寺，乾隆帝巡游的香山寺便是清代的香山寺。唐代香山寺的遗址于 1965 年发现于龙门东山南岗、今洛阳轴承厂疗养院及其西北面山坡间。

乾隆帝（公元 1750 年）、慈禧太后及光绪帝（公元 1901 年）所朝拜的香山寺，只是一座清代利用唐代乾元寺基址改造的寺院而已。

图一百二十三 《香山高会图》（宋 · 佚名 台北故宫博物院藏）

# 河洛明月挂三危<br>日月同天渡海东

东汉时代，洛阳成为丝绸之路的新起点，中外文化荟萃于此。汉明帝时（公元58—75年），遣使至大月氏，写取《四十二章经》，在洛阳建立了中国第一座寺院白马寺。至汉桓帝时（公元147—167年），在皇宫中祭祀黄老及浮图，用以求福祥、延寿命。此时洛阳也成为译经的中心：安世高、支娄迦谶、竺佛朗、支曜、安玄等西域沙门和居士译出了《阿含经》《般若经》《般舟三昧经》等许多单品佛经。

曹魏建国初期，明令禁止黄老神仙方术及鬼神祭祀，其中自然也包括佛教。曹魏中期，禁令松弛，外国沙门昙诃迦罗至洛（约公元249—254年），译出《僧祇戒心》（大众部戒律的节译本），并开始正式授戒。“僧人”一词，创用于此事之后。康僧铠、昙帝、帛延等人亦相继来洛译经。而中国西行求法的第一位沙门朱士行，就是自洛阳到达于阗国（今新疆和田地区），求取“正品梵书胡本九十章六十余万言”（时值公元260年）。西晋时由竺叔兰译出，即《放光般若经》二十卷。

西晋的佛教，以洛阳为中心，长安佛教也有发展。西晋永嘉年间（公元307—313年），洛阳已有佛寺四十二所，中国式佛寺布局已经形成：佛寺为长方形院落，中轴线南北方向，在中轴线上布置山门、佛塔、佛殿。佛塔不是印度式“窣堵婆”（Stupa），也不是犍陀罗式

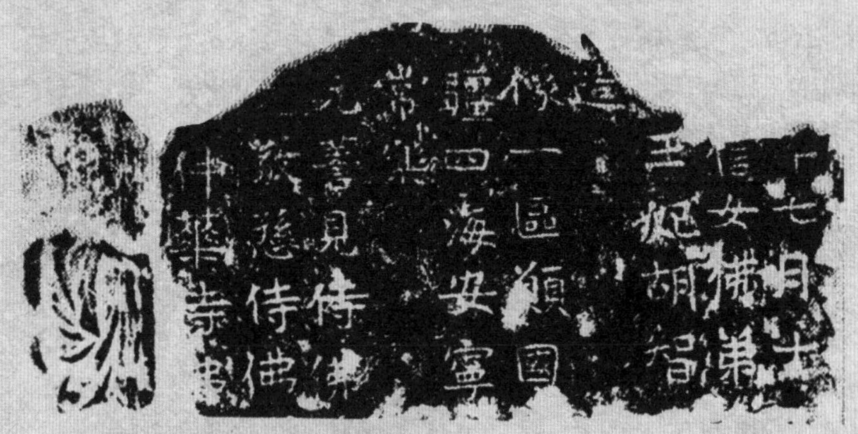

图一百二十四　龙门火烧洞题铭

“雀离浮图”（结合西亚式高层的通天塔，称为 Thuva），而是“仙人好楼居”的楼阁式方木塔。“塔”字大概音译于犍陀罗语，最早收入东晋葛洪所编的《字苑》中。

西晋末年，八王之乱，导致晋室南迁，洛阳残破。北方开始了五胡十六国时代。羯人石勒建立的后赵，尊西域僧人佛图澄为“大和尚”，率先以佛教为国教，石勒亦自称“天王”。邺城五级寺，可能就是国立寺院——“国寺”。

出于政治和军事的需要，许多胡人国家纷纷效法后赵的做法。鲜卑族拓跋氏建立的北魏就是效法后赵的代表。他们先后建造“五级浮图”（公元 398 年）、“七级浮图”（公元 467 年）及“九级浮图”（公元 516 年）以为“国寺”，尊崇法果为“道人统”，尊崇昙曜为“沙门统”，主管全国佛教事务。他们还把太祖拓跋珪以下“五帝”，作成“五佛”，将崇佛与祭祖结合起来。

北魏迁都洛阳（公元 494 年），佛教发展臻于极盛。截至迁都邺城（公元 534 年），洛阳有佛寺一千三百六十七所，比西晋末高出三十多倍，以至于造成“寺夺民居，三分且一”的泛滥局面。杨衒之在《洛阳伽蓝记》中感叹：“迨皇魏受图，光宅嵩洛，笃信弥繁，法教愈盛。王侯贵臣，弃象马如脱履；庶士豪家，舍资财若遗迹。于是昭提栉比，宝塔骈罗，争写天上之姿，竞摹山中之影。金刹与灵台比高，宫殿与阿房等壮，岂直木衣绨绣，土被朱紫而已哉！”

北魏译经，以北印度僧人菩提流支、佛陀扇多和中印度僧人勒拿摩提为三大元匠。最有代表性的是译出了《十地经论》，并形成了“地论”南北二派。灵太后胡氏派遣惠生等人前往西域，得经论一百一十七部（公元516—522年）。龙门石窟的开凿（公元493年）、嵩山少林寺的建立（公元495年），在中国佛教文化史上都极为重要。

隋炀帝大业二年（公元606年），于洛水南上林苑中设立“翻经馆”，命将新平林邑（今越南南部）所获佛经一千三百五十余部并昆仑书多梨树叶经送至翻经馆中，请高僧彦悰主持编目及翻译。这是国家设立的第一个译经机构。南印度僧达摩笈多参加了译经活动。

唐代的洛阳与长安，并为佛教两大中心。佛教各宗派纷呈异彩。禅宗北宗，根于嵩洛。神秀、法如、慧安等，并为弘忍高足，弘法于嵩洛。禅宗南宗神会，建荷泽寺于洛南，归葬于龙门山宝应寺。唐玄宗册封的天台宗七祖可贞，葬于汝州风穴寺。华严宗康法藏家居洛阳，其祖坟题记发现于龙门。实叉难陀译出八十卷本《华严经》时，他担任笔受，并亲自为武则天讲解《华严经》经义。律宗西塔派重镇在洛阳大福先寺。密宗“开元三大士”中的善无畏、金刚智译经于洛阳，并葬于龙门山之奉先寺、广化寺。法相宗创立者玄奘出家于洛阳净土寺；两行求法高僧义净译经于洛阳，立戒坛于少林寺。以经目编纂言之，静泰撰《大唐东京大敬爱寺一切经论目录》五卷（公元663年）、明诠撰《大周刊定众经目录》十五卷（公元695年），为中国《大藏经》的整理、分类、编辑以及除伪奠定了基础。

佛教的美术、音乐、戏剧、礼俗等丰富了魏唐间的文化生活。佛曲是佛教徒举行宗教仪式时所歌咏的曲调，起源于印度，流传至中亚诸国。《于阗佛曲》是吸收了龟兹乐而形成的，早在十六国时代传入我国。南朝梁武帝完成了佛曲的汉化工作，创作了《神王》《龙王》

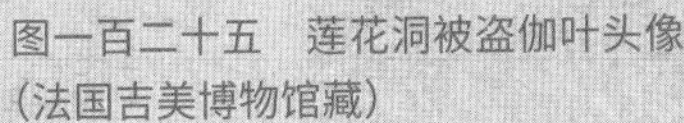

图一百二十五　莲花洞被盗伽叶头像（法国吉美博物馆藏）

图一百二十六　莲花洞被盗阿南头像（中国台湾良盛堂藏）

《灭过恶》《除爱水》《断苦轮》等曲调，“使听者神开，因声以从回向”。

在北魏，佛诞日（四月初八日）的“行像”大会，成了盛大的民间节日。据《洛阳伽蓝记》所述，“行像”之前，京师各大寺院的佛像一千多尊，集合于景明寺。四月八日，千余佛像依次进入宣阳门（南城门），向皇宫前进。阊阖宫前，皇帝在城楼上散花致敬。“于时金花映日，宝盖浮云，幡幢若林，香烟似雾。梵乐法音，聒动天地。百戏腾骧，所在骈比。名僧德众，负锡为群。信徒法侣，持花成薮。车骑填咽，繁衍相倾……”而当长秋寺以一头六牙白象驮着释迦像出现时，还有杂技为先导：“吞刀吐火，腾骧一面，缘幢上索，诡谲不常。奇伎异服，冠诸都市。像停之处，观者如睹，迭相践跃，常有死人。”

梁武帝根据目连救母的佛教故事，创设了“盂兰盆会”，用以超度历代祖先。

在唐代，寺院的“俗讲”吸引了广大民众，导致讲唱文学的产生。

在敦煌藏经洞发现的《龙门赋》，是唐代河南县尉卢竧所作。它生动记述了清明时节，洛阳人倾城出动，相邀结伴游龙门的欢快生动的场景。“石为龛，金为像”的龙门石窟，初春的伊阙风光，令人陶醉。

洛阳作为首都，其佛教文化影响巨大。

北魏后期在洛阳形成的“秀骨清像”风格的佛教造像，很快风靡北部中国及朝鲜半岛；从敦煌到韩国的扶余郡寺址，都能发现这类形象。扶余陵山里寺址和定林寺址出土的彩塑佛教造像就与洛阳永宁寺址出土的彩塑像风格相近。而敦煌早期洞窟中的造像，也明显受到云冈和龙门的影响。古人所云：“河洛明月，更照三危（指敦煌三危山）。”此之谓乎！

在唐代，龙门的影响更远及日本。日本奈良东大寺的卢舍那佛像就是奉先寺卢舍那佛的化身。正如古人所云，中日两国虽然“山川异域”，却“日月同天”。

就洛阳创制的弥勒大佛像而言，我们能在中国许多地方找到它的影子：

敦煌莫高窟的北大像（九十六号窟，高三十三米，造于公元 695 年）和南大像（一百三十号窟，高二十六米，造于公元 721 年）。

甘肃省甘谷县大像山大弥勒佛（高二十三点三米，唐武则天至玄宗时代）。

甘肃永靖炳灵寺大弥勒像（一百七十一号窟，高二十七米，公元 731 年）。

甘肃武威天梯山大弥勒像（十三号窟，高二十六米，唐武则天至玄宗时代）。

四川乐山大弥勒佛（五十八点七米，公元 730 年至 803 年造）。

“文化”往往是由一个中心向外传播的。近年由于媒体的片面炒作，似乎中国佛教艺术是由边疆的某地传播开来的。这有悖于基本的历史事实。因为边疆某地从未成为全国的一个文化中心！

中国的石窟开凿，是先有一个禅窟阶段，而后才有造像窟的阶段。大约从公元265年至400年，属于禅窟阶段。河北省元氏县的封龙山禅窟（约公元251年）、敦煌的禅窟（公元366年），就属于这类禅窟。

中国的造像窟首先出现在甘肃天水麦积山（约公元400年），然后影响了炳灵寺及河西某些石窟。河西某些石窟则受到了龟兹的影响。云冈石窟吸收了秦州、凉州两种模式而加以发展。龙门石窟继承并发展了云冈石窟模式，创造了新的辉煌。

不幸的是，时代的巨轮碾碎了历史的繁华；金人南下，中原衰落，洛阳失去了昔日的光彩。在元、明、清乃至中华民国，洛阳的历史地位下降；清末民初，更是兵匪为患。

今天我们走进龙门，随处可见的斑斑斧痕，令人触目惊心；精美塑像的身首异处，或遗失不存，更让人唏嘘不已！在龙门，究竟有多少艺术品被盗凿，目前尚无准确而全面的数字报告，也许将永远是一团迷雾。

据志书记载，在宋元之前，龙门石窟就已经遭到自然和人为的破坏。北宋真宗于大中祥符八年（公元1015年）曾令沙门栖演整修石佛一万七千三百三十九尊，元代文学家萨都剌在《洛阳龙门记》中对龙门雕像的残破发出感叹。但是，导致龙门沦入深渊的劫难时代是自民国初年及其以降。在对破坏严重的九十六个重点窟龛的调查中，发现被盗的佛及菩萨像二百六十二尊，毁坏其他各类像为一千零六十三尊，龛楣八处，说法图浮雕十幅，本生故事浮雕两幅，礼佛供养人浮雕十六幅，碑刻题记十五品。以上数据虽然仅来源于九十六个窟龛，但大体上概括了龙门石窟被盗总数的百分之七十左右。至于详情，也许永远无法破解。

位于宾阳中洞北魏时期的著名浮雕“帝后礼佛图”，就是于1934年被美国人普爱伦雇人打碎后偷运至美国；一块陈列在美国纽约大都会艺术博物馆，一块现存美国堪萨斯州纳尔逊艺术博物馆。流失境外的龙门雕塑品不仅有头像，包括佛、菩萨、弟子、天王等诸类，还有

图一百二十七　龙门石窟被盗凿唐代佛头像
（瑞士瑞特保格博物馆藏）

图一百二十八　龙门石窟被盗凿唐代佛头像
（美国旧金山亚洲艺术博物馆藏）

图一百二十九　龙门石窟被盗凿北魏菩萨头像
（美国纽约大都会艺术博物馆藏）

图一百三十　龙门石窟被盗凿唐代迦叶头像
（美国纽约大都会艺术博物馆藏）

图一百三十一　火顶洞被盗凿主尊佛首（日本大阪市立美术馆藏）

图一百三十二　火顶洞主尊佛像残迹

飞天、狮子，乃至栩栩如生的手！为这些绝代艺术品所吸引，一些有识之士将关注的目光投向龙门：他们有的著书立说揭示龙门被盗的史实，有的将流失海外的散件做“复位”研究，还有的则报告了流失品的下落。尤为令人钦佩的是美籍华人、雕刻家、收藏家陈哲敬先生，他的足迹遍布欧亚美，在 1992 年的秋天，确认了龙门石窟古阳洞北壁上方的高树等邑社造像龛中释迦牟尼佛头的位置，使这具身首分离达八十余载的古佛像终得完璧！

尽管历经劫难，但龙门仍以其精湛的艺术作品和大气的皇家风范而成为世界的惟一！ 2000 年，联合国教科文组织将龙门石窟列入世界文化遗产名录，为龙门的新生提供了有力保障。半个世纪以来，到龙门参访的外国元首就有尼泊尔国王马亨德拉、柬埔寨首相宾努、加拿大总理特鲁多、丹麦首相哈特林、比利时首相马尔滕斯、印度总理拉奥等等；来自佛教故乡的印度总理瓦杰帕伊对龙门的造访，更具有特别的含义……

图一百三十三　万佛洞洞口前室被盗凿唐代石狮（美国堪萨斯州纳尔逊艺术博物馆藏）

图一百三十四　万佛洞洞口前室被盗凿唐代石狮（美国波士顿艺术博物馆藏）

龙门的山水是自然的，依山傍水的雕像群因山水而灵秀，山水有了龙门的点缀则成为永久的绝响。龙门是历史的，那些隐于迷雾中的传说和雄厚的历史积淀足以令人为之倾倒；龙门是人文的，它承载了太多的古人情怀而显得意境幽远；龙门更是世界的，它作为与希腊、罗马雕塑艺术不同的体系熠熠生辉。

当今，在世界现代化的进程中，和平与民主是两面旗帜。佛教是“戒杀生”的和平宗教；佛教僧团也是主张“自谂”的民主性团体。这一古老宗教所倡导的道德观，也有益于遏制人们日益膨胀的种种欲望。我们大谈特谈的精神文明，说到底，就是止欲和爱人。所以，佛教能够适应现代社会前进的趋势。当然，抛弃某些神化的、浅陋的东西，也是势所必然。

龙门石窟的艺术是永恒的，龙门艺术所承载、表达的真、善、美，同样也是永恒的。

# 石刻巅峰

# 略谈龙门奉先寺的几个问题

龙门石窟是我国著名的三大石窟艺术宝库之一。它两千一百多个窟龛，犹如斑斓的群星，点缀在伊河两岸的峭壁间。奉先寺就是这群星烘托中的一轮明月，闪烁着民族艺术的光华。（图一）

龙门奉先寺开凿在龙门西山的中段，唐代人称之为“大卢舍那像龛”。这一带的岩石，据地质学家考察，是寒武奥陶纪石灰岩和中寒武世石灰岩，是一种淡黄色厚状灰岩夹薄层灰岩。这种岩石层位厚，硬度大，岩性较好，适于雕刻。大卢舍那像龛摆脱了窟室的桎梏，是把山体劈成“冂”形平面的露天摩崖造像。（图二）规模宏伟，气势雄壮，实属罕见。“冂”形平面朝向东方，宽（南北向距离）三十至三十三米，进深（东西向距离）三十八至四十米，断崖壁面高约三十米（从像龛地平面向上），像龛地平面距山脚路面高约二十米。这里居高临下，向东南方极望，可以看到白居易《菩提寺上方晚眺》中描述的景色：“楼阁高低树浅深，山光水色暝沉沉。嵩烟半卷青绡幕，伊浪平铺绿绮衾。”大卢舍那像龛是唐高宗李治建立的，竣工于上元二年（公元 675 年）十二月三十日。镌刻于卢舍那佛座北侧的《河洛上都龙门山之阳大卢舍那像龛记》的刊刻时间在开元十年至天宝八载（公元 722—749 年）间，为我们研究这组巨大雕像留下了珍贵的、惟一的文字史料。竣工前三年即咸亨三年（公元 672 年）的四月一日，皇后武则天曾助“脂粉钱”二万贯，她当时四十九岁。

关于这一艰巨工程的开工年代，从前的学者多以咸亨三年为起手年

图一　由东山隔伊水西眺奉先寺大卢舍那像龛

代，显然是不正确的，此判断混淆了皇后武则天助款年代与开工年代。其开凿时间应在龙朔二年（公元 662 年）之前，是比较可信的。

主持这项国家工程的人是司农寺卿韦机。他是一位了不起的工程师，曾经造“上阳宫”，移“中桥”。他的助手是东面监、上柱国樊玄则。奉皇帝命令“检校”此项“功德”的是净土宗的大师、西京实际寺善道禅师和法海寺寺主惠暕法师。

唐高宗建大卢舍那像龛是为谁做“功德”？据笔者推测，应是唐高宗为自己的父亲唐太宗追福所立。大卢舍那像龛的主尊是卢舍那佛，依照华严宗的说法，卢舍那是“报身佛”的称号，是梵名，义为“净满”或“光明遍照”。依天台宗等释义，卢舍那是“智妙究竟满”，即智慧无边的意思。唐代梁肃所作《二如来画像赞并序》中也是称：报身佛为卢舍那，应身佛为释迦，法身佛为毗卢遮那。（《文苑英华》卷七百八十一）

卢舍那佛雕像倚山端坐，通高十七点一四米，头高四米，耳长一点九米。面庞丰满圆润，头顶有高肉髻和波纹状的发饰。双眉弯如新月，衬着一对修长的微向前方凝视的双眼；高高的鼻梁，小小的嘴巴，露出含蓄的微笑。下颏圆而稍向前突，双耳长且略向下垂，宁静持重，安详可亲。着通肩袈裟，简朴无华，一圈一圈作同心圆式的衣纹，把头像烘托得异常鲜明圣洁。著名雕刻艺术家温庭宽认为：“龙门奉先寺卢舍那佛

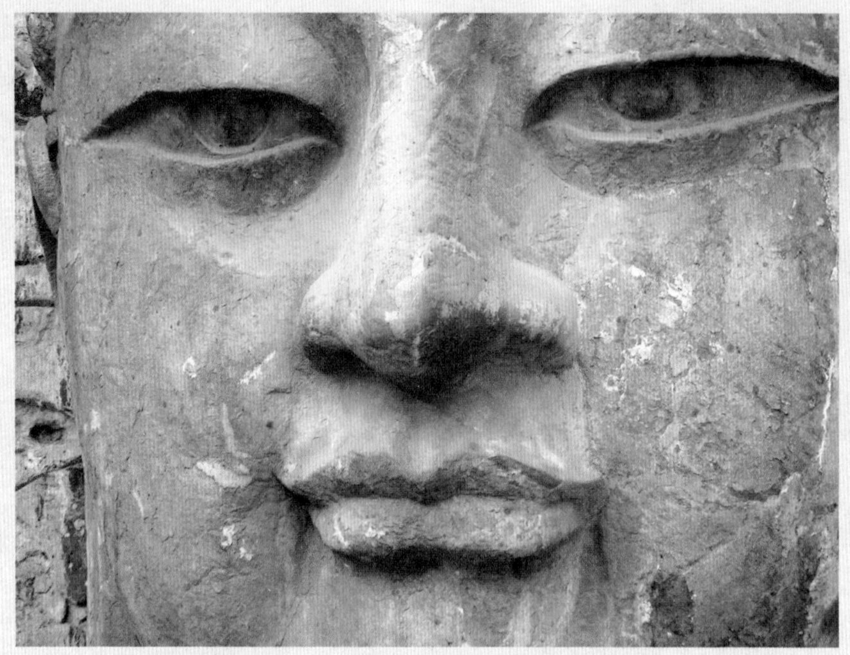

图二　卢舍那大佛面部特写

是有名的唐代作品，也是当地体积最大的一尊佛像……新月样的眉，肩部略微下垂，衬得那双灵活而含蓄的眼睛更加秀美，在笔直的鼻梁下面是一条小小的弧形的嘴角上似乎流露着喜悦和对于别人关怀的感情，从面型来看，完全是个温柔美丽的少女。雕刻家在这个少女型的佛像上寄托了他们的生活美感，表现了追求快乐和追求和平生活的创作思想。"

关于卢舍那佛像，有一种说法颇为流行，即大卢舍那像龛的建立是由"武则天作后台的。因此，出于政治上的需要，就破天荒地将卢舍那大佛塑造成女性形象"。并且，从太平公主的"方额广颐"联系到武则天也当然是"方额广颐"，从而引申为与卢舍那佛的形象几乎完全吻合。最终得出结论说：卢舍那佛像"在一定程度上就是武则天形象的写照，或者说就是武则天的模拟像"。这种见解是违背历史事实的臆断。

第一，《像龛记》明白地记载此像龛是"大唐高宗天皇大帝之所建也"，武则天作为皇后"助脂粉钱二万贯"。这显然是武则天对唐高宗事业上的支持，又是她本人笃信佛教的表示，根本不存在什么"后台"之说。

第二，此龛毕功于上元二年（公元675年），起手的时间当在龙朔之前。在此一历史时期内，正是武则天竭力取得唐高宗的信赖，逐步取得权力的过程。“出于政治上的需要”，武则天绝不可能越过唐高宗去突出自己，把佛像搞成自己的形象。

第三，武则天进号“天后”是助款第二年的事情。这一年武则天曾建言“十二事”，内中强调“以道德化天下”，“王公以下皆习《老子》”等。表明她还是把自己当作贤惠的皇后来行事的。既然如此，她岂有将唐高宗做功德的佛像搞成自己的“模拟像”之理？

发生此种臆断的一个重要原因是忘记了“方额广颐”是差不多所有佛像的共同特征。因为佛像的“八十种好”之中就有“额广平正”一种（《法苑珠林》卷九占相部），这与太平公主没有关系。

卢舍那佛左右胁侍的二弟子是迦叶（左侧）和阿难（右侧），通高都在十点六五米，立于束腰八角仰覆莲座上。迦叶的头部及身体的大部分已残破，所以无法加以评论。阿难的形象是眉清目秀，虔诚文静，颇含一种善良而未脱稚气的风貌。二弟子的外侧是二菩萨，应当是文殊和普贤；但从形象上看，我们无法区别出何者是文殊，何者是普贤。二菩萨立像通高十三点三米，座式与二弟子同。菩萨头戴华丽的花鬘宝冠，宝缯下垂。面相端丽，表情矜持。上体虽是裸露，但颈下的项圈、胸腹间的璎珞、披帛，装饰得气度非凡。下身穿着大裙，束以绦带，衣纹贴于双腿，作“曹衣出水”之式。菩萨体态的丰盈、腰肢的微侧，都表达了女性的美。（图三）

上述以卢舍那为中心，以二弟子、二菩萨为胁侍的对称布局的五尊大像，都在像龛的正壁（即西壁）。如果以大佛和二弟子头顶的三点连成一个等边三角形，那么大佛头就在这个金字塔三角形的顶点，这种艺术手法加强了卢舍那大佛“至高至尊”的地位。其他的像，菩萨、天王和力士，虽然高于二弟子，但却低于主尊，“使这些像的头顶联系起来的线成为一个波状，主像是高峰，这样在造型布置上也就恰当了”。大卢舍那像龛的南、北壁是二天王、二金刚力士。其中南壁的天王、力士残破过甚，而北壁则保存较好。（图四）

北壁的天王像，通高十点三米，头戴宝冠，面部侧向东方；身着甲胄，领有顿项，臂有护膊，腰束腾蛇，足穿乌皮六缝靴；左手叉腰，右

←
图三　奉先寺
南侧普贤菩萨

肘上举，手托三重圆形宝塔；双足踏在夜叉身上。天王形象蹙眉怒目，沉着威武，正气凛然。夜叉的本义，是勇健之士。天王脚下的夜叉，雕刻得很成功。美术史家王逊先生评述："奉先寺诸像之给人以深刻的印象还有神王脚下的小鬼。他承担起神王的巨大的躯体的重量。他的头、胸、背、腹等部筋肉被加以夸张地表现，因而出现小鬼的无所畏惧的压不倒的力量。在这一形象的创造中，虽然他是表现为踏在足下的，然而作为勇敢的对抗的力量得到了赞扬。"

这尊托塔的天王是北方多闻天王——毗沙门。玄奘《大唐西域记》卷十二"瞿萨旦那国（即于阗国）"条记载，该国国王"甚骁武，敬重佛法，自称毗沙门天王之祚胤也"。巩义石窟寺有唐中和二年（公元882年）正月所立《唐净土寺毗沙门天王碑》，内文写道："经文云，北方有神，曰毗沙门。得度于阗，身乃国王。……右执金□，左持宝塔。散慈云于金口，转慧日于双眸。……敬塑其像于三门之左，上可以卫佛法而安国土，下可以消灾□□□众生。"唐天宝之后，毗沙门是被当作武神供奉的。甚至说

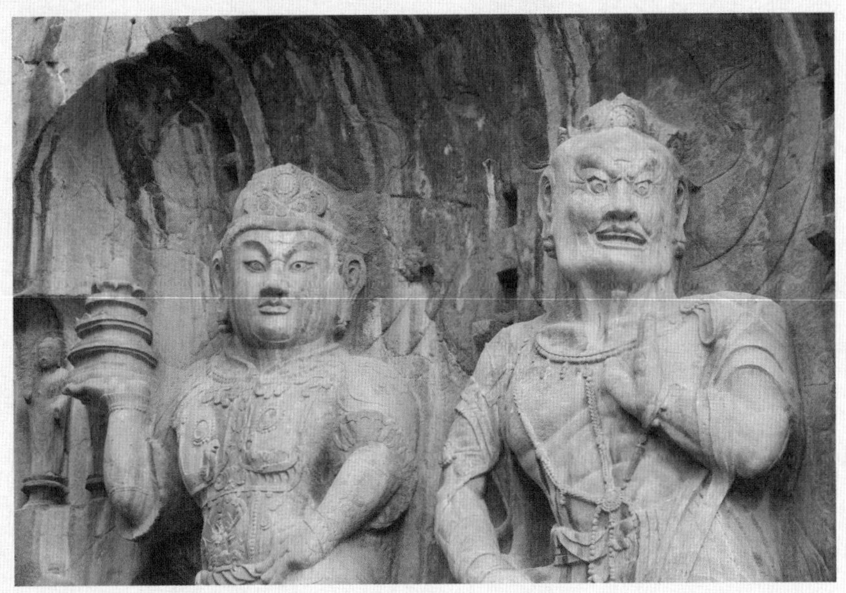

图四　奉先寺北壁毗沙门天王与金刚力士

毗沙门的第二子——独健，也是骁勇的“二郎神”。到了元末，又有了托塔天王姓李的传说，见于杨景贤撰《杨东来批评〈西游记〉》。

与毗沙门天王比邻而立的是金刚力士。力士通高十点三米，立于高零点六二米的怪石之上。他侧立东向，竖眉瞪目；张口大呼，颈筋暴起；左掌齐胸，左腿迈进，作临战之态，大有“呼之欲出”“逼之剽剽然”之概。

在二天王的内侧，各存一身侧立向佛的供养人，通高六点四米，立于低平的圆莲座上。二供养人皆梳“双丫髻”，穿“笏头履”，应是童男童女的形象。可惜残毁过甚，无法细述。

总之，龙门大卢舍那像龛宏伟的气魄、精美的雕刻，体现了大唐帝国盛世强大的物质力量和精神力量。在宗教仪轨的束缚中，透射出艺术匠师们雄伟的创作意图和高超的技艺。

关于龙门奉先寺，还有几个问题需要向读者交代。

## 一、大卢舍那像龛与奉先寺的关系

龙门奉先寺创建于调露元年（公元 679 年）八月十五日，次年正月十五日唐高宗书寺额以赐。建寺之年，恰是唐太宗去世三十周年。开元十年（公元 722 年），“伊水泛涨，毁城南龙门天竺、奉先寺。坏罗郭东南角，平地水深六尺以上……屋舍树木荡尽”。（《旧唐书·五行志》）因此，有龙华寺合并于奉先寺之牒文刊于卢舍那佛座下。后人遂以“卢舍那像龛”为“奉先寺”。

开元二十四年（公元 736 年），时年二十五岁的伟大诗人杜甫来到东都洛阳，写有《游龙门奉先寺》一诗。诗中所云之“已从招提游，更宿招提境。阴壑生虚籁，月林散清影”的寺院，在今龙门南口魏湾村北阜。奉先寺历唐、宋、元诸朝，约毁于元末。

## 二、关于大卢舍那像龛的破坏及维修

大卢舍那像龛何时遭受巨大破坏，没有文字记载，已不可知。

蔡学昌先生指出："从大卢那像龛崖壁上残存的'梁孔'及地面遗留的柱础推断，大卢舍那像龛建造过回廊式窟檐。但从'梁孔'大肆破坏原有雕刻品作法看，绝不是唐代开凿大卢舍那像龛时干的。经我们判断，开凿窟檐的法式，与宋《营造法式》颇接近，因此可能是金代加修了窟檐。"笔者认为蔡学昌的分析是有道理的，《佛祖统纪》中记载，大中祥符八年（公元 1015 年），"西京龙门山石龛佛岁久废坏，上命沙门栖演给工修饰，凡一万七千三百三十九尊"。在皇帝下命进行大修佛像时，大卢舍那像龛也很可能于此时修整并建檐廊。

1949 年之后，奉先寺的保护工作受到了国家的高度重视。梁思成、杨廷宝教授，陈明达工程师等都对此提出过宝贵的建议。龙门文物保管所、河南省博物馆和国家文物局文物保护科学技术研究所于 1971 年对南壁天王、力士和迦叶像作了维修加固和局部复原工作。1972 年加固了北壁金刚力士像。1973 年对卢舍那大佛像进行了全面加固和局部复原工作，取得了良好的效果，达到了"整旧如旧"的要求。

## 三、关于奉先寺崖壁间穿插的立佛像

在奉先寺十一尊大像的壁隙，穿插雕刻了许多立佛像；有的是单独的，有的是三五成组的。据统计：卢舍那像以北共三十九身，卢舍那像以南并九身，总计四十八身。这批立像，高为一点八五至一点九米，立于束腰八角莲座上，座高零点四五米。像皆为穿通肩袈裟的立佛，面相一致，风格一致。从未有人论说过这批造像的缘起。

经我们研究确认，这批立佛应当是内侍省高力士、杨思勖等一百六十人为唐玄宗造的阿弥陀佛四十八事。造四十八身阿弥陀是因为阿弥陀佛发四十八愿，设四十八处护摩坛而修阿弥陀法。"大唐内侍省功德之碑"在奉先寺北壁外侧（东侧），碑高二点二三米，宽零点九米；王昶《金石萃编》卷八十四收录其文，但录文间有缺漏和误释之字，如将"四十八事"释成"一十九事"等。此碑当立于开元六年（公元 718 年）六月，故知像造于开元之初。

# 唐高宗立大卢舍那像龛

唐高宗所立的“大卢舍那像龛”（俗称“奉先寺”）在洛阳龙门西山。它宏大的规模（南北向宽三十至三十三米，东西向深三十八至四十米）、庄严的气势和精湛的艺术，体现出大唐帝国的盛世之概，闪烁着永恒的艺术光芒，吸引着国内外的游人。

在主尊大卢舍那像的佛座北侧，镌刻着一则造像记，题曰：“河洛上都龙门山之阳大卢舍那像龛记”（以下简称《像龛记》），是研究这组造像的惟一文字史料。《像龛记》高一点零七米，宽零点六五米。《全唐文》卷九百八十七、《金石萃编》卷七十三等均收全文。拓本发表于《文物》1961年四、五合刊上。

《河洛上都龙门山之阳大卢舍那像龛记》是研究龙门奉先寺造像的惟一文字史料（以下简称《像龛记》）。

《像龛记》镌刻于龙门大卢舍那佛座北侧，高一点零七米，宽零点六五米，四周绕以半破之莲花纹。

历代金石学家收录《像龛记》者甚多，如朱彝尊的《曝书亭集》、毕沅的《中州金石记》、王昶的《金石萃编》、钱大昕的《潜研堂金石文跋尾》等，《全唐文》卷九百八十七亦收入此篇。

因有开元十年（公元722年）二则牒文与《像龛记》毗连，并且字体显出为一人手笔，故钱大昕断定《像龛记》是“作于开元中”的。

又因《像龛记》中衍入宋人题记二则，一则曰：“颖昌舞水沈隐道

奉先寺大卢舍那像龛

镌，政和六年四月一日到此上石。”另一则曰：“进士都仲容记。”所以毕沅认为是唐代进士殷仲容撰。王昶又以为是“寺僧托名”于殷仲容，亦系臆断。

据我们的研究，《像龛记》撰于开元十年至天宝七载（公元722—748年）之间。《像龛记》称唐高宗李治为“大唐高宗天皇大帝”，称武则天为“皇后武氏”。按《新唐书·高宗本纪》，李治于弘道元年（公元683年）十二月去世，“谥曰天皇大帝。天宝八载（公元749年），改谥天皇大圣皇帝。十三载（公元754年），增谥天皇大圣大弘孝皇帝”。

《新唐书·则天本纪》云，武则天去世于长安四年（公元704年），“谥曰大圣则天皇后，唐隆元年（公元710年）改为天后，景云元年（公元710年）改为大圣天后，延和元年（公元712年）改为天后圣帝，未几改为圣后，开元四年（公元716年）改为则天皇后，天宝八载（公元749年）加谥则天顺圣皇后”。

根据唐高宗与武则天的谥号，可以证明《像龛记》之作不晚于天宝八载（公元749年）。

由上述分析可知，《像龛记》是在奉先寺“毕功”后约半世纪的唐玄宗时的追记，“恐年代绵邈，芳纪莫传，勒之颂铭，庶贻永劫”。

何以于此时又作追记呢？笔者以为这是纪念此次对大像龛的重新妆銮。记文云：“实赖我皇（按，即唐玄宗），图兹丽质。相好希有，鸿颜无匹。”即是证明。

下面对《像龛记》作注释，由笔者加以标点、分段：

## 《河洛上都龙门山之阳大卢舍那像龛记》

大唐高宗天皇大帝之所建也。佛身通光、座高八十五尺，二菩萨七十尺，迦叶、阿难、金刚、神王各高五十尺。* 这里所讲的各像尺度是从佛座至头光的总高度，即所谓“通光、座高”。唐代度量衡有大、小二制，冠冕礼服之制，每视为大典，用小制。佛像制作亦用小制。唐小尺即沿用隋大业表尺，每尺大致合

奉先寺大卢舍那像龛

→
相好希有，鸿颜无匹。
大慈大悲，如月如日。
——《河洛上都龙门山之阳大卢舍那像龛记》

二十三点三厘米。卢舍那八十五尺，合十九点八米；菩萨七十尺，合十六点三一米；迦叶、阿难、神王、金刚各五十尺，合十一点六五米；纵广一百二十尺，合二十七点九六米；上下一百四十尺，合三十二点六二米。这些数据与实测数字大体相当。（吴承洛：《中国度量衡史》，商务印书馆，1984 年。）有人不知唐代有大小二制之别，换算数字后认为《像龛记》"夸大了尺寸"，是错误的。（宫大中：《龙门石窟艺术》，上海人民出版社，1981 年。）

粤以咸亨三年壬申之岁四月一日，皇后武氏助脂粉钱二万贯。* 咸亨三年（公元 672 年）四月，武则天在洛阳。咸亨二年（公元 671 年）十二月丙戌，唐高宗、武则天还东都，"四月壬申，校旗于洛水之阴"。（《新唐书 · 高宗本纪》）

奉敕检校僧：西京实际寺善道禅师、* 西京实际寺善道禅师，见于《佛祖统纪》第二十八卷，生卒为公元 613 年—681 年。时人多将善道禅师混为道绰弟子善导。善导生年不详，卒于公元 662 年（《释氏稽古略》卷三、《续高僧传 · 遗身篇》等），是在长安光明寺前柳树上投身自绝的。西京实际寺善道禅师可能是善导的弟子，也是净土宗大师。《金石萃编》卷八十六所收的《大唐实际寺故寺主怀恽碑铭》中的怀恽（公元 640—701 年）是善道的弟子，而不是善导的弟子。法海寺主惠暕法师。* 法海寺主惠暕法师，附见于《宋高僧传》卷十八《唐京兆法海寺道英传》，文云："释道英，不知何许人也。戒德克全，名振天邑，住寺在布政坊。咸亨中，见鬼物。寺主惠简尝曰：'晓见二人行不践地，入英院焉。'简怪而问之……"此惠简即惠暕。龙门西山有惠简洞，造像记云："大唐咸亨四年（公元 673 年）十一月七日，西京法海寺僧惠简，奉为皇帝、皇后、太子、周王，敬造弥勒像一龛，二菩萨、神王等并得成就。伏愿皇帝圣化无穷，殿下诸王，福延万代。"大使、司农寺卿韦机，* 司农寺卿韦机。司农寺卿，从三品，掌仓粟委积之事，总上林、太仓、钩盾、导官四署及诸监。韦机，《旧唐书》列传卷一百三十五，《新唐书》卷一百有传。韦机于乾封元年（公元 666 年）六月擢司农少卿，主东都营田、苑。上元中，迁司农卿。仪凤中免官，永淳中卒。副使、东面监、上柱樊玄则。支料匠：李君瓒、成仁威、姚师积等。* 东面监，即"京都诸园苑监，苑四面监，监各一人，从六品下。……显庆二年改……洛阳宫农圃监曰'东都苑东面监'"。（《新唐书 · 百官志》）樊玄则史籍无载，但在法藏撰之《华严经传记》卷四中载有居士樊玄智，疑即其人。樊玄智十六岁于长安投杜顺禅师，诵读《华严经》为业。名山胜地，无远必造。永淳元年（公元 682 年）入化，年七十余。支料匠李君瓒，又见于龙门北市丝行像龛北，有造像记云："李君瓒修紫桂宫□□平安至家，敬造观音菩萨。调露二年六月卅日。"王昶《金石萃编》卷五十八收有咸亨元年（公元 670 年）十二月二十二日李义丰、李君琪、李处节、

《河洛上都龙门山之阳大卢舍那像龛记》拓本

李承业兄弟四人及妻子儿女造弥勒像的“造像记”。从中可知，李君瓒的妻子叫王际（即嗜）儿，有一男（李伏奴）、一女（李永妃）。至上元二年乙亥十二月卅日毕功。

调露元年己卯八月十五日，奉敕于大像南置大奉先寺。* 大奉先寺遗址在今龙门西山南口魏湾村北阜，历唐、宋、元，至元末毁弃。简召高僧行解兼备者二七人，阙即续填，创基住持，范法、英律而为上首。* “上首”，即指寺院纲维：寺主、上座、维那。至二年正月十五日，大帝书额。前后别度僧一十六人，并戒行精勤、住持为务。恐年代绵邈，芳纪莫传，勒之颂铭，庶贻永劫云尔。* 从此段文义可知，《像龛记》乃奉先寺沙门所为。

佛非有上，法界为身。垂形化物，俯迹同人。

有感即现，无罪乃亲。愚迷永隔，惟凭信因。

实赖我皇，图兹丽质。相好希有，鸿颜无匹。* “实赖我皇”中的“我皇”即唐玄宗。故知玄宗朝曾妆銮大卢舍那像龛。此次追记大像龛之缘起，当亦为此。

大慈大悲，如月如日。瞻容垢尽，祈诚愿毕。

正教东流，七百余载。佛龛功德，惟此为最。

纵广兮十有二丈矣，上下兮百卅尺耳。

# 武则天与龙门石窟

唐高宗和武则天在早年即崇信佛法。高宗为太子时，作《述圣记》以褒美玄奘。又为其母文德皇后追福，建慈恩寺。武则天二十六岁时［贞观二十三年（公元 649 年）］曾随唐太宗其余妃嫔寄身感业寺（或如《长安志》说为安业寺）为尼，时间约为一二年。

唐高宗登帝位后，于永徽六年（公元 655 年）十月下诏废王皇后为庶人；越五日，又下诏立武昭仪为皇后。同年十二月，以洛阳宫为东都。显庆元年（公元656年），武则天生三子李显（中宗），敕赐号“佛光王”。

唐高宗自显庆之后多苦于风疾，由武后详决政事。显庆五年（公元 660 年），始悉委以政事，武后权与人主侔。至麟德元年（公元 664 年）以后，天下大权悉归中宫，中外谓之“二圣”。上元元年（公元 674 年）八月，皇帝称“天皇”，皇后称“天后”。

垂拱四年（公元 688 年）四月或五月，武承嗣伪造“瑞石”，诡称获之于洛水之滨。文云：“圣母临人，永昌帝业。”六月，又获“瑞石”于水，称《广武铭》，内云：“三六年少唱唐唐，次第还唱武媚娘。”又曰：“化佛从空来，摩顶为授记。”为武则天称帝制造舆论。载初元年（公元 689 年）七月，沙门怀义、法朗等造《大云经疏》，陈符命，言则天为弥勒下生，当作阎浮提主。九月，武则天自立为皇帝，改国号为周，改元天授，成为中国历史上惟一一位女皇帝。

唐高宗在位三十余年，曾七次行幸洛阳。武则天更以洛阳为定鼎雄都，号称“神都”。很少住长安。因此，武则天（公元 624—705 年）时期的大崇佛教必然在龙门石窟中留下大量的、值得探索的遗迹。据估计，显庆五年至长安四年（公元 660—704 年）的窟龛约占龙门唐代窟龛总数的三分之二以上，这正是当时代信仰风气的一种反映。

兹就武则天与龙门石窟有关联的问题阐述如下。

## 一、武则天与大卢舍那像龛

龙门大卢舍那像龛（俗称“奉先寺”“九间房”）是一组气势雄伟、造型生动的摩崖造像。在卢舍那大佛佛座北侧有一则《河洛上都龙门山之阳大卢舍那像龛记》，当是开元十年以后至天宝八载之间（公元 722—749 年）的追记。

《像龛记》缺碑刻年代及撰、书人。然则该记文与开元十年（公元 722 年）文连书，且字出一人手笔，故可推断《像龛记》必刊于开元十年十二日之后。又据文内称唐高宗为“大唐高宗天皇大帝”，按《新唐书·高宗本纪》可知，弘道元年（公元 683 年）十二月高宗去世后“谥曰天皇大帝。天宝八载（公元 749 年）改谥天皇大圣皇帝。十三载（公元 754 年）增谥天皇大圣大弘孝皇帝”。《像龛记》称武则天为“皇后武氏”，按《则天本纪》，武则天卒于长安四年（公元 704 年），“谥曰大圣则天皇后，唐隆元年（公元 710 年）改为天后，景云元年（公元 710 年）改为大圣天后，延和元年（公元 712 年）改为天后圣帝，未几改为圣后，开元四年（公元 716 年）改为则天皇后，天宝八载（公元 749 年）加谥则天顺圣皇后”。这样看来，《像龛记》之作当在天宝八载之前。

《像龛记》的刊刻背景似乎是唐玄宗时对卢舍那像龛进行了一次妆銮。记文中说：“实赖我皇（按，即唐玄宗），图兹丽质。相好希有，鸿颜无匹。”即是证据。此时大像已完工半个世纪，确实需要妆銮。

《像龛记》开列支料匠三人，这是异乎寻常的。刊此《像龛记》时，主持此项工程的四个主要负责人均已去世多年，故此项追记的撰者一定从支料匠或其后人那里得到不少情况。

这则《像龛记》明白指出了以下两件事。

武则天像

一是，此大卢舍那像龛是唐高宗所建。咸亨三年（公元 672 年）四月一日，武则天曾“助脂粉钱二万贯”，毕功于上元二年（公元 675 年）十二月三十日。

二是，大像完成后三年零八个月，即调露元年（公元 679 年）八月十五日，奉敕于大像南置大奉先寺。次年，高宗为之书额。开元十年（公元 722 年）十二月五日，又奉敕将龙华寺合并于奉先寺。

由此可知，“大卢舍那像龛”是附属于大奉先寺的，就像龙门“敬善寺石像”是附属丁敬善寺的一样。设置奉先寺的时间恰值唐太宗去世三十周年。我们推测，大卢舍那像龛的雕造和大奉先寺的设立当是唐高宗为唐太宗追福所为。

## 二、从内道场智运禅师说到惠灯与灵觉

在龙门万佛洞窟顶大莲花四周镌有“大监姚神表、内道场运禅师一万五千尊像龛。大唐永隆元年十一月卅日成”的题记，十分醒目。

又在门道北侧有“沙门智运奉为天皇、天后、太子、诸王敬造一万五千尊像一龛”题记。

此龛造像是以阿弥陀佛为主尊的。主要特点是在主尊上方两侧刻出五十二身菩萨（另有二身供养天人），据唐道宣（公元596—667年）著《集神州三宝感通录》云，五十二身像“又称阿弥陀五十二尊曼陀罗。原为印度鸡头摩寺五通菩萨感得之瑞像”。

此龛造像的政治目的十分明显，它是为唐高宗、武则天、太子李显和诸王敬造的。这表明姚神表、智运与武则天的关系当极密切。

大监姚神表是宫中高级女官，过去的研究者一向以为这“大监，视二品”系将作监的官职，因为龙朔二年（公元662年）二月曾改“将作监”为“缮工监”，改“大匠”为“大监”。(《唐书·职官志》)《魏书》卷十三《后妃传》序中说：“大监，视二品。”大监是宫中高级女官。《汉魏南北朝墓志集释》中收有“大监刘阿素墓志”“大监刘华仁墓志”“大监孟元华墓志”，均系女性。龙门古阳洞有“清信女、佛弟子宫内作大监常法端造像记”，足证大监系宫内女官。唐代沿袭了这一制度。内道场智运是宫中高级女尼，她们共同开凿大型佛窟在全国也是罕见的。这正是武则天执政时期一批女官和女尼地位提高、财力雄厚的一个表现。

由女官、女尼来为帝室造像，必然使瞻礼者对武则天产生一种特别的敬仰，对女性更是一个有力的鼓舞。

关于智运，文献失载。但我们在龙门奉先寺南找到了智运的女弟子惠灯（公元650—731年）“藏魂千秋”的瘗窟。瘗窟铭虽有残缺，但大略可考之如下：

（一）依《铭记》可知，尼惠灯，号“和和”，自祖父以来，历任官职，“朱绂荣同”，敬信佛法，“檀那代传”，并于所居私第造永曜寺。《宋高僧传》卷十九有《唐京师大安国寺和和传》，内称：“莫详氏族本生。其为僧也，狂而不乱，愚而有智……时号为圣。”并记载越国公主下嫁荥阳郑万钧求子于和和的故事。据《新唐书》卷八十三《诸公主传》载，下嫁郑万钧的是睿宗女代国公主，名华，字华婉，刘皇后所生。龙门万佛洞北门道上有造像记曰：“永曜寺主善相供养。”恐即是惠灯家所施私第的永曜寺。

（二）《铭记》云："年甫十余，与妹惠□事内供奉禅师、尼智运归依……行勤诚。"惠灯卒于开元十九年（公元 731 年），俗龄八十二岁，则她生于永徽元年（公元 650 年）。十余岁，当在龙朔、麟德顷，事内供奉禅师、尼智运，即开凿万佛洞的"内道场运禅师"。

（三）《铭记》云："遭和尚优，哀慕过礼，自初至终，不加栉沐。逮于详禫，鬓发全脱。于是郡县上其精高尤异，天后闻而嘉。寻有诏：'姊妹并度为尼，征入内道场供奉。'一侍轩阙，卅余年，绝粒纳衣，无所营欲。人主钦其高节，躬亲供养。既以师资见重，遂谓之和和焉。尔乃中官，便为号实。长安末年，恩敕令出于都宁刹寺……"这段文字说明：智运去世后（时间在公元 680 年之后），天后武则天下令将惠灯及其妹惠某度为尼并征入内道场，武则天对惠灯执弟子礼。至长安末（公元 704 年），惠灯出宫，住宁刹寺。但自公元 680 年至 704 年实系二十余年，文中"一侍轩阙，卅余年"当为误文。宁刹寺是洛阳的一座尼寺，龙门有"都宁刹寺尼□□奉为报上敬造弥勒像一龛"（长寿三年一月一日，在万佛洞内）的造像记。龙门还出土了"唐宁刹寺故大德惠空和尚墓志铭"，内称："今王城宁刹寺律有比丘尼惠空，以律为仪，以定自处而住世六十有四。"惠空生卒为公元 704 年至 767 年。

（四）《铭记》云："右金吾将军崔瑶及妻永和县主武氏，伤梵宇之摧构，痛津梁之永绝，遂于龙门西岩造龛安置。呜呼！朝野悲哀，缁素号恸。法云黯而无色，慧景翳而潜晖。"崔瑶附见于《崔义玄传》(《新唐书》卷一百零九)。崔义玄，字神庆，有三子：琳、珪、瑶。"琳与弟太子詹事珪、光禄卿瑶，俱列棨戟，世号'三戟崔家'……时两人（按，崔琳与卢从愿）有宰相望，帝（玄宗）欲相之数矣，以族大，恐附离者众，卒不用。"我们知道，崔义玄是坚定地支持武则天作皇后的人，崔瑶系义玄子孙，又与武氏联姻，可见崔家与武则天的密切关系。

（五）《铭记》云："崇正，家代门师，幼瞻仪范。德行备彰于耳目，眩邃不可以言宣，矧笔短词芜，岂申万一。勒贞石以纪德，庶□而名存。"崇正是《铭记》的撰者。既称惠灯是"家代门师"，可证此人应是武三思之子武崇正；而崔瑶之妻武氏者，很可能是武三思之女，故由武崇正撰此铭记。

龙门石牛溪上方北侧有灵觉和尚“永幽閟深”的另一瘗窟，窟中刊有《大唐都景福寺威仪和上□□铭》，兹考证如下：

（一）威仪和尚灵觉（公元687—约738年）是武三思之女，即武则天的侄孙女。

《铭记》云：“和上讳灵觉，俗姓武氏。……之次女也。外［祖］父泗州刺史……国太平长公主……补……之尊，兼鲁馆之……之鹿……归一……今稀□圣……恳诚至到，天后嘉尚，□□为配……当浓李之年，遂能□□珠玉之服玩，钟鼎……辞荣出尘，离□□□空囚也。”《铭记》又云：“季弟崇正，哀友于之义重，悲同气之情深。”

按《新唐书·武三思传》，武三思有三子，但传文中仅言及长子武崇训（尚玄宗女安乐公主）、次子武崇烈。则“季弟崇正”恰应是三子武崇正，史书失载，此可补之。太平公主与武三思是姑表兄妹，太平公主是灵觉和尚的表姑，武则天曾亲自过问灵觉的婚事，所谓“天后嘉尚，□□为配”，即是此义。但灵觉“辞荣出尘”，遁入空门。

（二）灵觉是禅宗北宗大师普寂（公元651—739年）的弟子、神秀的法孙。

《铭记》云：“于□□□□山普囚禅师□□□□，授以禅法，□无几，顿悟□拔，获囚生忍，至……去来，湛入真际，色相都泯，契□如□。”灵觉卒年不详，但必在开元二十一至二十六年（公元733—738年）间。春秋五十二，则当生于公元681年至687年间。她出家正是“浓李之年”，假定为十八岁，则在公元699年至705年间，此时普寂禅师恰在嵩山传法。

《宋高僧传》卷九《普寂传》云：“久视中（公元700年），则天召神秀至东都论道，因荐寂，乃度为僧。及秀之卒（公元706年），天下好释氏者咸师事之。”由此可推知，《铭记》中的“□山普□禅师”当系“嵩山普寂禅师”。灵觉学习不久便顿悟超拔了。

（三）景福寺是东都尼寺。龙门石窟中有景福寺尼造像多例，如唐字洞西壁有“景福寺尼净命，为□□□敬造优填王像”；又如在万佛洞下部有“景福寺比丘尼九娘为亡母郭敬造阿弥陀像一铺供养。又为身患，敬造观世音、地藏各一区供养”。

## 三、武则天时代龙门的弥勒信仰

龙门弥勒菩萨或弥勒佛的造像，从北魏后期即已出现。古阳洞南北两壁各有一排大龛，刻菩萨装弥勒，作莲花跏趺坐，这是弥勒“成佛”前在“兜率天宫”的形象。火烧洞北壁的弥勒龛，已着佛装，但仍为“秀骨清像”，衣褶密集，时间当在北魏之末。

自唐贞观以来，也屡见弥勒造像，主要的有道国王母刘氏造像（道王李元庆，唐高祖之子，贞观十一年，在破窑）、思顺坊老幼造像（贞观二十二年，在宾阳南洞）等（表一）。

综观唐高宗之前龙门的弥勒造像有两点可以注意：第一，没有独立开窟，把弥勒作主尊供养的；第二，弥勒像均较小，没有达到两米的。

但是，自唐高宗、武则天时期以来，弥勒造像发生了以下明显的变化：

第一，由独立开窟，专供弥勒，发展到以弥勒居中的三佛题材（如摩崖三佛）。

第二，洞窟和弥勒像不断增大，弥勒像高度由一点五米发展至五点五米。

第三，在龙门，唐中宗神龙之后不再见弥勒大洞。

在这批弥勒型洞窟中，梁文雄洞有题榜，北壁下角为“梁文雄父供养”，南壁下角为“梁文雄母供养”。

惠简洞有造像记，文云：“大唐咸亨四年十一月七日，西京法海寺僧惠简奉为皇帝（高宗）、皇后（武则天）、太子（李弘）、周王（李显）敬造弥勒像一龛二菩萨、神王等，并福成就。伏愿皇帝圣化无穷，殿下诸王，福延万代。”

西京法海寺惠简（或作惠暕），附见于《宋高僧传》卷十八《道英传》，系法海寺寺主，是主持雕造大卢舍那像龛的负责人之一。宫大中在《龙门石窟艺术》一书中把惠简称为“鬼物寺主”，大谬。这是标点错误造成。原文为：“咸亨中，见鬼物。寺主……”此处的造像记表明，惠简极力奉承武则天、李弘、李显。

龙门极南洞外南壁雕刻一碑，高一点六四米，宽零点七米。因风蚀过甚，其文字从未有人辨析过，兹考证如下：

……尽……天……之力阐能仁极授。运慈舟于芳海，明慧炬于……者……大夫……□□二州都督、长沙县公姚意之妻也。

龙朔年中……河南之别业也。夫人时入洛城，路由此地……男女长大，夫予班秩。因于山壁敬造……□□尚书同鸾台凤阁三品、上柱国、梁县……幸早亡。女八娘，吴兴县君。夫李行正，任……县令。十娘，河东郡君，夫陈正规，侍中……潞州司兵参军。□□任泽州陵川县……卫州司兵参军。爰同任……任□洲功曹参军。龛任宋州参……□任雍州……并任……孙：庆任□州……南周氏。□妻陇西……福安，同沐荣庆。今各抽赀俸……子于孙孙，常保安乐。释迦之……后代子孙、他年眷属□此……大慈□□高……后裔登乎……书。

这则残造像记基本可以读懂。它是为“□□大夫、□□二州都督、长沙县公姚意之妻”某氏造弥勒像龛的。姚意于“龙朔年中”经营了“河南别业”，夫人时常到洛阳来，路经龙门，或许向佛许了愿。后来“男女长大，夫予班秩”，一切顺利，因此于山壁敬造佛龛。

儿子中有人作了“□□尚书、同鸾台凤阁三品、上柱国、梁县……”的大官。某一子“不幸早亡”。女儿八娘，封吴兴县君，夫李行正，任某县令；十娘，封河东郡君，夫陈正规，侍中。今“同沐荣庆”，“各抽赀俸”建佛龛，愿“子子孙孙，常保安乐”。

这一姚氏家族，正是在武则天执政时代（龙朔至长安）发展起来的新型庶族地主官僚。

据《新唐书·百官志》，“光宅元年改中书省曰凤阁”，中宗神龙元年（公元 705 年）二月后复称中书省。则鸾台凤阁之设在公元 684 至 705 年之间。按《则天本纪》，姚姓而任此要职者是姚元之：长安四年（公元 704 年）六月壬午，“相王府长史姚元之兼知夏官尚书、同凤阁鸾台三品”，同年九月壬子，“姚元之为灵武道行军大总管”。十月辛酉，“元之为灵武道安抚大使”。神龙元年（公元 705 年），中宗复位，“二月甲寅复国号唐……姚元之罢”。

表一　龙门弥勒造佛龛一览表

| 龛名 | 尺寸：深 × 宽 × 高（厘米） | 弥勒像高度（厘米） | 时代判断（年） | 主要根据 |
|---|---|---|---|---|
| 传法师龛 | 40 × 160 × 170 | 120 | 650–655 | 唐字洞南壁有净土寺主传法师造弥勒龛。“法师先造弥勒（按，在老龙洞西壁，永徽元年四月八日），又镌勒天宫乐国，咸启净心。” |
| 唐字洞门外南 | 0 × 100 × 140 | 120 | 约 650 ± | 有二弟子二菩萨夹侍 |
| 梁文雄洞 | 220 × 230 × 210 | 155 | 655 ± | 浮雕天王与敬善寺相似 |
| 千佛洞 | 433 × 349 × 347 | 255 | 665 ± | 《龙门双窑》报告 |
| 惠简洞 | 280 × 353 × 425 | 297 | 673 | 造像记 |
| 大万五千佛龛 | 566 × 608 × 575 | 287 | 689 以后 | 有武周新字 |
| 极南洞 | 400 × 400 × 420 | 245 | 704–705 | 姚意妻某氏造像记 |
| 摩崖三佛 | 800 × 1685 × 750 | 550 | 700 ± | 未完工，可能与薛怀义有关 |

由上述史实可知：极南洞造像记当刊于神龙元年（公元 705 年）正月壬午后二月甲寅之前。据《新唐书》卷一百二十四《姚崇传》可知，姚崇（公元 651—721 年），字元之，陕州硖石人。姚崇的父亲，《新唐书》作“姚懿”。《造像记》作“姚意”，音同字异，当以《造像记》为正。姚意曾为巂州、幽州都督，可补《造像记》“□□二州都督”之文。《新唐书》不载姚意卒年，依《造像记》可知“龙朔年中”姚意仍在世。

《造像记》中称姚元之为“□□尚书同鸾台凤阁三品、上柱国、梁县……”，据《新唐书》本传知为春官尚书。又为参与张柬之谋诛二张之功，封“梁县侯”。碑文与史传相吻合。

我们知道，弥勒是唐代社会普遍信仰的一种佛像。武则天利用这种信仰为自己夺权服务。但武则天利用“天女授记”的谶语不知始于何时，或传谓永徽元年（公元 650 年）得之于阎罗王处，显系捏造。惠简为武则天造弥勒像，完成于 673 年，这也许只是一个特例。

垂拱四年（公元 688 年），武承嗣造“瑞石”，这是首见的公开活动，其酝酿当然更早。从政治形势观察，似在唐高宗去世以后。

载初元年（公元 689 年）七月，“怀义与法朗等造《大云经》，陈符命，言则天是弥勒下生，作阎浮提主，唐氏合微。故则天革命称周，怀义与法明等九人并封县公，赐物有差。皆赐紫袈裟、银龟袋。其云大经颁于天下，寺各藏一本，令升高座讲说”。（《旧唐书》卷一百八十三《薛怀义传》）

武则天的尊号也是连连升级。公元 674 年，进号“天后”。公元 688 年四月，加尊号为“圣母神皇”。公元 690 年九月，曰“圣神皇帝”。公元 693 年九月，曰“金轮圣神皇帝”。公元 694 年五月，曰“越古金轮圣神皇帝”。公元 695 年元月，曰“慈氏越古金轮圣神皇帝”，则已登峰造极；“慈氏”就是弥勒。按佛经云：弥勒菩萨姓阿逸多，曰慈氏，生于南天竺婆罗门家，继释迦如来之佛位。先佛入灭，住兜率天之内院。伊四千岁时始下生人间，于华林园龙华树下成佛，善化一切人天，谓之曰“龙华会”。

但值得注意的是，武则天尊号登峰造极后一个月，即公元 695 年二月壬子，“杀薛怀义”。甲子，“罢慈氏越古号”。同年九月，加号“天册金轮大圣皇帝”。公元 700 年五月，“罢天册金轮大圣号”，直至去世不再上尊号。

龙门摩崖三佛规模宏大，三大佛像并列，弥勒居中，在造像中实属罕见。但它的工程却中止了，内中必大有缘故。据我们推测，此项工程可能是由薛怀义、法朗之流主持的，开工于表上《大云经》的公元 689 年，辍于公元 695 年二月，其间是五年半的时间，与工程进展情况暗合。有人认为摩崖三佛刊于唐初，（见常盘大定、关野贞：《“支那”佛教史迹》。水野清一、长广敏雄在《龙门石窟之研究》中认为时代难以判断，可能是初唐。）这是没有道理的。还有人认为造于武则天时期，止于中宗复位。（宫大中：《龙门石窟艺术》）但这期间至少有十五年时间，工程是应该完成的，所以与实际情况不符。

张廷珪《谏白司马坂营大像表》中即指出：则天以来，大兴佛事，“凡所营构，并为灾火所焚。怀义之徒相次伏法而死。自此之后，停寝十年”。（《文苑英华》卷六百二十一）据此可知，自公元 695 年杀薛怀义至公元 705 年中宗复位，大规模国家造像活动是暂告中断的。

龙门的弥勒造像自中宗复位后至唐玄宗时期不再出现，这可能与玄宗初年的禁断妖讹有关。如开元三年（公元715年）十一月十七日敕令云："彼有白衣长发，假托弥勒下生，因为妖讹。广集徒侣，称解禅观，妄说灾祥。……自今以后，宜严加捉搦。"（《文苑英华》卷四百六十五）

## 四、诸武在龙门的活动与《菩萨呵色欲经》

龙门香山寺创建于北魏熙平元年（公元516年），重兴于唐垂拱三年（公元687年），因梁王武三思（武则天之侄）之请而置伽蓝。武则天称帝后，曾率群臣游幸龙门，至香山寺。则天御香山寺石楼，坐朝文武，并命群臣赋诗，用赞大周政权。宋之问诗云："先王定鼎山河固，宝命乘周万物新。吾君不事瑶池乐，时雨来观农户春。"道出了武则天的心声。武则天将赐予左史东方虬的锦袍夺回，转赐宋之问，这就是文学史上著名的"赐夺锦袍"佳话。

龙门东山万佛沟有高平郡王武重规所开洞窟，可分前、后室，皆呈方形，合为"吕"字形。前室宽七点三五米，深六点一七米；后室宽九点四三米，深六点九三米，是万佛洞中最大的佛窟，但未完工。

据李玉昆考证，此洞开凿于"天授元年武重规封高平郡王之后，神龙元年降封高平郡王为郐国公期间"。①

据窟内香山寺上座惠澄法师造像记云："□（大）周之代高平郡王图象尊仪，躯有数十，厥功未就，掩归四大。自兹零露，雨洒尘霑。遂使佛日沉辉，人天福减。惟我香山寺上座惠澄法师伤之叹之、惭之愧之。爰征巧匠，尽取其□，饰雕翠石，焕然紫金。即□身之□□□高□□□□……"（时间为开元十六年二月二十六日。）但武重规何年"掩归四大"，史无明文。

在武则天执政、诸武用事的时期，却有一个固辞官爵，深愿隐居，盘桓于龙门、少室间的人物，这就是武攸绪。武攸绪是武则天之族兄武惟良之子。《新唐书》卷一百九十六云："后革命，封（武攸绪）安平郡王，从封中岳，固辞官，愿隐居。后疑其诈，许之，以观所为。攸绪庐岩下，如

① 李玉昆：《龙门杂考》，《文物》，1980年第一期。

素遁者，后遣其见攸宜敦谕，卒不起，后乃异之。盘龙门、少室间，冬蔽茅椒，夏居石室。……市田颍阳，使家奴杂作，自混于民。……中宗初，降封巢国公……武氏连祸，惟攸绪不及。……开元十一年卒。”

武则天的革命称周，固然博得一部分人的赞叹和拥护，也必然遭到另一部分人的诅咒和反对。在龙门石窟中，这种反对的表示就如同拥护的表示一样，也是通过佛教的形式来表达的。

龙门西山南部山腰中有北市彩帛行净土堂，是一个中型洞窟。窟内造像原应是阿弥陀佛，惜全部不存。这是由一批“晦迹匿肆”的商人凿岩开石所造，“号之曰西方净土”，完工年代是延载元年（公元 694 年）八月。

在怀义等人大肆鼓吹弥勒净土的时刻，该洞造像记则提出“佛国混同，讵有东西之异？”这样一个尖锐的命题，是很耐人寻味的。

在该洞西壁南侧镌刻了《佛说菩萨呵色欲经》（按，此经为鸠摩罗什所译，入《大藏经》卷六），刻经时间为公元 694 年至 704 年之间。

经中有：“女人之相，其言如蜜，而其心如毒。……室家不和，妇人之由。毁宗败族，妇人之罪。实是阴贼，灭人慧明。”经文中将女人比作“枷锁”“牢狱”“蛟龙”“师子”“围”“高罗”“密网”“暗坑”等，可谓极尽咒骂女人之能事。参加刻经的功德主有一百二十四人，内中有沙门（玄景、僧会、净智、净思），有官吏（如宋州司马王知本），有男信士（孟大衣、梁法圆、梁玄景、段神力等），也有众多的女信士（管婆、贺婆、王大娘、冯二娘、贾三娘、杜四娘、朱六娘等）。

在浩如烟海的佛经中专门刻出攻击女人的《佛说菩萨呵色欲经》，在彼时彼地应当认为是对武则天的一种反抗和攻击。僧怀义大唱“女主威服天下”，而僧玄景等斥女人为“阴贼”，无异以毒攻毒，大唱对台戏。

此外，这种攻击武则天的事就发生在神都洛阳的龙门，似乎表明，在武则天当政时代对舆论的统制并非如想象的那样严厉。

总而言之，龙门的神学问题在唐代政治的世俗问题中找到了根由。不过，龙门与武则天有关联的佛教遗迹，只不过是武则天宗教活动的一些片段而已，虽然在这些片段中包含着事物的本质。

# 继承和弘扬祖国中医药文化的宝贵遗产

## 一、关于药方洞的开窟史

药方洞是龙门西山南段的一座大型石窟，也是开窟史比较复杂、学术界颇有争议的一座洞窟。该窟大约始造于北魏孝明帝元诩的后期，初具窟形后，突然中止，还未来得及造像。推测这或许与尔朱荣发动“河阴之役”（公元528年），大杀诸王、公卿两千余人有关。现今洞内南壁内侧上方保存的李长寿妻陈晕造像龛，完工于孝庄帝元子攸永安三年（公元530

药方洞今貌

年）六月十二日，有力地暗示出该窟中止于公元530年之前的情形；而另外三个早期小龛也刻于洞内上部，即孙姬龛（公元534年）、路僧妙龛（公元532年）、道岩龛（公元553年），都说明中止的当年窟底平面较今天为高。换言之，今日所见的窟底平面，是公元553年之后增凿的结果。

今存窟内正壁（西壁）的一佛二弟子二菩萨共五尊大像，窟门外二立柱，二金刚力士，窟门上方的大碑及左右飞天应是同期完成的工程。有人认为这批造像是“北齐完工”，但显然是不可能的，因为立柱打破了北齐武平六年（公元575年）六月邑师道兴造像碑，可知立柱晚于公元575年，而在这之后一年半（公元577年2月），北齐就灭亡于北周了。

依考古学之类型学的比较研究，这铺五尊大像等，大约完工于唐太宗李世民贞观十五年（公元641年）之前，即略早于龙门宾阳南洞正壁的一铺大像。该铺像依“伊阙佛龛之碑”可知，是魏王李泰为追悼亡母长孙皇后所造，完工于贞观十五年（公元641年）十一月。又据药方洞主佛的手印与宾阳中洞主佛释迦牟尼相同，故可推知药方洞主佛应是释迦牟尼佛。

窟门外上方的大碑，今刻《究竟庄严安乐净土成佛铭记》，则补刻于唐高宗李治永隆二年（公元681年）四月二十三日。

## 二、关于都邑师道兴造像碑

“邑社”是在家的佛教徒（居士）自愿组合而成的信仰团体。人数从几人、几十人乃至上万人不等。邑社的头目叫“邑主”，负责戒律纠察等事务的叫“维那”，邑社成员叫“邑子”或“邑人”。邑社礼聘指导佛事活动的僧人叫“邑师”，有时可请若干位邑师，为主的叫“都邑师”。比丘道兴就是他所在邑社的都邑师。他是一位少年出家、佛学知识渊博的人。碑文中说他“八相俱闲，五家具晓”。“八相”即释迦一生八相；“五家”，有人解释为禅宗五派，实乃大误。因禅宗五派形成于晚唐五代，北齐人如何能预知三百多年以后之事！五家是指当时“判教”的一种观点，即把佛理深浅依佛经内容区分为立性宗、破性宗、破相宗、显实宗及法界宗。

相关的僧传中没有道兴的传记，我们对他所知有限。不过，玩味碑

药方洞甬道北侧壁药方拓本

文中字句，似乎可以说，道兴等人认为当时处于“末法”时代。碑文云：“夫金躯西奄，仪像东流。宝像既沉，以表遗化。自非倾珍建像，焉可炽彼遗光。若不勤栽药树，无以疗兹聋瞽。”

佛经云，佛法在经历了“正法”五百年（或曰一千年）、“像法”一千年之后，世界就进入“末法”时代。这是一个“人鬼哀伤，天神悲惨，慧日既隐，苍生昼昏”的无佛法的时代，所以信徒们大造石塔、石像，刊刻石经等以准备后事。由“末法”思潮演化出了隋代信行禅师的“三阶教”。此教在唐代屡禁屡行，后在民间秘传之。

## 三、关于石刻药方的年代

早在清代，金石学家王昶（公元 1724—1806 年）就在《金石萃编》（成书于公元 1805 年）卷三十五中，收录了道兴碑及药方，认为“是言造像、治疾二事”。也就是认为药方是道兴等人所为，是北齐武平六年（公元 575 年）所刻，而稍早的毕沅（公元 1730—1797 年）《中州金石记》亦持此观点。这是他们皆未亲临文物现场作认真观察所得出的错误结论。

最早提出此药方不是北齐所刻，“而应是隋唐之刻石”的是北京大学教授阎文儒先生。笔者在北大就读历史系考古专业，1962 年听阎先生主讲“中国石窟寺艺术”课时，就已闻此观点。先生的论文《龙门药方洞石刻考》先刊于《辽海文物学刊》（1987 年第二期），后又收入专著《龙门石窟研究》（1995 年，书目文献出版社）之中。范行准先生主张药方刻于唐高宗永徽之后（1965 年论文）；丁明德先生主张北齐武平六年至唐高宗麟德元年（公元 575—664 年）前（1979 年论文）。总之，上述三说之共同点，即主张药方不晚于初唐。

稍晚，又有学者发现“疗癖方”及“疗失音不语方”避开了一个小龛。而这小龛依造形观察当是贞观年间所造。这又证明药方似乎也晚于贞观年间。

因此，可以初步判定，药方洞的石刻药方刻于贞观末至唐高宗前期之间，为公元 650 年至 670 年这二十年内。可知“药方”大体与孙思邈（公元 581—682 年）为同一时代。

## 四、为什么把药方刻于佛窟中

众所周知，佛教中常常赞美佛为“医王”；有时，这“医王”又专指“东方琉璃世界”的教主“药师佛”。古印度高僧往往兼攻“五明”（五种学问），“医方明”为五明之一，系指“禁咒闲邪，药石针艾”，也就是医药学的知识。早年来华的西域高僧往往兼通医术。如东汉末年的安世高，就是“洞晓医术，妙善针脉，睹色知病，投药必济”的人物；后赵时的佛图澄，则“有痼疾世莫能治者，澄为医疗，应时瘳损”；北周的宝象，“钞集药方，疗诸疾苦”等。

古代寺院中有的也附设“医所”（诊疗所），备有各种医疗器械及药品等。道宣（公元 596—667 年）所撰《量处轻重仪》二卷，就记述了这些情况。敦煌莫高窟藏经洞内所出大批医药书卷，如《本草经集注》残卷、《新修本草》残卷、《食疗本草》残卷及藏医《火灸疗法》等，也足证寺院对医药之重视。

龙门石窟在北宋熙宁六年（公元 1073 年）也建有“药寮”——“珠渊堂”，就在今禹王池附近。这里的“胜善寺”功德主是文彦博（公元 1006—1097 年），他提供资金，免费为来往行人治病。而在金代，嵩山少林寺也设立“药局”，备常用门余方所需之药，免费为人治病。这是住持僧东林志隆于兴定四年（公元 1220 年）所设，资金由寇彦温等百家施主提供。志隆说，他是模仿“青州故事”；青州希弁和尚（公元 1082—1150 年）是曹洞宗一代大师，他在山东青州时也设有药局。

这样，我们对于佛窟中刻药方，也就不会感到奇怪了。就是说，有一种可能是僧人中知医药者刊刻药方，利益大众，作为一种功德。

但也有另外一种可能，即与三阶教徒有关。他们刊刻药方以备“法灭”之灾。正像北京房山云居寺静琬（？—639 年）大刻佛经以备“法灭”之灾一样，当时人相信“末法”来临了。

总而言之，不管出于何种原因，龙门石窟药方洞总算为后代保存了一批珍贵的古代药方，保存了一部分医药文化遗产。

# 佛足印——龙门石窟发现的神秘图像

## 窄缝现佛足迹

1999年，笔者即将退休，可是心里一直有个疑问没有解开：东山擂鼓台南洞南侧山岩缝隙中似乎有花纹雕刻。伸手去摸明显有感觉，但是缝隙仅仅有十五厘米高，头伸不进去，也看不见。为了弄清真相，约在5、6月间请曹光祥同志细心作了拓片。

拓片显示，这是一幅未完工的佛双足印，长四十八厘米，足跟部宽三十九厘米。（图一）右足轮廓线基本完整，左足只存足跟部，每足前后部各有一个法轮，法轮为两个同心圆，饰以放射状条纹。其形象及风格与南印度纳加尔朱纳康达（Nagar junakonda，印度南部佛教圣地，亦称“龙树穴”）石刻佛足印接近（公元3—4世纪）。（图二）该佛足印脚趾向下，其下部还雕刻有佛塔（Stupa，窣堵波）及护法二狮子。现场考察判断，龙门石窟的这条缝隙原来高度在六十至七十厘米，工匠可以把头伸进去工作，后来遭遇剧烈地震塌方而成如今样貌。与佛足印毗邻的擂鼓台南洞是一座大型洞窟，平面方形，高六米，主尊是密教大日如来佛（擂鼓台南洞的宝冠佛）。（图三）据拙作《龙门唐窟排年》确认，“擂鼓台南洞的完工也在天授年间（公元690—692年）”。该窟同样留有地震遗痕，覆斗形窟顶局部崩坍剥落，前壁南侧崩坍。地震时，正是擂鼓台南洞完工的前夕。该时期确有地震记录载于史籍，《新唐书·五行志》记载，垂拱

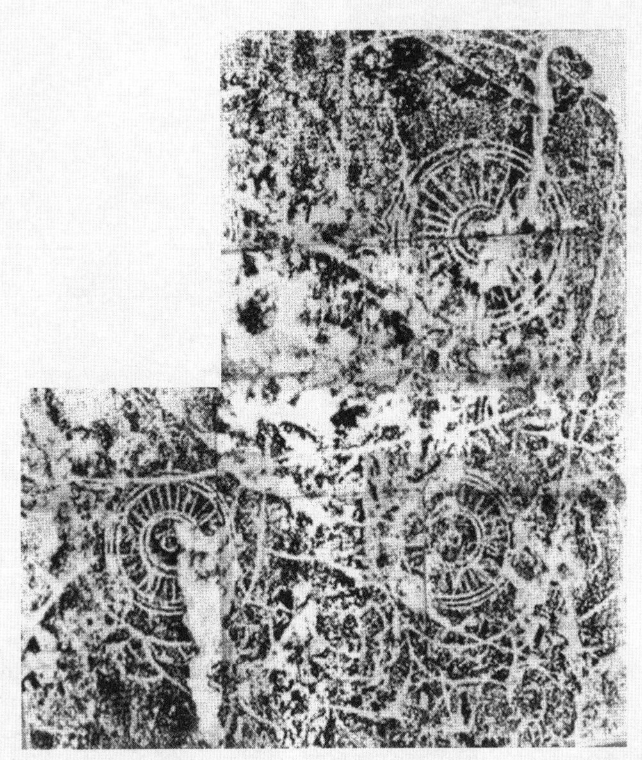

图一　龙门石窟佛足印拓片

图二　印度纳加尔朱纳康达石刻佛足印

四年（公元 688 年）“八月戊戌，神都（洛阳）地震”。

佛足印发现于北印度、南印度、斯里兰卡、巴基斯坦、龟兹（中国新疆）等地。在古代印度，“佛足印”崇拜早于佛像崇拜。其中，在南印度安得拉邦贡土尔县西二十九千米的克里希纳南岸阿马拉瓦提遗址（Amaravati），出土了著名的“妇女礼佛”浮雕，高四十点六厘米，时间在公元 2 世纪中叶。该图就是用“佛足印”代表释迦牟尼如来，有四位妇女以五体投地礼虔诚作礼拜。

1982 年，日本古董商从巴基斯坦西北边境省斯瓦特（Swat）山谷挖掘出大型佛足印雕刻。（公元 2 世纪，即贵霜帝国迦腻色迦大王时代，重二百二十六点八千克。）斯瓦特山谷属于古代乌仗那国（Udyana），是犍陀

图三　擂鼓台南洞大日如来佛

图四　乌仗那国佛足印雕刻

罗雕刻艺术中心之一。此件雕刻是已知年代比较早的佛足印造像。（图四）2015 年辗转日本东京运往美国纽约，拟以一百万美元拍卖，被美国警方查获，并于 2016 年 4 月移交巴基斯坦。

## “万”字纹奥秘

从考古类型学分析，更早的佛足印应该是印度国宝雕刻佛足印。其中一件双脚上的“万”字纹是顺时针旋转；另一件左脚上“万”字纹顺时针旋转，而右脚上“万”字纹逆时针旋转。（图五）斯瓦特山谷佛足印双脚上的“万”字纹是顺时针旋转；纳加尔朱纳康达的佛足印是左脚“万”字纹逆时针旋转，右脚“万”字纹顺时针旋转。在中印度及南印度，“万”字纹正反旋转都表示佛法永存。但是在西北印度、克什米尔及西藏地区，由于苯教（Bot）早已使用（约在公元前 3 世纪）逆时针旋转的“万”字纹，所以佛教只能使用顺时针旋转的“万”字纹了。两者有严格区别，不能混淆。

“万”字（Svastika）符号最早出现于新石器时代，是彩陶器纹饰，

图五　古印度佛足印二种

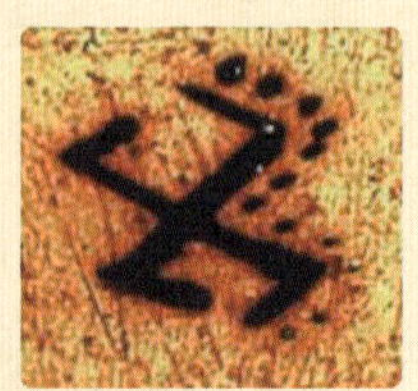

图六　青海宗日文化陶器“万”字纹

广泛分布于亚欧大陆。青海宗日文化陶器上就有“万”字纹，距今四千年以上。（图六）有些学者认为，“万”字符号起源于印度佛教，显然是不正确的。

## 释迦牟尼踏石足迹

玄奘《大唐西域记》中“摩揭陀国·如来足迹石”云：“如来所履，双迹犹存。其长，尺有八寸，广余六寸矣。两迹俱有轮相，十指皆带花文。鱼形映起，光明时照。”慧立《大慈恩寺三藏法师传》云：在摩揭陀国（即今印度比哈尔邦之巴特那），如来临涅槃前所履大方石“石上有佛双迹，长一尺八寸，广六寸。两足下有千辐轮相，十指端有‘卐’字华纹及瓶鱼等，皎然明著”。

20 世纪 80 年代在陕西铜川市玉华山山沟发现佛足印残破石刻，高六十六厘米，宽七十二厘米，大约是原件的三分之一。该石刻脚心部刻千辐轮，大指刻三钴纹，二指刻双鱼纹，四指刻宝瓶纹，五指刻宝螺纹。1999 年，又在玉华寺肃成院遗址出土了佛足印残破石刻的题记部分。题记云：“佛迹记。摩揭陀国波吒釐城，释迦如来踏石留迹。奘亲观礼图。”学者们据此推断这是公元 659 至 664 年间玄奘法师所作取自印度的佛足印。

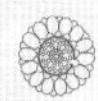

但是，值得注意的是，法显游历印度（公元 399—412 年）时在摩羯提国巴连弗邑（即玄奘所记之“波吒釐城”）参拜，并没有提及佛足印。是否当年还没有雕刻佛足印，不得而知。他指出，在狮子国（今斯里兰卡）王城北及南山顶有“神足”迹。宋代赵汝适《诸蕃志》记载，细兰国“山顶”（亚当峰）“有巨人迹长七尺余”。

玄奘（公元 600—660 年）是洛阳 偃师区府店镇滑城河村人，出家于洛阳城南净土寺。他于贞观十九年（公元 645 年）西游归国后，两次（贞观十九年、显庆二年）上书唐太宗、唐高宗皇帝，请求回家乡少林寺修禅、译经，被两位皇帝婉言谢绝。十三年后，唐高宗在玄奘家乡滑城河村招提寺竖立了王行满书《大唐二帝圣教序》石碑，以示优渥。此碑于乾隆二十五年（公元 1760 年）移至 偃师区城文庙，“文化大革命”中被砸碎，今仅存碑首及碑身局部。据此推测，龙门石窟“佛足印临摹本”完全可能是玄奘法师从印度携回并提供给龙门寺院的。

龙门石窟雕刻的佛足印是我国已知石窟中最早的、玄奘从印度携回的佛足印图像，具有独特的意义。

我们在河南巩义青龙山慈云寺找到了大明天顺四年（公元 1460 年）所刻的《释迦如来双迹灵相图》。（图七）该图“说明”称：这是仿洪武丁卯年（公元 1387 年）长安卧龙禅寺图重刻，“玄奘法师亲往西域求教，亲获瞻礼图归，进呈太宗皇帝。奉敕刻石供养。以广传焉”。据此可知，玄奘归国后此图曾经广泛传播。

经比较发现，两图有较大差别。《龙门图》两个法轮，前脚掌的法轮大（直径十五厘米），后脚掌的法轮小（直径十一厘米），饰以放射状条纹；而《长安图》脚心部法轮直径九厘米，脚跟法轮直径四厘米，饰以莲瓣纹。由于《龙门图》早于《长安图》六百九十九年，所以我们认为《龙门图》更接近玄奘图原型。况且，《长安图》在印度及周边地区从未出现过，它应该是唐代以后中国僧人的艺术再创造。

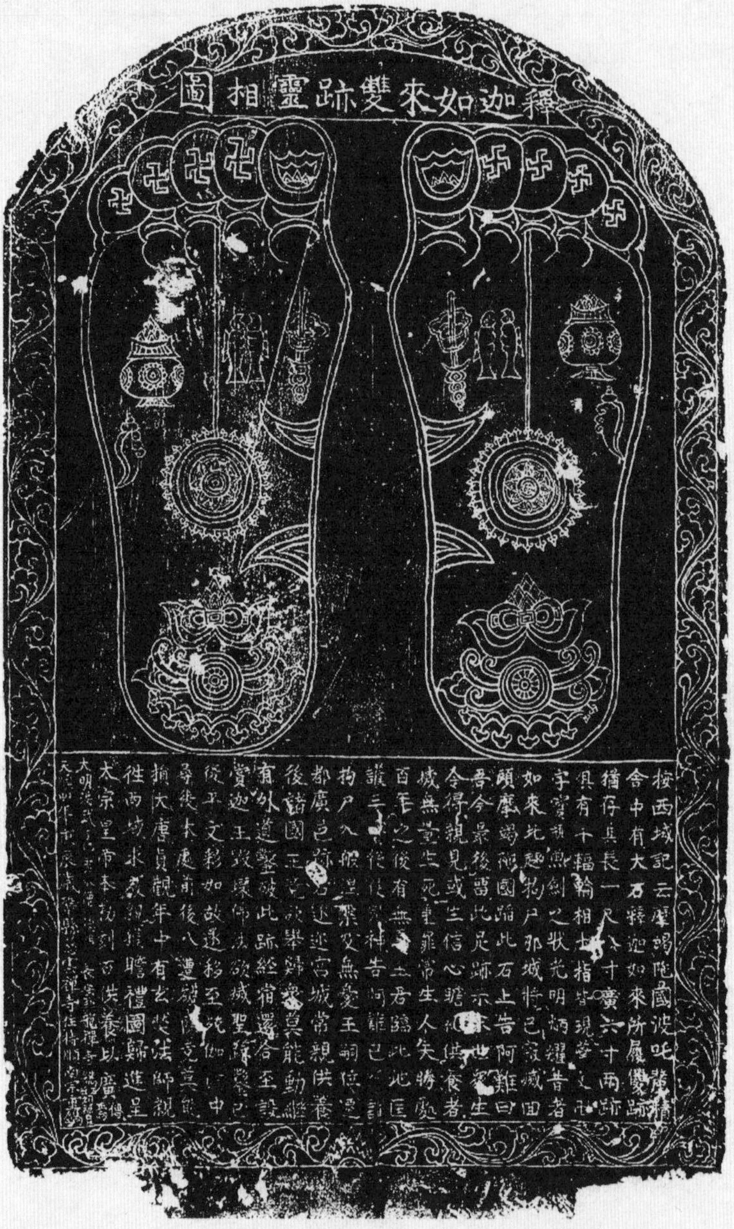

图七　《释迦如来双迹灵相图》拓本

# 唐代龙门十寺考辨

## 一、序论

龙门古称“阙塞”,《左传》昭公二十六年:“晋知跞、赵鞅帅师纳主,使女宽守阙塞。”又名“伊阙”,《水经注》卷十五“伊水”条:“伊水又北入伊阙……水历其间北流,故谓之伊阙矣。春秋之阙塞焉。”早在西晋初年,就有道徒在此“登仙”。《魏书·释老志》:“初,文帝(力微之子沙漠汗)入宾于晋,从者务勿尘,姿神奇伟,登仙于伊阙之山寺。识者咸云魏祚之将大。”沙漠汗入宾洛阳,时在曹魏景元二年(公元261年)至西晋咸宁元年(公元275年)间,则知“伊阙之山寺”之立必在此之前。

北魏太和十七年(公元493年),孝文帝迁都洛阳后,始于伊阙凿窟建寺。杨衒之《洛阳伽蓝记》卷五:“京南关口有石窟寺、灵岩寺。”据研究,石窟寺即今古阳洞,灵岩寺为今之宾阳洞。唐代元和中,伏牛山自在禅师(公元741—821年)“居洛下香山,与天然禅师(公元739—824年)为莫逆之交。所游必好古,思得前贤遗迹,以快逸观。龙门山得后魏三藏(菩提流支)翻经处”,[①]可知龙门有菩提流支译经之寺,惟寺名及地址无考。

至唐大和六年(公元832年),乃号称有“龙门十寺”。大诗人白居

①《宋高僧传》,卷十一,《唐洛京伏牛山自在传》。

易（公元772—846年）于大和六年八月所写的《修香山寺记》中说："洛都四郊山水之胜，龙门首焉；龙门十寺观游之胜，香山首焉。"①在白氏诗文中，可考见的龙门寺院有香山寺、乾元寺、宝应寺、菩提寺、奉先寺、天竺寺和玉泉寺七处。

但是，随着历史的推移，兵车蹂践、烟火焚燎，繁盛帝都化为灰烬。至元末，龙门山寺已荡然无存。萨都喇（公元1308—？）游龙门后在《龙门记》中写道："（龙门）旧有八寺，无一存者。但东崖巅有垒石址两区，余不可辨。有数石碑，多仆，其立者仅一二，所刻皆佛语，字剥落不可读，未暇详其所始。"②萨氏游龙门，约在至正年间，即14世纪40年代，已宣称龙门旧寺无一存者。③

降至明、清，不仅十寺荒残，甚或连十寺名称也聚讼纷纭。兹列表说明各家持论之异如后。（表一）

**表一　各家所论的龙门十寺**

| 年代 | 作者 | 龙门十寺 | 文献 | 简评 |
|---|---|---|---|---|
| 公元1779年 | 施诚 | 香山寺、奉先寺、广化寺、天竺寺、乾元寺、宝应寺、石窟寺、灵岩寺、嘉善寺、崇训寺。但疑嘉善寺即敬善寺。 | 《河南府志》，卷十五，《古迹志》 | 石窟寺、灵岩寺是石像龛，嘉善寺、崇训寺不见于唐人诗、文中。 |
| 公元1870年 | 路朝霖 | 同上。 | 《洛阳龙门志》 | 同上。 |
| 1935年 | 关百益 | 寺名同上，但说奉先寺亦曰龙华寺，又名天竺寺。说石窟寺即宾阳洞。 | 《伊阙石刻图表》 | 将奉先寺与天竺寺混一，只余九寺。石窟寺应是今古阳洞。 |
| 1941年 | 水野清一、长广敏雄 | 香山寺、奉先寺、广化寺、天竺寺、菩提寺、敬善寺、玉泉寺、龙华寺、灵岩寺 | 《龙门石窟之研究》 | 龙华寺已并入奉先寺，只余八寺。将敬善寺石龛、大卢舍那像龛当作寺院。 |

①《白氏长庆集》，卷六十八，《修香山寺记》。
② 萨都喇：《龙门记》，转引自《河南府志》，卷八十四，《艺文志》。
③《新元史》，卷二百三十八。

有关龙门十寺的条目，首见于《洛阳县志》。《洛阳县志》由路敬夫创修于明嘉靖戊子年（公元 1528 年），崇祯间有增补。继由武攀龙重修于清顺治戊戌年（公元 1658 年），但日久多脱简。今存者为龚崧林于清乾隆十年（公元1745年）所修的《洛阳县志》、施诚于乾隆四十四年（公元 1779 年）纂修的《河南府志》，称武攀龙所修者为《旧洛志》。《河南府志》卷十五《古迹志》云：“后魏所建龙门八寺见于《伽蓝记》者惟有石窟、灵岩二寺。余六寺见于《旧洛志》，曰乾元、曰广化、曰崇训、曰宝应、曰嘉善、曰天竺，而奉先、香山不与焉。然奉先、香山据《旧洛志》亦建于后魏，则八寺外益以奉先、香山则为十寺。故居易记曰龙门十寺香山为冠。”

龙门十寺是一个关系到魏、唐以来佛教史和文学史的问题，也是一个涉及中外关系史的问题。笔者通过实地考察和研读史料，可以确定唐代的龙门十寺是香山寺、奉先寺、宝应寺、乾元寺、天竺寺、菩提寺、广化寺、敬善寺、玉泉寺和胜善寺。（图一）兹分别介绍如下。

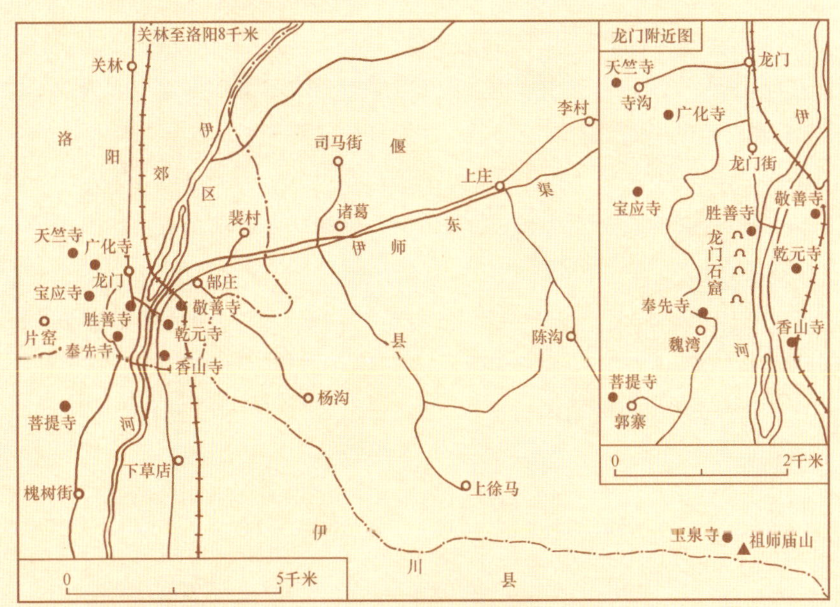


图一 唐代洛阳龙门十寺分布图

## 二、香山寺

香山寺创建于北魏熙平元年（公元 516 年）。宋人陈振孙所作《白文公年谱》称："（香山）寺在龙门山后，魏熙平元年建。"此说应是可靠的。因为禅宗二祖慧可（公元 487—593 年）即"出家依龙门香山宝静禅师得度具戒"。他约于四十岁时（公元 526 年）始入嵩山，投菩提达摩为师，[①] 则可知公元 526 年之前香山寺已存在了。

香山寺的重兴，在唐垂拱三年（公元 687 年）之后。《华严经传记》卷一载，中天竺国三藏法师地婆诃罗，"爰以永隆初岁，言届京师……以垂拱三年十二月廿七日……无疾而卒于神都（洛阳）魏国东寺……香花辇舆瘗于龙门山阳，伊水之左。门人修理灵龛，加饰重阁，因起精庐其侧，洒扫供养焉。后因梁王［即武三思，武则天之侄，受封于天授元年（公元 690 年）九月］所奏，请置伽蓝，敕内注名为香山寺。危楼切汉，飞阁凌云，石像七龛，浮图八角。驾亲游幸，具提诗赞云尔"。据此，则知香山寺在龙门东山南部。此处原有一处废寺，是地婆诃罗的门人修理灵龛（即"石像七龛"）、加饰重阁（即"飞阁凌云"）之后，经武三思奏请而重设伽蓝的。

武则天称帝后，曾率群臣春游香山寺，命群臣赋诗，讴歌武周政权，流传着"赐夺锦袍"的诗坛佳话。神龙元年（公元705年）十月亦曾"幸龙门香山寺"。[②]

三藏法师玄奘大弟子文雅（公元 613—696 年）死后，于万岁通天元年（公元696年）七月二十五日"燔于龙门香山寺北谷，便立白塔"，[③] 今塔已无存。长庆初年，新罗国使金柱弼偕沙门无染来唐后，曾上香山寺向如满禅师问禅法。

白居易晚年退居洛阳履道里，常幽栖于香山寺中。大和六年（公元

---

①《续高僧传》，卷十六，《慧可传》。

②《旧唐书》，本纪第七。

③ 宋复：《大周西明寺故大德圆测法师佛舍利塔铭并序》，《金石萃编》卷一百四十六。又据该《塔铭》载：圆测的在京学徒西明寺主慈善法师、大荐福寺胜庄法师曾从香山葬所分骸一节，盛以宝函石椁，别葬于长安终南山丰德寺东岭上。北宋政和五年（公元 1115 年）四月八日，同州龙兴寺广越法师将丰德寺供养者迁葬于兴教寺玄奘之左，创起新塔，与窥基塔规范无异。

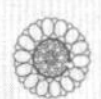

832年），他为好友元稹撰墓志获酬六七十万贯，施修香山寺。“虽一日必葺，越三月而就。”会昌六年（公元846年）白居易卒，“遗命不归下邽，可葬于香山如满禅师塔之侧。家人从命而葬焉”。[①]

香山寺的残破大约在唐末五代之间。陶谷（公元903—970年）在后周广顺三年（公元953年）所见到的龙门白公祠已成荒祠，“岁月未积，栋宇将坏”，陶谷乃重修白乐天影堂，以供拜谒。[②]

北宋时，对香山寺又略加修整。宋人梅尧臣、司马光、蔡襄、范纯仁等都有吟咏香山寺的诗篇，尤以登香山寺石楼为乐，“石楼临晴空，南眺出千里”。[③]金末元好问（公元1190—1257年）登石楼时感慨：“石楼绕清伊，尘土无所限。人言无僧久，草满不复刬。”[④]香山寺又呈荒芜景象了。

但是，直到元代前期，香山寺仍然存在。刊于1296年阎复所撰《嵩山大法王禅寺第九代复庵和尚塔铭并序》一文中，记载复庵圆照（字寂然，公元1026—1283年）的“嗣法小师”中，就有“香山寺住持福海”。另外还记载了复庵的“法弟”——“奉先寺首座圆敏”。[⑤]

元末以来，香山寺不再见于史乘。明代郑安作《伊阙观澜亭记》，叙述天顺辛巳年（公元1461年）太守虞廷玺等游龙门，只言“浮小舟之八节滩，过东山，吊唐居士白乐天墓”，而未言及香山寺，暗示该寺已不复存在。

清代在唐乾元寺旧址重修香山寺是康熙四十六年（公元1707年）三、四月间的事。由学政汤右曾、知府张王、知县吴徽𪊲出资倡修，费时三十八日，修亭五间、正殿三间、白公祠堂三间，请履公为住持，檀越施田百余亩。乾隆十五年（公元1750年），高宗弘历巡游的香山寺，正是这座清代的香山寺。

唐代香山寺遗址在龙门东山南端擂鼓台东侧，今洛阳轴承厂疗养院及其西北面山坡间。

---

①《旧唐书》，卷一百六十六，《白居易传》。

② 陶谷：《龙门重修白乐天影堂记》；龚崧林纂：《重修洛阳县志》，卷十四，《艺文志》。

③ 司马光：《龙门》诗，引自路朝霖《洛阳龙门志》，同治九年（公元1870年）刊。

④ 元好问：《龙门杂诗二首》，引自《洛阳龙门志》，同治九年（公元1870年）刊。

⑤ 阎复：《嵩山大法王禅寺第九代复庵和尚塔铭并序》刊于元贞二年（公元1296年），今存登封北法王寺旧址内。福海（公元1242—1309年）也曾住持过山东长清灵岩寺。（《新续高僧传》，卷六十一。）

该遗址北依香山，南临伊河。主轴线方向南偏西约十五度，在疗养院二号楼迤北，南北长二百五十米。自南向北，现存三级逐步升高的台地。第一层台地（即二号楼所在的平面）南北长一百一十五米，东西阔七十至五十米不等，因风雨剥蚀，形成七条南北向的冲沟。除此之外，南北部分高差仅二至三米。第二层台地南北长二十五米，东西阔五十至二十五米不等。第三层台地南北长三十五米，东西阔九十至五十米不等。在第三台地以北与香山间，第二层台地和第一层台地间，均有宽窄不等的几条过渡带，每条宽约七至九米。

在主轴线以西的第一层台地两侧，即疗养院一号楼附近，有大约一百米见方的一块坡地，可能是香山寺的西院。一、二号楼相距一百米，一号楼以西和二号楼以东均为山谷，构成香山寺的自然边界线。（图二）

在香山寺遗址发现的遗迹共有三处：两处夯土台和一座房基。在第二层台地北侧有夯土台基一处，南北长十米，东西宽十五米，残高一点二至一点四米。在第三层台地北侧亦有夯土台基一处，南北长二十二点五米，东西宽二十七点五米，残高一点二米。两夯土台基的中心线都与主轴线吻合。

在遗址的三层台地上都发现有大量的布纹板瓦、灰色大筒瓦、米字纹

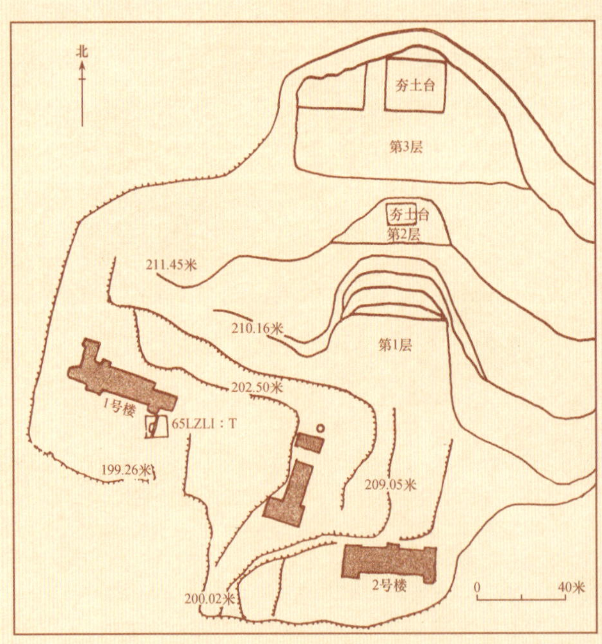


图二　香山寺遗址平面图

方砖、莲花纹圆瓦当等遗物。在一号楼北山坡间还发现残石兽雕刻一块。

房基遗址是1965年3月至5月间试掘时发现的。（图三）在一号楼南二至四米处开挖五米乘五米探方四个，因在第三层发现房基，后将探方扩大为十二米乘十四米。

从探方断面可知，该处的地层堆积比较简单，共划分三层。

第一层厚零点二至零点六米，黄褐色土，掺杂有黄土结核碎块、砾石碎片等，可能是山上洪水冲刷淤积而成。包含物有唐代碎砖破瓦，宋至现代瓷片、铁钉等。这是被扰乱过的耕土层。

第二层厚零点三至零点五四米，黄褐色土，掺有少许黄土结核、红烧土碎块，土质较硬。包含物有唐代板瓦、筒瓦、碎砖，少许泥质灰色陶器残片、铁器、瓷片、铜钱。出土的铜钱，除一枚五铢外，都是唐宋铜币，如“开元通宝”“景福元宝”“天圣元宝”“绍圣元宝”“崇宁重宝”等，共十三种计二十余枚。

在本层位上层出现铺以碎石的土路一段，宽二点二五米，残长五点二五米，厚零点一五至零点二米，走向为西南—东北，时间略晚于宋代。该土路的西侧发现砖砌圆坑一个，外径零点九八米。

第三层厚零点二至零点五米，红褐色土，土质较松软。其下即是生土及山石。本层发现房基一座，房内有烧土碎块、草灰土、黑煤土、碎木炭及大量碎砖破瓦堆积物。

图三　香山寺建筑遗址

房基的纵轴方向是二百九十度，长方形，面阔十一米，进深不详。居住面为红烧土面，土质坚硬，厚零点一至零点一五米。该房以夯土墙为壁，厚零点四五米。房前有宽一点一米的前廊，前廊地面由砖平铺砌成，廊外有散水坡。房正中为门道，门外是坡形台阶。在前廊南端转角处，有方形石柱础一块（边长零点六米，厚零点二五米）。屋内地面上有石莲花佛座一个，石柱础、石块四个。从石莲花佛座和铺地方砖可断定该房基为唐代遗迹。（图四）

香山寺的平面布局，依遗址地势观察，似呈矩尺形。重阁和危楼应在第二、三层台地上。地婆诃罗的八角浮图、如满师塔等，似应在西院西北角山麓台地上。石像七龛应在寺院东侧，即白居易记述的东佛龛。著名的建筑石楼及其下方的石盆泉遗迹均未发现，但石楼应在山腰部位，方可“南望出千里”。总而言之，香山寺的平面布局，有待进一步考古发掘才能搞清。

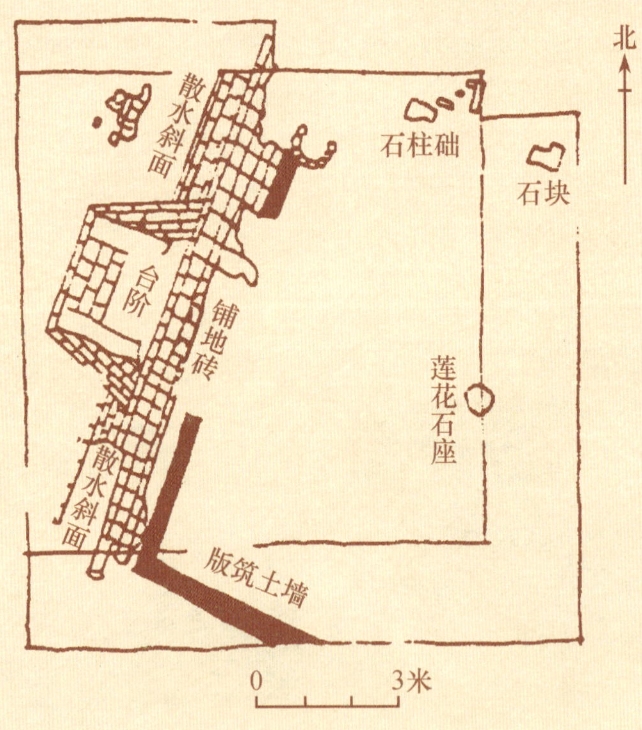


图四　香山寺建筑遗址平面图

## 三、奉先寺

奉先寺创立于唐高宗调露元年（公元 679 年）。雕刻于龙门大卢舍那佛座北侧的《河洛上都龙门山之阳大卢舍那像龛记》云："调露元年己卯八月十五日，奉敕于大像南置大奉先寺。简召高僧行解兼备者二七人，阙即续填，创基住持，范法、英律而为上首。至二年正月十五日，大帝书额。前后别度僧一十六人，并戒行精勤，住持为务……"

但是，开元十年（公元 722 年）春，"伊水泛涨，毁城南龙门天竺、奉先寺，坏罗郭东南角。平地水深六尺以上……屋舍树木荡尽"。[①] 同年十二月五日，"敕旨：龙华寺宜合作奉先寺"。这就是说，大水毁掉奉先寺的建筑物后，朝廷即下令将附近高处的一座龙华寺合并到奉先寺中，取消了龙华寺的建制。龙华寺可能是建于北魏的一座古老寺院，龙门药方洞南壁东侧上方有一则造像记云："天保二年（公元 551 年）三月廿□日，龙华寺比丘……含生，值佛闻法……菩……"但据《洛阳伽蓝记》载，洛阳城中还有二座名"龙华寺"者，故不可骤断在此药方洞造像者就是龙门的龙华寺比丘。

开元二十四年（公元 736 年），大诗人杜甫写下《游龙门奉先寺》一诗。诗云："已从招提游，更宿招提境。阴壑生虚籁，月林散清景。"过去常有人把大卢舍那像龛同奉先寺混同，显然是错误的。"阴壑""月林"不是大卢舍那像龛所能有的景色。

唐代禅宗北宗七祖义福（公元658—736年）卒后，葬于奉先寺北岗。[②] 此塔名曰福公塔，在唐宋时代很有名。唐代刘长卿在《龙门八咏》中就有咏《福公塔》一诗。义福的女弟子优婆夷未曾有（公元 717—738 年）卒后，亦葬于福公塔侧。[③]

---

①《旧唐书 · 五行志》。

② 严挺之:《大唐故大智禅师碑铭并序》,《金石萃编》，卷八十一。但《旧唐书》卷一百九十一载义福"葬于伊阙之北"，实际是葬于伊阙奉先寺之北，而奉先寺在伊阙之南，故《旧唐书》记述有误。又据《八琼室金石补正》卷五十五所收杜昱撰《大唐故大智禅师塔铭》载，义福卒后，"迁神于奉先寺之西原起塔守护，礼也"。从而可知，福公塔应在奉先寺之西北。

③《八琼室金石补正》，卷五十六。

开创唐代密宗的开元三大士之一南天竺僧金刚智（公元669—741年）卒后，“至天宝二年（公元743年）二月廿七日，于奉先寺西岗起塔”。永泰元年（公元765年），经不空之请，代宗赐金刚智塔额曰：“东京龙门故开府仪同三司大弘教三藏塔。”[①]自此，常有密宗金刚界的法裔祔葬于这座祖师塔附近。如宝历元年（公元825年），唐东都临坛开法大德如信（公元750—824年）“迁葬于奉先寺，祔其先师塔庙”。开成元年（公元836年），东都十律大德、大圣善寺钵塔院主智如（公元749—834年）“迁祔于奉先寺祖师塔西而建幢焉”。[②]

大中十年（公元856年）正月十三日，日本国圆城寺僧圆珍（智证大师，公元814—891年）“与圆觉等，回至龙门西岗，寻金刚智阿阇梨坟塔，遂获礼拜，兼抄塔铭。便于伊川东边，望见故太保白居易之墓”。[③]陪同圆珍参拜金刚智坟塔的圆觉，很可能就是奉先寺上座圆觉。[④]

北宋至元代前期，奉先寺仍香火不绝。文彦博（公元1006—1097年）有诗《题龙门奉先寺兴禅师房》《寄题龙门临伊堂兼呈奉先寺兴公》等。[⑤]司马光（公元1019—1086年）亦曾游奉先寺、登华严阁。[⑥]张耒（公元1054—1114年）有《奉先寺》诗，称：“荒凉城南奉先寺，后宫美人官葬此。角楼相望高起坟，草间陌下多石人。秩卑焚骨不作冢，青石浮图当邱坟。家家坟上作飨亭，守门相问无人声……”由此可知，北宋时期奉先

---

①《贞元释教录》，卷十四。

② 白居易：《如信大师功德幢记》《东都十律大德大圣善寺钵塔院主智如和尚荼毗幢记》，分别见于《白氏文集》，卷六十八、六十九。

③ 圆珍：《行历抄》，转引自冢本善隆《“支那”佛教史·北魏篇》。

④ 在龙门唐字洞外北侧有一摩崖刻碑，残存碑文如下：“东京……巨象□须弥山□□超……论无异□□若天地……此龛无替。铭曰：清□寺□……乐业……郡救苦□□哉。顾公□崔公芳……检校僧□奉先寺上座圆觉……天竺寺上座法濬□□寺上座……和……年……月……”该碑称洛阳为“东京”，显系唐碑，年号为“□和”。在唐代，有“和”字的年号有延和、元和、大和、中和诸号。但延和（公元712年）、元和（公元806—820年）时洛阳不称“东京”，中和（公元881—885年）时黄巢军已入洛，不可能有检校寺龛之举，故此处年号应是大和（公元827—835年）。此时的“奉先寺上座圆觉”可能就是在公元856年陪同圆珍参拜奉先寺的那位圆觉。

⑤ 路朝霖：《洛阳龙门志》。

⑥《邵氏闻见录》，卷十一，中华书局，1983年。

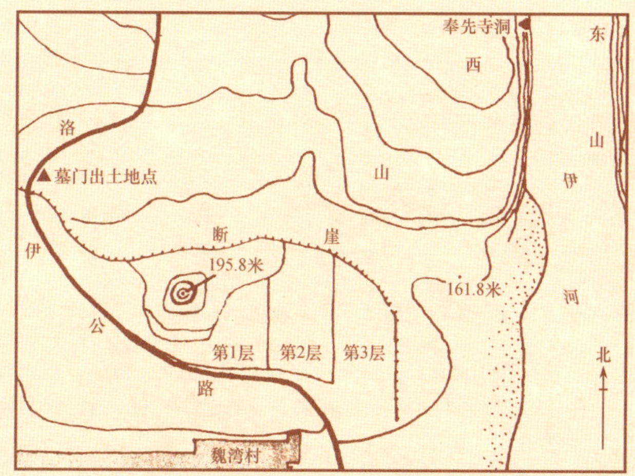


图五　奉先寺遗址平面图

寺附近已成坟场，甚为荒凉。①

元代奉先寺首座圆敏禅师，与嵩山法王寺住持圆照同是曹洞宗大师万松行秀（公元1166—1246年）的弟子，则知元代的奉先寺传曹洞宗禅法。元末以来，奉先寺不再见于史乘或石刻资料中。

唐代奉先寺遗址位于龙门西山南端，今魏湾村以北，坐西朝东，主轴线东偏南二十度。（图五）遗址被洛伊公路分成南北两部分，北半部地势较高，似为佛殿位置；南半部地势较低，似为僧舍位置，但已被现代建筑破坏，无可考察。

北半部最西岗阜，海拔一百九十五点八米，有夯土台基。从此向东，有三级递降的台地，第三级台地的东边缘距伊河岸边约一百九十米。北半部东西总长约四百米，南北宽约二百五十米。它的北边缘是冲沟形成的断崖，与龙门石窟隔沟相对，形成天然界限。它的南边缘也是一条冲沟。

第一级台地呈不规则形状，南北向最宽处一百四十米，东西向最长处二百二十四米。西端是一岗阜，岗阜上有夯土台基一处，平面略呈椭

①《重修洛阳县志》，卷十九，《艺文志》。又据《邵氏闻见录》卷一载：“太祖登极未久，杜太后上仙，初从宣祖葬国门之南奉先寺。”

圆形，残高约十米，东西宽十五米，南北宽十三点五米。台基四周绕以围墙，平面呈六角形。墙基厚二点二米，残高三米左右，为版筑黄土墙，保存较好。该墙东西距离四十七米，南北距离四十三米。从航空摄影的照片上，可以清晰地看到台基及围墙。（图六）

第二级台地低于第一级台地约七米，南北宽约二百五十米，东西长八十四至一百六十八米不等。

第三级台地低于第二级台地约四米，南北宽约二百五十米，东西长七十五米。

在第二级台地与第三级台地相交的断崖上，距地表深一至一点五米处叠压有大量唐代砖瓦。在该断崖上所挖的一个土窑内，距地表二点五米处发现东西走向水管道一段。水管为瓦制，内外两层扣合，内径零点二八米，外径零点三四米。

在奉先寺遗址各处，散布着大量的唐代砖瓦和宋元瓷片。（图七，1）

雕砖残长二十厘米，残宽十二厘米，厚五点五厘米，泥质，浅灰色，侧面雕出莲花纹，上下两面均有凝固的石灰浆。这应是砌于建筑外表的构件，采集自第一级台地围墙外。

板瓦，按弯曲度大小可分为三种：大板瓦，泥质灰色，表里均为素面，残宽二十一厘米，曲向残长三十厘米；中板瓦，泥质灰色，表为素面，面涂黑色，残宽十四厘米，曲向残长二十四厘米；小板瓦，泥质灰

图六　奉先寺遗址与奉先寺俯瞰图

色，表为素面，里为粗布纹，残宽十五厘米，曲向残长十七厘米。

瓦当共四种，泥质灰色兽纹圆瓦当（边宽二厘米，厚一点五厘米，直径十六厘米）、泥质灰色莲花纹圆瓦当（边宽一点八厘米，厚一点三厘米，直径十三点五厘米）、泥质灰色莲花纹小圆瓦当（边宽一点三厘米，厚一点七厘米，直径十厘米）和泥质灰色三角形瓦当（残长十厘米，残宽六厘米，刻出羽毛形状，参见。（图七，2）

此外，还采集有唐三彩器物残片、灰砂红陶瓮底残片、印花开片青瓷残片、淡蓝釉瓷盘残片等。

据施诚纂《河南府志》卷一百零八《金石志》载，奉先寺曾出土《唐辩正禅师奉先寺塔铭》，徐现书，惜清代已佚。

1981年春，某部队在奉先寺遗址西北靠近洛伊公路东侧平整地面时，出土了石制墓门一扇。石墓门呈长方形，高一百三十三厘米，宽一百四十四厘米，厚十二厘米，门框部分厚十四厘米，门边厚十七厘米。墓门系由整块青色石灰岩雕成，正面遍刻乳钉，（图七，3）上起第二排乳钉下刻锁一把。门框上刻半破二方连续曲波纹、花卉和飞鸟等。门框的左右下角用阴线刻出合十供养比丘各一人，高二十厘米。左下角者题榜曰“门人僧光德”，（图七，4）右下角者题榜曰“门人僧道俨”。第一排乳钉下刻出左右对称的天王，高十二厘米，宽十六厘米。天王盘坐，唇髭明显，上体裸露，手腕、足腕皆戴镯，手托宝剑。第二排乳钉下刻出左右对称的飞天，高八厘米，宽十五厘米。飞天高发髻，上体裸，佩项圈，手托果盘。有羽翅，出于腋下，遮去腿部。第三排乳钉下刻出左右对称的老者，高十二厘米，宽十厘米。戴幞头，长髯，一手抚膝，一手举胸前，盘坐。第四排乳钉下刻出左右对称的狮子，高十二厘米，宽十七厘米，右侧者较小，皆张口瞪目，举爪，鬃毛卷曲。

这墓门显然是一位高僧地宫的一部分。石门上的雕刻，具有典型的盛唐风格。

从现存的奉先寺遗址来观察，第一级台地西端的夯土台基处于全寺最高的位置，似是华严阁的遗迹。《邵氏闻见录》卷十一载：“司马温公居洛……尝同范景仁游嵩山。由轘辕道至龙门，游奉先诸寺，上华严阁、

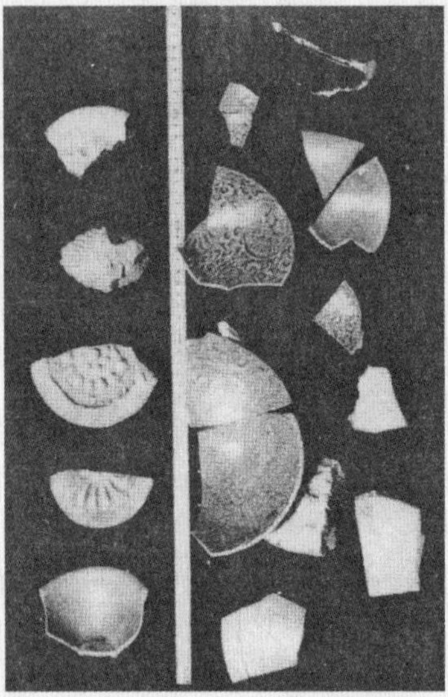

图七　奉先寺遗址出土文物

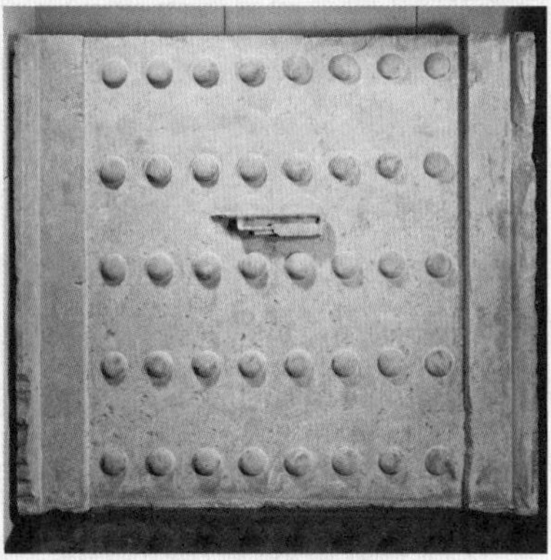

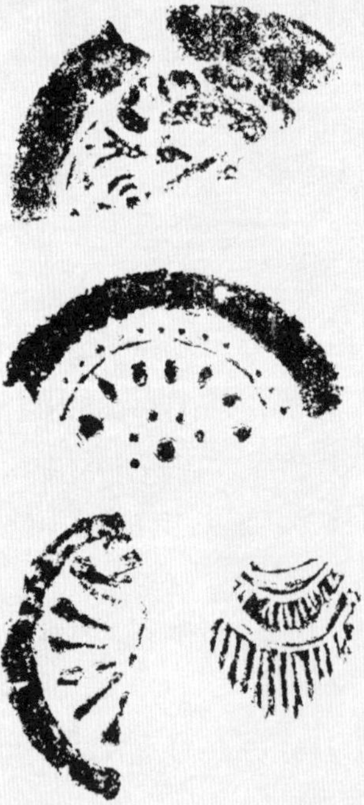

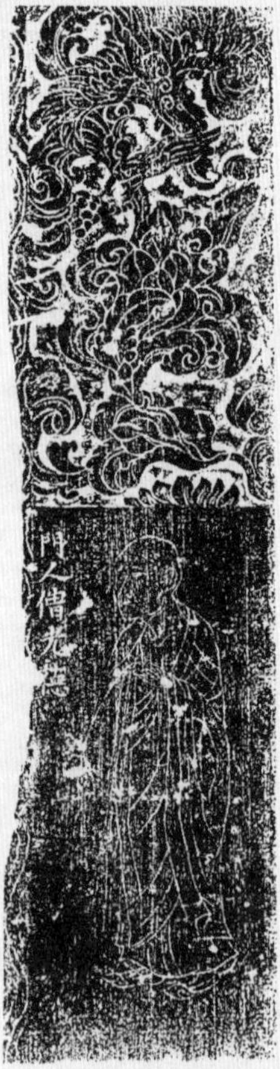

1. 陶片与瓦当 2. 瓦当拓片 3. 石墓门 4. 墓门雕刻拓片

千佛岩，寻高公堂。”[①] 据此，北宋时华严阁尚存，不知毁于何时。

奉先寺西北出土的石墓门，似是大智禅师义福的墓门。“门人僧光德”很可能就是大照禅师普寂（公元651—739年）的弟子广德。[②] 普寂和义福都是神秀的弟子。在唐代，禅宗北宗尊神秀为六祖，普寂、义福并立为七祖。因此，广德可以同时师事普寂和义福。

义福的葬礼极为隆重，送葬者达数万人。太尉房琯、兵部侍郎张钧、中部侍郎严挺之、礼部侍郎韦陟常等皆执弟子之礼。[③]

福公塔不知毁于何时，金刚智塔的位置尚未发现。

## 四、宝应寺

龙门山宝应寺不知创建于何年。唐宝应元年（公元762年），代宗以雍王李适为天下兵马元帅。是年冬十月，击败史朝义，收复洛阳。彼时，各地以“宝应寺”命名者甚多。

《宋高僧传》卷八《洛京菏泽寺神会传》云：“（神会于）上元元年嘱别门人……其夜示灭，受生九十三岁矣，即建午月十三日也。迁塔于洛阳宝应寺，敕谥大师曰真宗，塔号般若焉。”依此，上元元年（公元760年）宝应寺就已存在了。

权德舆《唐故宝应寺上座内道场临坛大律师多宝塔铭》云：“大师讳圆敬，姓陈氏，河南陆浑人……代宗朝征入内道场。累诏授兴善、安国、宝庆等寺纲首，又充僧录，寻授宝应寺上座，赐律院以居……”[④] 圆敬（公元729—792年）圆寂后，弟子灵湊等为他建了一座多宝塔。

白居易曾明确指出宝应寺的地理位置。他在《唐东都奉国寺禅德大师照公塔铭并序》中写道：“（神照，公元776—838年）以开成三年冬十二月，示灭于奉国寺禅院，以是月迁葬于龙门山。明年……卜兆于宝应寺荷泽祖师塔东若干步窆而塔焉，示不忘其本也……伊之北西，洛之

---

①《邵氏闻见录》，卷十一，中华书局，1983年。

②《邵氏闻见录》，卷十一，中华书局，1983年。

③《宋高僧传》，卷九，《唐京兆慈恩寺义福传》。

④《文苑英华》，卷七百八十五。

南东，法祖法孙，归全于中。旧塔会公，新塔照公，亦如世礼，祔于本宗。”[①]可知宝应寺在伊阙之西北一带。

神会是禅宗南宗的七祖，所以南宗的法子法孙多葬于宝应寺，神照即是其一。

唐武宗毁佛事件后，唐宣宗初复佛法，统左禁军杨汉公访求沙门知玄入宝应寺。知玄（公元 811—883 年）很得唐文宗、宣宗崇信。[②]

北宋时，西京广爱寺普胜（公元 917—979 年）善讲《唯识论》，宋太祖赐号“宣教法师”，葬于龙门山宝应寺西阜。[③]

宝应寺僧义从（公元 971—1033 年）善讲《百法论》及《弥勒上生经》，卒于寺中。[④]

彭城人刘用元（公元 1000—1061 年）曾于龙门山宝应寺、奉先院、西京遐庆院、白马寺四处设平等大会各一次。[⑤]

北宋末期，宝应寺出了一位“白云和尚”孔清觉（公元 1043—1121 年）。他于大观二年（公元1108年）移居杭州白云庵，创立佛教异端“白云宗”。其说专斥禅宗，颇得下层民众信仰，朝廷屡加禁止，无效，至元代仍有信徒传播。[⑥]

金代的宝应寺香火大盛。见于诗人吟咏者即有魏博霄的《次田若虚游龙门宝应》、赵元的《早发宝应龙门道中有感》、张子羽的《宿宝应》等。[⑦]张子羽在诗中写道：“重岩烟霭合，宝阁春风暮。山深月影迟，坐久识归路。”生动地描绘了坐落在群山之间的宝应寺的自然环境。

木庵性英（字粹中）曾做过宝应寺住持，他与元好问是结交四十年的诗友，《木庵诗集》就是元好问作序。兴定六年（公元 1222 年）镌刻的《重修面壁庵记》（李纯甫撰，在少林寺初祖庵）就是由宝应寺住持木庵性英书、前宝应寺住持定迁禅师等施银助缘的。

---

①《白氏文集》，卷七十一。

②《宋高僧传》，卷六，《知玄传》。

③《宋高僧传》，卷二十八，《普胜传》。

④《八琼室金石补正》，卷八十二。

⑤ 见“刘用元墓幢”，今存洛阳市孙旗屯乡马营村。

⑥《释氏稽古略》，卷四；《佛祖统纪》，卷四十六。

⑦ 路朝霖：《洛阳龙门志》。

图八　宝应寺神会禅师墓遗址

元初，宝应寺得到少林寺僧藏云慧山（公元 1243—1308 年）的“护持”。少林寺住持还原福迂（公元 1245—1313 年）也曾为宝应寺的住持。慧山是万松行秀的法孙、雪庭福裕（公元 1203—1275 年）的弟子。福迂是福裕的法孙、中林智泰（？—1290 年）的弟子。由此可见，金末以来宝应寺传曹洞宗禅法。元末以来，宝应寺不复见于史乘。

龙门山宝应寺遗址是 1983 年 12 月发现的。它位于龙门西山北段的西侧，在群山环抱的山沟里，现在是洛阳市粮食仓库。其地理环境与文献所载完全一致。

粮食仓库工人在平整场地时，于水塔西南二十米处发现了一座古墓，这就是著名的禅宗南宗七祖神会（公元 684—758 年）墓。（图八）出土由门人比丘慧空所撰塔铭《大唐东都荷泽寺殁故第七祖国师大德于龙门宝应寺龙岗腹建身塔铭并序》。

该墓南北向，土圹东西宽三百一十厘米，南北长二百四十厘米左右。内为石椁，用十三块青石板构筑而成，石椁高一百二十厘米，宽一百一十三厘米，长一百二十五厘米。《塔铭》就刻在东壁上部第一块石板上。

石椁内出土的珍贵文物有鎏金铜塔式罐、铜净瓶、银盒、黑釉陶钵等。

宝应寺遗址是一块东西长约四百米、南北宽六十至一百四十米的狭长地段，主轴线为东西向，自西向东可分为递降的三级台地。神会墓位于最东一块台地的中心部位。（图九）在神会墓西北高岗处，发现有砖铺地面，采集到莲瓣纹圆瓦当、网格纹大方砖（长、宽均三十四厘米，厚五点五厘米）以及厚约六点五厘米的残砖等。（图十）遗址南侧，有温泉一口。

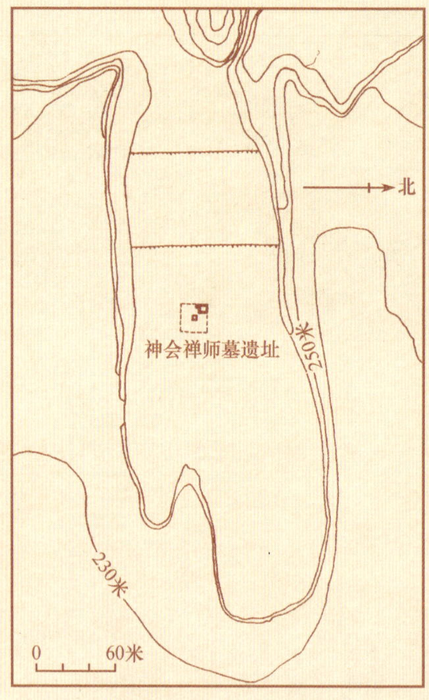


图九　宝应寺遗址平面图

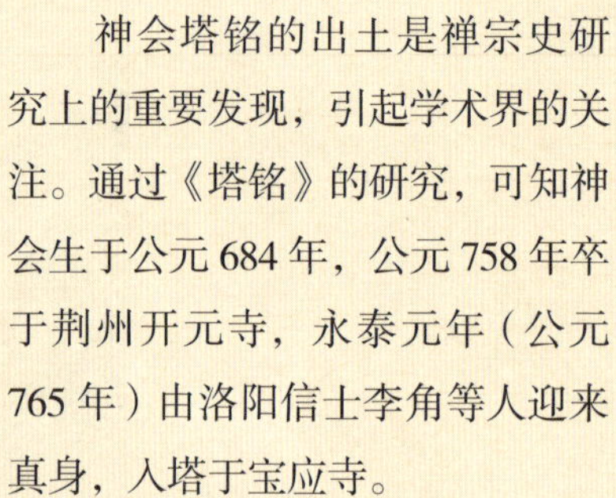

神会塔铭的出土是禅宗史研究上的重要发现，引起学术界的关注。通过《塔铭》的研究，可知神会生于公元 684 年，公元 758 年卒于荆州开元寺，永泰元年（公元 765 年）由洛阳信士李角等人迎来真身，入塔于宝应寺。

## 五、乾元寺

龙门山乾元寺记载首见于《义琬禅师墓志》。该墓志记述义琬（公元 673—731 年）是嵩岳会善寺大安的弟子。大安，即道安（公元 584—708 年），禅宗五祖弘忍的弟子。乾元二年（公元 759

图十　宝应寺遗址出土文物及其拓片

年)，郭子仪榜其居寺曰“乾元寺”，大历三年（公元 768 年），代宗赐义琬号曰“大演禅师”。[①] 由此可见，至迟在唐玄宗时乾元寺已经存在。

白居易在《春日题乾元寺上方最高峰亭》诗中写道：“危亭绝顶四无邻，见尽三千世界春。但觉虚空无障碍，不知高下几由旬。回看官路三条线，却望都城一片尘……”[②]

宋代龙门有“临伊堂”，约在禹王池上山坡一带。文彦博在《寄题龙门临伊堂兼呈奉先寺兴公》诗中写道：“山僧知我思归意，为我临伊创草堂。闻说绕阶耸巨石，更须当槛植修篁。窗间东望乾元刹，门外南趋积庆庄……”

在金代，乾元寺有慧杲禅师，承安间祝发受具，至乾元寺投住持丁照为师，后任乾元寺住持，约卒于兴定二年（公元 1218 年）。[③]

据关百益引孙应奎《乾元寺记》云：“（乾元寺）旧在伊阙东巅，魏时八寺，惟此为早。”至明嘉靖三十九年（公元 1560 年），僧道连等迁乾元寺于东山南端迤东草店村附近，有沈应时《迁寺记》可证。[④]

乾元寺遗址就在今香山寺一带。白居易所写的“危亭”应在今山顶无梁庙附近。由此四望，可以看到通往缑氏、汝州和栾州的三条官路；向北望去，东都洛阳城在一片烟尘之中。文彦博所说的“窗向东望乾元刹”，从禹王池上山坡临窗东望，只能见到今香山寺，可证今香山寺即唐之乾元寺。

在龙门东山万佛沟内，有高平郡王武重规所开石窟，规模宏大，但未完工。洞内佛座上有铭刻曰：“大唐开元十六年（公元 728 年）三月廿六日，香山寺上座比丘慧澄检校此龛庄严功德记。同检校比丘张和尚，法号义琬。刻字人常惠。”这是目前可以找到的有关乾元寺的惟一遗物了。

在乾元寺上方最高峰亭遗址，有一座俗称“无梁庙”的建筑，今存清道光五年（公元1825年）季秋吉日所立《创建斗母庙金妆碑记》一通。

---

①《金石萃编》，卷九十五。

②《白氏长庆集》，卷三十四。

③《中京龙门山乾元寺杲公禅师塔铭并序》，《金文最》，卷五十六。

④ 关百益：《伊阙石刻图表》，河南博物馆，民国二十四年（1935 年）。

## 六、天竺寺

北印度迦湿弥罗国僧人宝思惟（？—721 年）于唐长寿二年（公元 693 年）到洛都，至中宗神龙丙午（公元 706 年），译出《不空羂索陀罗尼经》等七部。“后于龙门山请置一寺，制度皆依西域，因名天竺焉……以开元九年（公元 721 年）终于寺，构塔旌表焉。”①

苏颋《唐河南龙门天竺寺碑》详记此事云：“（宝思惟）法师乃乱流东济，止彼香山。又于山北见龙泉二所，洞彻深浅……法师乐之，爰创方丈，邻于咫尺。坚持愿力，善诱檀心……更于其侧造浮图精舍焉。飞观遥峙，仙茎堀起。远而趣之，虚空缥渺于其间；近而察之，岑罊青荧于表里，羌难得而名也。景云岁辛亥月建巳日辛卯制：以法师所造寺赐名曰天竺……殿中侍御史赵国李畲，字玉田，育粹含英，妙机强学，佑其垂成，宪以从事。法师即于山之东偏建丈六石龛。匪泐而攻，载鎚而琢……”又在此文偈语中赞颂天竺寺的建筑曰：“洛之表兮伊之东，山有香兮泉道蒙。攒栌叠栱兮飞在空，错石雕珉兮生梵宫。”②

由上可知，天竺寺约创建于神龙丙午之后，得名于景云岁辛亥（公元 711 年）。地点在东山北段邻于二泉处。

但是，就在宝思惟去世的第二年，一场洪水毁掉了这座天竺式建筑。

“安史之乱”之后，代宗于龙门西山再立天竺寺，我们称之为西天竺寺。据宋魏宜《龙门山天竺寺修殿记》[元丰七年（公元 1084 年）]三月十五日追述云：“唐代宗即位之元年[宝应元年（公元 762 年）]，梵僧五百自天竺来，以扶化而开人之天，驻锡于洛之龙山，构梵刹以容其众人……其后迭兴迭废，尤盛于德宗之贞元间。历五代之兵而烬于火，梁末复兴。至宋庆历中（公元 1041—1048 年），虽殿像俱坏，其山清水灵秀发一谷而得于天者犹在。有河南马守则……独出力新之，一年而落成。”③（图十一）

杨皎撰《大唐东都弘圣寺故临坛大德真坚幢铭并序》载，真坚（公元 728—784 年）卒后，即“于东都龙门西天竺寺南窑安厝，仪也。出家

①《宋高僧传》，卷三，《宝思惟传》。

②《文苑英华》，卷八百五十六。

③ 该碑原在龙门乡寺沟村，今移至龙门石窟研究院。

姊、安国寺主真心，俗弟、庐州长史，彼弟子、弘圣寺僧嗣兴等敬造尊胜陀罗尼石幢，以纪迁谢”。[①]

此西天竺寺在唐武宗毁佛时也遭毁坏。比丘义川撰《唐东都圣善寺志行僧怀财于龙门废天竺寺东北原创先修茔一所敬造尊胜幢塔并记》[大中四年（公元850年）五月十一日]指出，有则上人于废天竺寺东北原修茔一所，立尊胜幢塔，并镌《佛顶尊胜陀罗尼》《心中心真言》《广大宝楼阁善住秘密陀罗尼》《随心真言》《大轮金刚陀罗尼》。文中指出这里（龙门乡寺沟村）的地形是：“南临禹阙，伊水灌其前；北望鼎郊，凤苑镇其后；岗连古寺，目饱烟霞。”

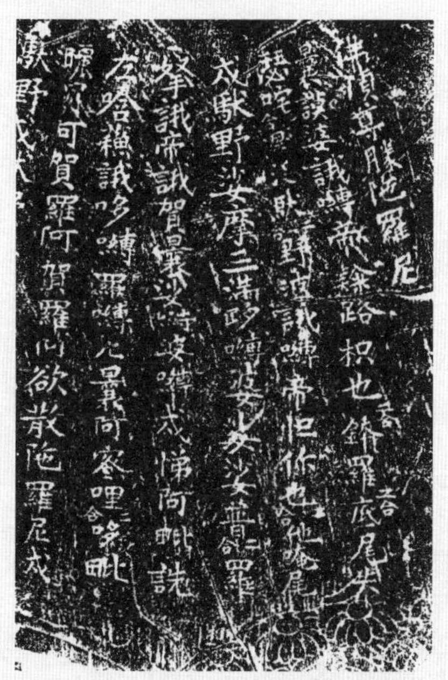

图十一　天竺寺佛顶尊胜陀罗尼幢经文拓本

《太平广记》引《纂异记》说，大和元年（公元827年），李玫习业于龙门天竺寺，有香山敬善寺僧镜空访之，预言佛法将衰。[②]这正是武宗毁佛之前的事，彼时天竺寺尚存。

白居易诗中有《天竺寺七叶堂避暑》《题天竺南院赠闲元旻清四上人》等，也是指武宗毁佛前的西天竺寺。

在元初，仍有愍禅师住于龙门天竺寺，事见嵩山法王寺前引阎复撰《复庵和尚塔铭》。

元末以来，天竺寺无闻。

东山北段的原天竺寺，现已无遗迹可寻。西天竺寺在伊阙西北二千米的寺沟村，除发现上述的碑、幢外，别无遗物，亦不详其平面布局。

---

①《唐文续拾》，卷四。此幢原在龙门乡寺沟村，今移至龙门石窟研究院。

②《太平广记》，卷三百八十八，“齐君房”条。

## 七、菩提寺

龙门山菩提寺不知创于何时。

据《唐故尚舍直长薛府君夫人裴氏墓志铭并序》载：裴氏（公元667—725年）终于东都通利里，“先是，遗付不许从于直长之茔，以其受戒律也。今奉所志，以明年丙寅［开元十四年（公元726年）］二月廿三日葬于河南龙门山菩提寺之后岗，明去尘也……”[①]这说明菩提寺至迟建于唐玄宗开元十四年之前。裴氏是严守戒律之优婆夷。

白居易在《菩提寺上方晚望香山寺寄舒员外》诗中写道：“晚登西宝刹，晴望东精舍。反照转楼台，辉辉似图画。冰浮水明灭，雪压松偃亚。石阁僧上来，云汀雁飞下……”[②]诗中点明菩提寺在龙门西山南部，与香山寺隔伊河相望。他在《菩提寺上方晚眺》诗中写道：“楼阁高低树浅深，山光水色暝沉沉。嵩烟半卷青绡幕，伊浪平铺绿绮衾……”[③]由此可知，从菩提寺上方可以远眺嵩山（少室山）景色。

在宋代，有西京天宫寺僧义庄（公元901—978年），卒后之次年，迁塔于龙门菩提寺西。[④]宋人李建中有《题菩提寺》诗，欧阳修（公元1007—1072年）有《自菩提步月至广化寺》《晚登菩提寺上方》等诗，可知宋代该寺犹存。

据少林寺《少林寺住持嗣法沙门第二十七代从公无方碑铭》［成化二十年（公元1484年）四月八日］载，无方可从禅师（公元1420—1483年）曾应檀越冯老人之请住持菩提寺，立法明宗，指事传心，时间在成化十年（公元1474年）之前。

菩提寺遗址在龙门西南三千米的郭寨村，清代以来称皇觉寺。《洛阳县志》卷十一《古迹志》称：“皇觉寺在伊阙西南，唐开元时建。”今存皇觉寺大殿，三开间，进深二间，系清代建筑。又存八棱陀罗尼经幢一段，残高四十七厘米，文云：“建中三年（公元782年）九月二十日，东

①《八琼室金石补正》，卷五十三。

②《白氏长庆集》，卷三十。

③《白氏长庆集》，卷三十一。

④《宋高僧传》，卷二十八，《义庄传》。

都大安国寺比丘尼唐十六师法号□□。”还有莲花龙凤佛座一个，系石雕，总高四十厘米，上雕二龙戏珠、单凤彩云等，刻制精美。大殿前有古井一口，人称“井下三尺泉”，味甘美。

实地踏察表明，站在菩提寺西面山岗上，既可以看见古香山寺，也可以眺望少室山景色，完全印证了白居易诗歌所描绘场景的真实性。

另外，从菩提寺至香山寺，有一座跨过伊河的石砌漫水桥，常年在伊水中，天旱时可以见到，长约二百米。当地群众称作“和尚桥”，早废，只存残迹。

## 八、广化寺

龙门山广化寺遗址在今龙门镇西北岗阜上，直到 1965 年，尚保存不少遗物。

广化寺是乾元元年（公元 758 年）就善无畏（公元 636—735 年）塔院而设立的。

李华《玄宗朝翻经三藏善无畏赠鸿胪卿行状》云：“（善无畏）中印度摩谒陀国人……以开元四年（公元 716 年）丙辰，大赍梵夹，来达长安……十二年（公元 724 年）随驾入洛，于大福先寺安置……洎开元二十三年（公元 735 年）十一月七日，右胁累足寂于禅室，春秋九十九，僧夏八十。法界凄凉，天心震悼。赠鸿胪卿，葬于龙门西山。鸿胪丞李岘与释门威仪定宾律师监护丧事……”①

据《大唐东都大圣善寺故中天竺国善无畏三藏和尚碑铭并序》载，乾元岁，再造天维，善无畏入室弟子宝思（荥阳郑氏）、明思（琅琊王氏）爰以偈颂，刻之金石。诸信士营龛，弟子舍于旁。“乾元元年，郭令公奏塔院为广化寺。”②

大中九年（公元 855 年）十二月十七日，日本国僧人圆珍“踏雪没膝至东都龙门伊水之西广化寺，礼拜无畏三藏舍利之塔，沙门道圆撰

---

①《大正藏》，卷五十。

② 同上。

《三藏和尚碑》，流传海东（日本）”。[①]

自善无畏葬后，密宗胎藏界法师往往祔葬于广化寺。如洛京长寿寺净土院住持可止（公元860—934年）“塔于龙门广化寺之东南隅”，洛京福光寺道丕（公元889—955年）“葬于龙门广化寺之左，立石塔焉”，以及洛京法林院僧照和（？—948）等。[②]其中道丕是受到后唐庄宗、明宗，后晋高祖，后周太祖敬信的高僧。

五代至北宋，广化寺颇活跃。后唐庄宗同光二年（公元924年）十二月乙酉，“舆驾幸广化寺祈雪”。三年五月，因时雨不足，令河南府依法画龙置水祈请，令宰臣于诸寺烧香，“戊申，帝幸龙门之广化寺，开佛塔请雨”。[③]

清泰中（公元935年），梦江（？—956年）受广化寺之请，讲《百法论》。后唐末帝幸广化寺宣问，妙辩天逸，悦可上心。前后训导，二十余年。[④]

北宋开宝八年（公元975年）三月，宋太祖“幸洛阳，至龙门山广化寺，开无畏三藏塔，瞻敬真体”。大中祥符四年（公元1011年）三月，宋真宗“幸洛阳龙门山广化寺，瞻无畏三藏塔，制赞刻石，置之塔所”。[⑤]

元祐八年（公元1093年），广化寺僧令观（公元1003—1093年）卒于寺。[⑥]

广化寺遗址坐西朝东。东西长约四百米，南北宽一百六十米至二百五十米。西部连接山岗，南、东、北三面是断崖。自西向东，有递降的四级台地，周围沿断崖绕以围墙。墙为版筑，墙基厚五点六米，高五米至八米不等。（图十二）

在最西部台地的中心部位，南北长三十米，东西宽二十米，有一片经人工浇灌的地面，浇灌物以石灰、碎石粒等为材料，十分坚硬。

笔者1965年10月调查时，寺内有宋熙宁（公元1068—1077年）某年石碑、宋元丰壬戌（公元1082年）“广化寺刻诗碑”、宋金间石刻地藏并

---

① 圆珍：《行历抄》，转引自家本善隆《“支那”佛教史 · 北魏篇》。

②《大正藏》，卷五十。

③《册府元龟》，卷一百四十五。

④《宋高僧传》，卷七，《梦江传》。

⑤《佛祖统纪》，卷四十三、四十四。

⑥《补续高僧传》。

道明弟子及金毛狮子像、明嘉靖三年（公元 1542 年）“重修广化寺钟楼碑”、明万历二十年（公元 1601 年）“重修伽蓝殿记碑”、明天启七年（公元 1627 年）六月“重修钟楼碑记碑”以及清碑多通。此外，还有泥塑地狱像、石佛座及大量唐宋时代的砖瓦。

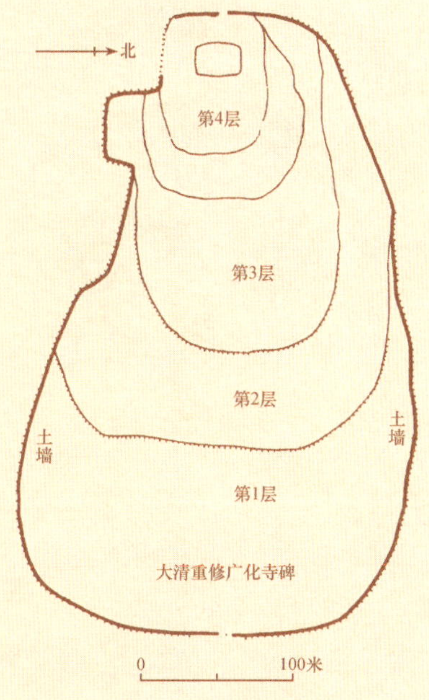

图十二　广化寺遗址平面图

“广化寺刻诗碑”高四十厘米，宽八十五厘米。据诗文可知，元丰年间广化寺有复阁周廊及塔等建筑物。当时寺内有住持清澄、副主持清贤、知客德彦、塔主德逊、殿主宝觉大师德良。①

“重修伽蓝殿记碑”立于万历二十九年（公元 1601 年）三月，高一百五十厘米，宽六十厘米。据碑文可知，大明河南府卫洛阳县各里军民人等一百六十人曾共同施捐重修广化寺伽蓝殿。

“大清重修广化寺碑”高一百七十二厘米，宽八十五厘米，康熙四十四年（公元 1705 年）五月二十二日立。据碑文可知，此次重修的有大佛殿、三藏殿、地藏殿、伽蓝殿、天王殿、山门和钟楼。此碑仍存于遗址东部南侧，已是现存的惟一碑刻。

---

① 该碑现已佚失。笔者 1965 年 10 月调查时获拓本一份，兹录文如下：
宣德郎、知河南府河南县事兼监常平仓黄伸：《陪仲冯学士同年登龙门广化寺阁留题》
虎变龙飞不记春，洒然傲睨了无垠。
一山中断波涛出，双阙南开气象分。
历历旧碑列翠琰，冥冥荒冢卧黄云。
夜深难更招提宿，月色依微照竹氛。
同年弟、太常博士、彭城刘奉世：《次韵奉和河南宣德彦发五见同登广化寺阁之作》
夕岩阴岭郁常春，复阁周廊瞰绝垠。
忧病登临逢暂适，交情尊酒念将分。
川光极目滩前雪，雨气终期塔顶云。
一宿岂能穷胜事，几时幽往出尘氛。
元丰壬戌六月十八日，殿主、赐紫、宝觉大师德良模勒上石……

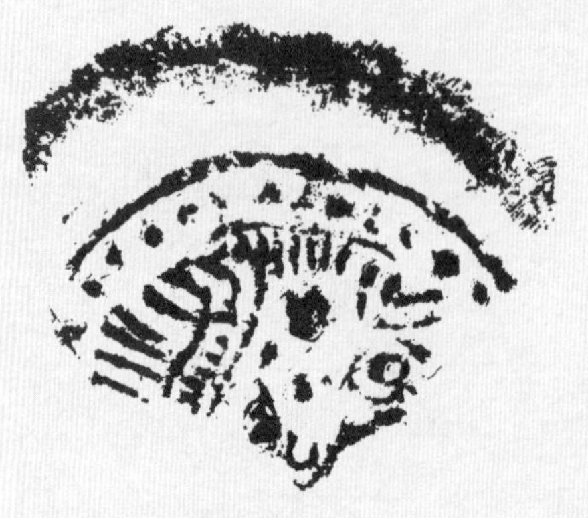

图十三　广化寺遗址出土瓦当拓片

砖瓦等遗物有灰面布纹里筒瓦（宽十五厘米，厚二点五厘米，唇长四厘米）、兽纹圆瓦当（直径十三厘米，边厚一点三厘米，边宽二厘米）、莲花纹瓦件、灰色三角形瓦当、磨光灰砖（厚四点五厘米）、绛色瓷片、青瓷片（开片）等。（图十三）

## 九、敬善寺

龙门石窟西山北部有李孝伦撰《敬善寺石像铭》，内称纪王李慎（？—687）之母为“纪国太妃韦氏”，可知该窟开凿于唐高宗时期。有人认为此石窟就是敬善寺，这是概念上引起的误会。“敬善寺石像”只是敬善寺附属之设而已，正像天竺寺有“丈六石龛”、香山寺有“石像七龛”、奉先寺有“大卢舍那像龛”一样。李德裕（公元787—849年）在有关敬善寺的一首诗序中说：“比闻龙门敬善寺有红桂树独秀伊川。”[①]石窟中怎么会种桂树？刘沧《登龙门敬善寺阁》云：“独步危梯入杳冥……花落院深清禁闭。”[②]石窟中又怎么会有高阁、危梯和深院？

大和元年（公元827年），李玫习业在龙门天竺寺（即西天竺寺），比丘镜空自香山（即东山）敬善寺访之，显然，敬善寺应在龙门东山。

1981年4月，在龙门东山北段迤东（今啤酒厂）出土了一方《唐故陆胡州大首领安君墓志》（高四十二厘米，宽四十三厘米）和大批唐代文物。墓志记述了安菩萨（公元601—664年）及夫人何氏（公元622—704年）合葬于敬善寺的情况：“夫人何氏，其先何大将军之长女，封金山郡太夫人。以长安四年（公元704年）正月廿日寝疾，卒于（东都）惠和坊之私第，春秋八十有三。以其年二月一日殡于洛城南敬善寺东，去伊水二里山麓，礼也。”[③]

①《全唐诗》，卷四百七十五，中华书局，1959年。
②《全唐诗》，卷五百八十六，中华书局，1959年。
③ 赵俪生、温玉成：《一通与唐史、中亚史有关的新出土墓志》，《西北史地》，1986年第三期。

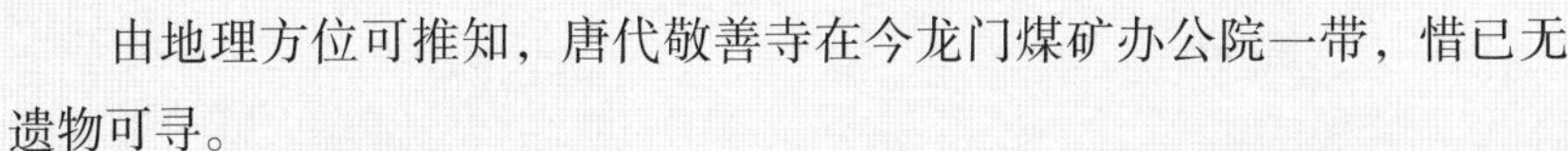

由地理方位可推知，唐代敬善寺在今龙门煤矿办公院一带，惜已无遗物可寻。

龙门老龙洞南壁上层有造像记云：“惟显庆三年岁次戊午□月癸丑朔，佛弟子杨真藏为亡祖先灵愿上品往生诸佛国。闻经悟道……于洛州龙门山敬善寺之南西颊造阿弥陀像一铺并二菩萨，庄严成就，相好具足，以此功德，普施苍生入萨婆若海。”由此可证，敬善寺建成于显庆三年（公元 658 年）之前，坐落在龙门的东山。

## 十、玉泉寺

唐代名玉泉寺者有多处。龙门玉泉寺不知建于何年，《重修洛阳县志》卷十一称：玉泉寺建于唐太宗时，但未言何据。

白居易《独游玉泉寺》诗云：“云树玉泉寺，肩舁半日程。更无人作伴，只共酒同行。新叶千万影，残莺三两声。闲游竟未足，春尽有余情。”[①]他还写有《玉泉寺南三里涧下多深红踯躅繁艳殊常感惜题诗以示游者》[②]《夜题玉泉寺》[③]等诗，并有徐凝《和夜题玉泉寺》。从白居易的诗中可知玉泉寺在一僻静的山区，需坐“肩舁”半日方可抵达。在这里“玉泉潭边松间宿，要且经年无一人”。

宋代邵雍（公元 1011—1077 年）的《八日渡洛登南山观喷玉泉会寿安县张赵尹三君同游》诗中说：“渡洛南观喷玉泉，千峰万峰遥相连。中间一道长如雪，飞入寒潭不纪年。”[④]

据《河南府志》卷十五《古迹志》：“唐玉泉寺……按玉泉寺唐大通神秀禅师讲律道场，汾阳王郭了仪奉敕建。后天成年（公元 926—930 年），明宗改名得当寺。”但神秀（约公元 606—706 年）卒时，郭子仪（公元 697—781 年）虚龄才十岁，不可能奉敕建寺。神秀所住，应为荆州玉泉寺，而非龙门的玉泉寺。

---

①《全唐诗》，卷四百五十一，中华书局，1959 年。

②《全唐诗》，卷四百五十四，中华书局，1959 年。

③《全唐诗》，卷四百六十二，中华书局，1959 年。

④《重修洛阳县志》，卷二十三。

按《永乐大典》卷九千五百六十一所收《河南府洛阳县之图》，阙塞山（今称龙门山）以东是香山，香山以东是玉泉山，玉泉山以东是万安山。今人通称为“万安山”。玉泉山之名，清末以来无称之者。

玉泉寺遗址在今洛阳偃师区李村乡祖师庙山（俗称“小顶山”）北坡。祖师庙山在龙门东南约十五千米，海拔九百三十七点三米。南崖陡直，人不可攀。北坡略缓，向北二千米处地势平坦，有泉一口，今称“白龙潭”，面积约七十三平方米，深约二米，冬夏不竭。现有土屋数间，为林农所居。白龙潭北边石崖上有宋人留题，文曰：“司马光君实、王尚恭安之、闵交如仲孚同至此处。元丰元年八月癸丑。”元丰元年（公元 1078 年），恰值司马光虚龄六十岁。

白居易家住东都履道里，约当今洛阳市关林乡贺村附近。由贺村至玉泉寺，约二十千米，所以白居易说“肩舁半日程”。这里山多路狭，所以是“要且经年无一人”。白居易所记玉泉寺南三里有涧，与今地形也完全符合。

玉泉寺大约在明末清初废寺为道观。但最初之道观似在祖师庙山顶，号称“荡魔观”，之后才扩展至玉泉寺，“玉泉”也就改称“白龙潭”了。

## 十一、胜善寺

龙门山胜善寺见于宋代范祖禹（公元 1041—1098 年）所写的《龙门山胜善寺药寮记》。范祖禹是一位历史学家，跟从司马光在洛阳编修《资治通鉴》十五年，与富弼、文彦博的关系也很深。《龙门山胜善寺药寮记》云：“龙门距洛城十五里。其西山有浮图祠曰胜善，兴于唐开元而坏于五代。迄今本朝太平百余年，诸祠稍复葺而胜善尤古，未能兴之。事之兴弊，存乎其人。药寮者，太尉潞国文公之所建也。公悯下民之疾苦而不得其疗者，思有以济之。相其地，得胜善祠之下方，当阙塞之阨、水陆之冲、南北之通途而行旅之所便也。其山出泉，曰‘珍珠泉’。公出俸钱命工叠石以为址，即泉为药井，而建寮于其上，十有三盈。是岁，熙宁六年（公元 1073 年）也。公又以‘胜善’为功德寺，择僧之知医者为寮主以掌之。寮之上侧，泉之所出也，为堂曰‘珠渊’。其南侧三堪，为屋以覆大像，又其南曰第四堪，亦屋之，于是胜善之祠复新。人之至者有

游息之所，故乐而忘其劳，而药寮之地益加胜矣！其东，俯视伊水，晖光澄澈；望香山石楼，若屏帏图画，盖天下奇伟之观也。”[①]宋代，胜善寺有清照禅师，见于《续传灯录》卷十三。

《永乐大典》卷一万三千八百二十三载：“胜善寺，《洛阳志》本名敬爱寺。在石道间，兼三龛石像。其地甚广，开元二十七年（公元739年）建，有上方、中方，世传武后避暑之地。山下有泉，沸涌成小池，号‘真珠泉’，南有石井甚深，逾丈，水出其上，与真珠泉会流，作小磴于道右。会宋，改今名。”

这段记述把“圣善寺”当成了“胜善寺”，又说“本名敬爱寺”。敬爱寺在东都建春门内怀仁坊，不在龙门山，始建于显庆二年（公元657年）。圣善寺是唐中宗为武则天追福，立于神龙元年（公元705年），次年完工。[②]此寺也不在龙门山，而在彰善坊。

龙门胜善寺的遗址就在禹王池附近。“珍珠泉”就是今禹王池，“三堪”就是今之宾阳三洞。可惜，除禹王池外，我们再也找不到唐、宋胜善寺的遗迹、遗物了。

通过上述的考察可以证明，在白居易生活的时代，龙门确有十寺的存在。我们将这十寺的简况，综合成“唐代龙门十寺一览表”（表二），以供参考。

从十寺的分布范围可以看出，白居易所说的“龙门”是指唐代的龙门乡而言，不是狭义的龙门山（伊阙）。

除此之外，据《宋高僧传》记载，有不少高僧葬于龙门十寺附近，如北天竺迦毕试国人释智慧（梵名般刺若），“葬龙门之西岗，塔今存矣”。[③]著名佛教旅行家、翻译家义净（公元635—713年）亦葬龙门，“今塔在洛京龙门北之高岗焉”。[④]南天竺国高僧菩提流志（？—727年）卒后，“迁窆于洛南龙门西北原，起塔勒石志之”，[⑤]等等。

总之，龙门十寺的简况和地理位置已大体明确，龙门十寺遗址地下应有极珍贵的历史文物，这些都亟待考古发掘加以证实。

---

①《范太史集》，卷三十六，四库全书文渊阁本。

②《唐会要》，卷四十八。

③《宋高僧传》，卷二。

④《宋高僧传》，卷一。

⑤《宋高僧传》，卷三。

## 表二　唐代龙门十寺一览表

| 寺名 | 寺名创立年代 | 创立人或功德主 | 简历 | 遗址 |
|---|---|---|---|---|
| 香山寺 | 北魏熙平元年（公元 516 年） | | 因地婆诃罗葬此，重兴于唐垂拱三年（公元 687 年），武三思为功德主。大和六年（公元 832 年）白居易修葺之。历宋、元而衰。 | 龙门东山南端迤东今洛阳轴承厂疗养院一带 |
| 奉先寺 | 唐调露元年（公元 679 年） | 唐高宗 | 开元十年（公元 722 年）毁于大水，与龙华寺合。历宋、元而衰。义福、金刚智葬此。 | 龙门西山南口魏湾村北 |
| 宝应寺 | 约唐宝应年间（公元 762 年？） | | 历宋、金、元而衰。<br>神会葬此。 | 龙门西北山后粮食仓库 |
| 乾元寺 | 唐玄宗之前 | | 乾元二年（公元 759 年），郭子仪榜其寺曰乾元寺。<br>明嘉靖三十九年（公元 1560 年）迁至伊川县草店村。清康熙四十六年（公元 1707 年）修葺后改称香山寺。 | 今龙门东山山腰的香山寺 |
| 天竺寺 | 唐神龙丙午年（公元 706 年）以后，得名于景云辛亥岁（公元 711 年） | 宝思惟<br>李畲 | 开元十年（公元 722 年）毁于大水。宝应元年（公元 762 年），代宗再立西天竺寺。宋庆历中重修，历元而衰。 | 原天竺寺遗址无可寻（西天竺寺在今龙门乡寺沟村） |
| 菩提寺 | 唐玄宗之前 | | 唐玄宗之前历宋、元、明，清初改称皇觉寺。 | 今龙门西南郭寨村 |
| 广化寺 | 唐乾元元年（公元 758 年） | | 因金刚智塔院而立。<br>历宋、元、明、清。 | 今龙门镇西北岗埠上 |
| 敬善寺 | 唐高宗显庆三年（公元 658 年）之前 | | 宋及宋之后不详。 | 今龙门东山北端龙门煤矿办公院 |
| 玉泉寺 | 玉泉寺约唐代宗时 | | 后唐时改名得当寺。<br>约清初改为道观。 | 今偃师区李村乡祖师庙山北坡 |
| 胜善寺 | 唐开元二十七年（公元 739 年） | | 宋熙宁六年（公元 1073 年），文彦博重修为功德寺。 | 今龙门文物保管所一带 |

# 龙门石窟半世纪回眸（1900—1950）

## 序言

1963 年秋，北京大学历史系考古专业部分同学赴洛阳作毕业实习，住在洛阳市博物馆（洛南关林庙）。9 月中旬，宿白教授决定带领笔者和丁明夷同学到龙门石窟实习。实习的内容是两项，一项是唐代窟龛调查，另一项是龙门双窑的实测和记录。

1964 年上半年，我完成了三万字的论文《洛阳龙门双窑》（考古报告，发表于《考古学报》1988 年第一期），丁明夷完成了论文《龙门石窟唐代造像的分期与类型》（发表于《考古学报》1979 年第四期）。这是宿白教授第二次实验用考古学的方法研究石窟艺术。1962 年秋已在敦煌作过首次实验，参加的学生是马世长、段鹏琦、樊锦诗等。

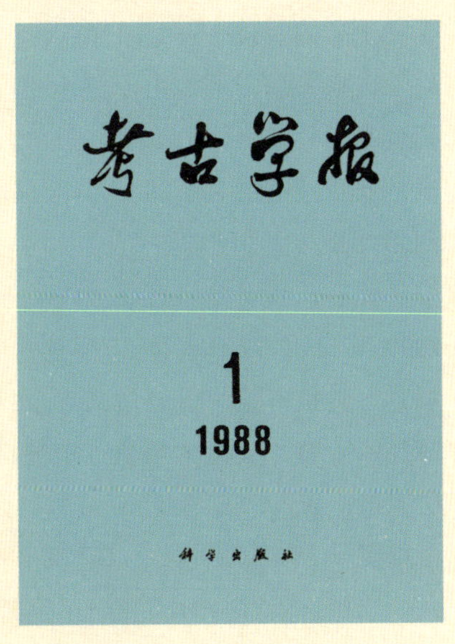

1988 年第一期《考古学报》

1964 年 9 月，笔者被一纸“调令”安排到龙门工作。只身从北京来到这个没有院墙、离洛阳市

伊阙风光（1961 年　温玉成摄）

十三千米的单位——龙门保管所。按原计划，笔者是分配到文化部文物局《文物》编辑部，由于洛阳市文化局与北大历史系的“暗箱”操作，我被当作“礼物”送给了洛阳。洛阳是考古专业历年实习基地，北大毕竟是要照顾这层关系的。当年，除了洛阳市，还没有一个地级城市能分到北大考古专业的学生。

此后，我在龙门石窟工作了近四十年，中间还当了多年所长，直到 1999 年 11 月 17 日退休。“昼读古史，夜数繁星”，人生的孤寂，生活的艰辛，暂且不论。下放白马寺公社“劳动锻炼”；下放安乐造纸厂参加“四清”；在“文化大革命”中被打成“反革命”，“工宣队”进驻改造上层建筑；清查“五一六”；清查“四人帮”帮派体系；弄得人人自危，寝食难安。十年大好光阴，差不多在阶级斗争的风口浪尖上熬过。

当然，大部分时间我们还是紧守着山隅，坐着冷板凳，伴着青灯古佛，作着无利可取的“学问”。在官员和强势的人看来，我们也许比乞丐

只高出一等；但我们孜孜以求，问心无愧。我们追寻着古代艺术的光辉，倒也自得其乐。

“当年满腹凌云志，而今无人不白头。”我退休后落脚郑州大学，教授《中国佛教考古学》及《中国佛教史》。当新世纪的钟声敲响时，蓦然回首，20 世纪龙门石窟百年间经历了太多，值得回顾与检讨。

从学术研究和保护的角度看，这一百年恰好分为二期，前五十年（公元 1900 年至 1950 年）龙门石窟没有设保护机构；后五十年（1951 年至 2000 年）设立了保护机构。

在前五十年中，又可以 1935 年为界，分前段（公元 1900 年至 1934 年）及后段（公元 1935 年至 1950 年）。理由有二：一是，国民政府内政部礼俗司古物保管委员会于 1935 年派出了一个“洛阳办事处”，以荆梅丞为主任，督促洛阳（含龙门）的文物保护工作；也就是说龙门无官方管理的日子结束了，尽管这个办事处只存在了两年。二是，关百益先生在

关百益：《伊阙石刻图表》

这年出版了《伊阙石刻图表》，这是中国人研究龙门艺术的第一部专著。

在后五十年中，龙门虽然在1948年3月就解放，但到1951年4月才由洛阳县政府成立“龙门森林古迹保管委员会”，调偃师区马村农会主任、支部书记马玉清负责此项工作。后五十年中，由于政局变动，明显分为三个阶段，即“文化大革命”之前期（公元1951年至1966年5月），“文化大革命”期间（公元1966年6月至1977年春）和“文化大革命”以后期（公元1977年夏至2000年）。

笔者力图客观公正地记录、评价种种事情。关于龙门石窟前六十年的历史，笔者查阅、参考了诸多资料；后四十年为笔者亲历，只有秉笔直书。需要声明的是，文中述及某些负面史实，不是针对某个人，而是为保存历史真貌。

## 前期前段（公元1900—1934年）

20世纪初，我们的国家带着耻辱走进了新的世纪。1900年7月，八国联军攻入北京。

1901年9月16日，逃亡中的慈禧太后从西安“回銮”赴洛阳。此前，河南府知府、满族正黄旗人文悌（瓜尔佳氏）早就为迎接老佛爷慈禧费尽心机。由于关林、龙门过于衰败，急需修葺，文悌派陈际熙、何瑞堂、贾秋圃三人整修龙门；自8月19日动工，9月15日告竣。他们还在禹王池上方建造了一座小小的“石楼”，文悌题联曰：“独自登高能望远，相逢席地可谈天。”

19日，慈禧太后及光绪帝的“皇舆”来到关林，瞻礼拈香。慈禧题写了“威扬六合”和“气壮嵩高”两块匾额。光绪帝也写了“光昭日月”的匾额。这天下午，“皇舆”抵达龙门。以高僧教续为首的香山寺、潜溪寺僧众列队出迎。慈禧太后等拈香拜佛后，还到东山参拜了乾隆帝的“御碑亭”和白居易墓。这是自宋真宗大中祥符四年（公元 1011 年）以来八百九十年后帝王再次巡视龙门，也是最后一次。

## 一、龙门石窟的调查与研究

光绪末叶以来，一部分中国学者仍沿袭传统金石学的路子，从事龙门铭刻的研究。方若的《校碑随笔》（公元 1913 年）、常茂徕的《洛阳石刻录》（1915 年）、陆增祥的《八琼室金石补正》（公元 1925 年）等，都是这类著述。这一阶段中，最重要的事情是洛阳县知事曾炳章（辛庵）组织了一次龙门佛像的普查，觅工遍拓龙门铭记二千余品。顾燮光《梦碧簃石言》卷四记述此事：“常熟曾辛庵先生，风雅好古，富于收藏。丙辰（公元 1916 年），官洛阳知事。自出俸钱觅工遍拓伊阙石刻。读其呈省长之文，知龙门之佛像大小完损共计九万七千三百零六尊，可谓极宙合之奇观矣。”后来，潘景郑曾得其全拓，共二千余品，1960 年顷即已捐赠上海图书馆。1934 年，钱王倬称拓得龙门三千六百八十品。

另一方面，1908 年汴洛铁路开通后，有的学者开始从学术角度记录、探讨龙门的造像艺术和题材。

上海《东方杂志》刊登了《收拾龙门石佛残剩记》（第七期，1916 年 7 月）、《洛阳伊阙石窟佛像记》（袁希涛作于 1919 年，刊第二十三期，1920 年 12 月）等文，报道了民国八年（公元 1919 年）八月“洛水盛涨，山麓石路多为水淹”，文物无人管理的事实。崔盈科的《洛阳龙门造像》（《中山大学语言历史研究所周刊》第五十五期，1928 年）、许同莘的《龙门造像杂记》（《地学杂志》第十七卷，1929 年）、钱王倬的《洛阳龙门记》（《旅行杂志》第八卷第七号，1933 年）、滕固的《征途访古述记》（商务印书馆，1933 年）等，都对龙门石窟的现状作了报告。袁同礼报告了龙门文物被盗窃后的情形，指出“今则满目疮痍，盖被毁程度，以近三年（指公元 1933 年至 1935 年）为最烈也！”（《燕京学报》第二十一期，1936 年）。

1929 年至 1930 年，梁思成先生率先在东北大学开设了“中国雕塑史”课程，其中部分章节介绍了龙门石窟艺术。1952 年，清华大学在教学改革中把这门课取消了，其讲义直到 1997 年才由林洙整理出版。1931

年至1936年间，中国营造学社的成员梁思成、刘敦祯、林徽因等先生考察了云冈、天龙山、龙门、响堂山、历城神通寺千佛崖。梁思成先生于1944年完稿的《中国建筑史讲义》，到20世纪50年代才油印五十本，迟至1998年才经林洙整理出版。书中指出："古阳洞，其北壁一龛，斗栱单抄出跳，为汉魏南北朝隋斗栱出跳之惟一孤例。"

日本方面，1902年9月，建筑学博士伊东忠太对龙门作了三天考察，回国后在《建筑杂志》上作了报告。公元1906年，伊东忠太与工学博士塚本靖、平子铎岭对龙门石窟作了四十天调查，画了图，拍了照片。塚本靖在《清国内地旅行谈》(《东洋学艺杂志》第二十五、二十六册）中作了简单的报告。公元1915年刊行的大村西崖编写的《"支那"美术史雕塑篇》即采用了平子的部分资料。该书把造像与题记结合起来研究，对主要洞窟作了细致的考证，具有一定的学术水平。

工学博士关野贞（公元1906年、1918年两次到龙门考察）与常盘大定博士（公元1920年到龙门考察）合编了《"支那"佛教史迹》一书（公元1925年至1931年陆续出版），在该书第二册中较详细地论述了龙门石窟。

泽村专太郎教授和摄影师岩田秀泽虽然在1923年对龙门作过详细调查，但资料没有公布，大都散失了。山本明于1916年、1921年两度至龙门拍照，1937年出版了《龙门石窟》一书。

法国方面，1898年矿山工程师列波斯兰吉参观了龙门石窟，并于1902年发表了一篇游记《龙门纪实》。这篇短文引起了热衷"汉学"研究的专家沙畹的注意。

法国里昂人沙畹（Emmanuel Edouard Chavannes，公元1865—1918年），在巴黎高等师范学院毕业后，于1889年来华，成为法国驻华公使馆随员。他潜心研究汉文，1893年成为法兰西学院教授。1895年至1905年，他将司马迁《史记》前四十七卷翻译成法文。

从1907年开始，沙畹考察了陕西省汉唐陵墓、四川省东汉石阙、山西省大同云冈石窟、河南省龙门石窟和巩义石窟、山东省济南石刻以及吉林省高句丽墓葬等，写出了巨著《北中国考古图录》(Mission Archeologique dans La Chine Septentrionale)，1905年至1915年在巴黎陆续出版。他还编写了《泰山志》(公元1910年)、《中国民间艺术中愿望的

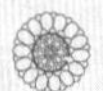

沙畹：《北中国考古图录》

表达》（公元 1922 年）等专著。

沙畹于 1907 年 7 月 24 日至 8 月 4 日考察龙门石窟，计十二天。他所公布的一百一十九幅照片，是龙门石窟最早的图片资料，十分珍贵。他在考察时聘用西安拓工宗怀璞拓了龙门的造像记。沙畹将龙门五百五十种造像记译成法文，加以考证，成绩斐然。沙畹的著作参考了《河南通志》《魏书释老志》《金石粹编》等汉文文献，对龙门各主要洞窟都作了论述，至今仍是研究龙门石窟的必读参考书之一。

沙畹是 20 世纪前半叶对汉学贡献最大的学者。他的学生伯希和（公元 1878—1945 年）、马伯乐（公元 1887—1945 年）及葛兰言（公元 1884—1940 年），亦是著名的汉学家，成就卓越。

1918 年 4 月至 1921 年 12 月在河南省和陕西省考察的瑞典美术史家、斯德哥尔摩大学教授奥斯瓦德·喜龙仁（Osvald Siren，1879—1966），对龙门作了详细的考察。1925年，在他所著的《5至14世纪中国雕刻》（Chinese Sculpture from the Fifth to the Fourteenth Century，London，1925）四卷本中，收录龙门照片三十二幅，对龙门石窟雕刻艺术给予很高的评价。

喜龙仁指出："那些佛像有时表现坚定自信；有时表现安详幸福；有时流露愉悦；有时在眸间唇角带着微笑；有时好像浸在不可测度的沉思中，无论外部的表情如何，人们都可以看出静穆与内在的谐和。"而最有意味且值得我们注意的是，他把米开朗基罗的雕刻同中国佛像作比较后，认为佛雕是比米开朗基罗的"摩西"更高一层次的作品："近百年来，由于西方最先跨入了现代文明的门槛；而东方在近百年中仍桎梏于封建主义的囹圄中，备受西方之攻掠，从而滋生了一派鄙视东方文化的谬见。即使身为东方人，亦在所难免。当代的雕塑家几乎都在翘首仰视希腊、罗马之杰作，能够惊回首而顾望东方雕塑者寡矣！”

## 二、龙门石窟被破坏的情形

1912 年，中华民国成立，但正如关百益所述，在龙门石窟，“共和以来，毁佛凿字无虚日”。日本人关野贞说：“从民国三年（1914 年）起，洞窟雕刻的多数佛头，能取下的都被取掉，卖给了外国人。”当时破坏最严重的是古阳洞和莲花洞。

20 世纪 20、30 年代，洛南一带土匪纵横无忌。宾阳三洞及潜溪寺甚至被用作兵营（据说是冯玉祥的部队）。30 年代问题更加严重，“比岁以来，伊阙之破坏日甚，僧侣即被驱逐，东西寺（按，指东山香山寺、西山宾阳洞）看守无责，林木戕伐净尽，庙宇亦强半颓残，大有不已之势”。（关百益：《伊阙石刻图表后序》）

1924 年 7 月，国民政府内政部颁布了《内政部古迹文物保存法草案》，但也仅是一纸空文。1924 年 9 月北京大学研究所国学门致函山西省、河南省省长，要求对天龙山石窟、云冈石窟、龙门石窟、巩义石窟等处妥加保护，严禁毁坏、盗卖，从中即可知当年盗凿文物的严重程度。

据调查，1918 年至 1935 年间是龙门石窟遭受劫难最严重的时期。关百益报告，由于旧中国官僚愚昧无知，1932 年曾下令在西山炸山开路，破坏石窟甚多。他写道：“尤可怪者，壬申（1932 年）九月间修伊阙西山下石道，工人妄取山石炸毁佛龛无算。闻土人言炸山石时，声言奉上官命，将西山参差不齐处尽行炸平！果如所言，则魏唐古迹损伤更难臆计。所幸正炸取间，适有西人夫妇（惜不详其名姓，亦不悉何国人），游历至此，睹之大不谓然，驰告县署；县长诿为不知，派人查视果如所言，遂指取东山万佛沟口之石以供修路之用，西山古刻赖以保全。余数其已毁之处，凡老龙洞北一段；石牛溪南一段；九间房下一段；老君洞及火烧窑下各一段；六座塔及路窑下各一段，计共有七段之多。嗟乎！中国古迹自己不知爱护，必待外人干涉始得强留而不毁，岂非国民之大耻耶！”

1934 年，北京前门外炭儿胡同古董商岳彬（公元 1890—1955 年）与美国纽约大都会艺术博物馆普爱伦（Alan R.Priest）签订了一份肮脏的合同，内称：岳彬在五年内卖给普爱伦“石头平纹围屏像拾玖件，议定价洋壹万肆千元”。签订合同的日期是民国二十三年（1934 年）十月二十一日。在签合同的当天，“普君当即由彬记取走屏像人头六件，作价洋四千元，该款彬记刻已收到”。

这份合同就是盗卖龙门石窟宾阳中洞大型历史浮雕“皇帝礼佛图”和“皇后礼佛图”的铁证。“皇帝礼佛图”上共有十五人；“皇后礼佛图”上共有十四人，合计恰三十九人。两幅浮雕中今存共二十五人，较原作丢失十四人，至今下落不明。据说岳彬同时又雇工张兰会复制一份，高价售于德国某东方艺术博物馆。据 1965 年 11 月文化部文物博物馆研究所王辉、王世襄与龙门文物保管所的笔者联合组成的调查组对当事人的调查（偃师区杨沟村石匠王光喜、王水、王会成），他们是按照北京古玩商岳彬和美国人签订的秘密合同，由洛阳东关的古玩商马龙图出面，勾结杨沟村的保长王梦林，土匪王东立、王毛、王魁等人，持枪强迫农民夜里盗凿的。时间是民国十九年至二十五年间（1930 年至 1935 年）。新中国成立 1949 年后，岳彬因盗卖文物罪被捕入狱。1954 年 11 月 8 日，北京市人民法院宣判岳彬死刑，缓期二年执行，在押期间其病死牢中。

然而，普爱伦在《纽约大都会艺术博物馆中国雕刻图录》中说：“1933 年至 1934 年间宾阳洞的男女两面礼佛图（按，即指皇帝、皇后礼佛图）人物的头部和身体衣纹的碎片，渐渐在北京古董市场上出现。它们是这样被盗的，龙门附近虽然有一个小镇在看守，但夜间有人从河对面涉过半人多深的水前去盗凿。他们将碎片送到洛阳，经古董商收买后，再运到北京再拼凑起来。……幸亏两个美国博物馆拯救了这些浮雕，那就是堪萨斯州纳尔逊艺术博物馆（Nelson Atkins Museum of Art，Kansas City）得到了女供养人的一面，纽约大都会艺术博物馆（Mntropolitan Museum of Art，New York）得到了男供养人的一面。”（王世襄：《记美帝搜刮我国文物的七大中心》，《文物参考资料》，1955 年第七期。）

很显然，普爱伦这位纽约大都会艺术博物馆的远东艺术部主任在这里道出了一些真相，却又隐瞒了合同之事，撒了一个大谎。

## 前期后段（1935—1950 年）

### 一、龙门石窟的破坏及保护情形

1935 年，国民政府内政部礼俗司古物保管委员会成立了“洛阳办事处”，派荆梅丞为主任，傅雷为副主任，工作人员二人，共计四人前往洛阳；北京大学历史学家朱希祖、考古学家滕固专程从南京陪送他们四人来洛。办事处设在河洛图书馆。他们联络军政工商各界，呼吁保护文物；发布文告，严禁盗墓；派兵巡逻，在一定程度上刹住了盗墓的气焰。他们曾写过《龙门古物考察报告》《少林寺现状报告》《邙山古墓群被盗情形考察报告》等件，上报内政部。抗战爆发后，荆梅丞撤往重庆，办事处随即停办。

荆梅丞，山西省平陆县人，北平美专毕业，曾在故宫博物院工作。“九一八”事变后，随故宫文物南迁到南京工作。当时文物由内政部接管。

据王振国的调查，这一阶段龙门石窟新遭受破坏的雕刻，仅能发现以下几种：

甲、宾阳南洞南壁大龛下的力士像，整体被凿。

乙、万佛洞窟门外右侧的力士像头部被凿。

丙、药方洞外上方窟楣中的二飞天，半身被凿，包括头至腰的部位。

丁、东山看经寺洞的迦叶罗汉像上半身被凿。

### 二、龙门石窟的调查与研究

关百益（公元 1857—？）是早期对龙门用力最勤的学者；满族人，客居开封。国民政府时期曾任中学校长、河南省通志馆编修、省博物馆馆长等职。省博物馆在 1927 年受冯玉祥支持成立于开封。关百益精通金石、书画之学。1938 年，日寇侵占开封，日军头目土肥原想要他担任开封市维持会会长，他固辞不就，闲居在家。1939 年冬，伪河南省省长陈静斋请他出任了河南省博物馆馆长兼河南通志馆总纂。

关百益编著关于龙门的著作有《伊阙魏刻百品》《伊阙石墨颉英》《老君洞石墨颉英》《石窟寺石墨颉英》《伊阙石刻志》《老君洞各造像图谱》《龙门二十品考释》《伊阙古迹图》《伊阙石刻图表》。这些都是

20世纪20、30年代完成的。可以说，关百益为宋代以来近九百年的龙门金石学研究作了总结。

日本京都大学人文科学研究所从1934年开始，派人调查中国佛教遗存。1936年春，水野清一、长广敏雄结束了邯郸响堂山石窟调查后，原拟进一步调查豫北的小石窟群，但当时的河南省政府未予批准。他们于4月21日从开封出发，次日抵洛，24日到达龙门，至29日调查草草结束，共计六天。当时中日关系极为紧张，水野一行在龙门受到严密监视。长广负责测绘北魏洞窟，水野负责测绘唐代洞窟，羽馆易负责摄影。1941年在东京出版的《龙门石窟之研究》，报告了他们此行的研究成果。

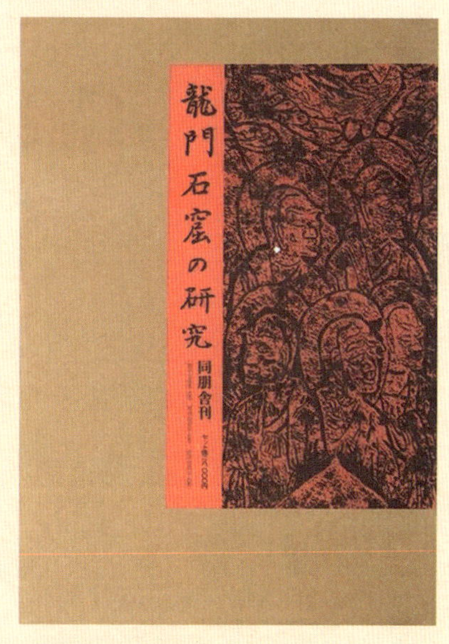


水野清一等：《龙门石窟之研究》

《龙门石窟之研究》是一部洋洋大观之作，是对前人研究成果的一个总汇。它在搜罗拓本之丰富，洞窟介绍之详尽，艺术分析之深入方面都做得较好。诚然，由于调查时间的匆忙，以及离开文物现场而搞研究，致使该书有多处错乱，而沿用成说又缺乏分析取舍。但是，无论如何，它毕竟把近千年的龙门石窟研究作了一个总结，至今仍有重要参考价值。

1942年出版的冢本善隆著《“支那”佛教史研究·北魏篇》，对云冈石窟和龙门石窟的造像内容及与佛教史有关的问题作了比较深入的研究，具有重要参考价值。

中央研究院、北京大学等四单位组织的“西北科学考察团”历史考古组（组长向达）的石璋如、阎文儒于1943年3月考察了龙门石窟，但没有发表报告书。后来，向达在北大设立“考古专业”，阎文儒在北大历史系开设“中国石窟寺艺术”等课程，石璋如去了台湾的“中央研究院”。

# 龙门石窟研究四十年
# （1949—1989）

1949 年以来，龙门石窟的研究工作取得了不少成果。

据初步统计，1949 年至 1989 年四十年来国内外发表研究龙门的文章有一百二十余篇，已发表的专著（含图录）十余种，还有一部分研究成果在学术会议上宣读过。

洛阳龙门文物保管所在四十年中首先抓住了基础资料的整理建设，早在 1961 年就在北京大学阎文儒教授指导下开展了龙门石窟编号工作，将东、西两山划分为五区，编入重要窟龛共一千零九十七号。这是一次尝试性工作，为之后进一步全面编号积累了经验。

1963 年至 1965 年，在北京大学宿白教授等人指导下，北京大学历史系考古专业和中央美术学院美术史系实习生完成了唐字洞、魏字洞、石窟寺、路洞、极南洞、古阳洞和双窑（八仙洞与千佛洞）等洞窟的测绘、记录工作。已发表报告的有古阳洞、石窟寺（即皇甫公石窟）和双窑。其中的《洛阳龙门双窑》报告遗迹记录完备，型式划分准确，编年分期可靠，是一个较完善的佛教考古报告。1965 年冬，在国家文物局直接指导下，完成了龙门石窟遭受人为破坏情况的调查，查明在中华人民共和国成立前龙门文物被盗凿计七百二十处。这些被盗文物绝大部分下落不明。1970 年至 1974 年，龙门文物保管所组织人员对东、西两山的碑刻、题记作了普查、拓印和记录工作。普查结果表明：龙门共有碑刻题记二千七百八十品，其中有纪年的共七百零二品，纠正了旧说三千六百

品之误。此外，1973 年在洛阳市设计院协助下，完成了《龙门西山立面图（1∶200）》的测绘工作。1985 年，在解放军某部协助下，完成了东、西两山三十余个危险洞窟的险情调查、记录工作。1986 年，委托有关部门完成了宾阳中洞（1∶10）和奉先寺（1∶25）的近景摄影测量；同年，购入龙门地区彩红外线航空摄影相片（1∶2000）。

在佛教考古学的研究方面，四十年来取得了突出的研究成果。由龙门文物保管所和北京大学考古系共同编印的《中国石窟·龙门石窟》一、二卷的出版是一个重要的标志。这些成果主要是建立了龙门石窟的排年序列。学者们采用考古标型学的手段，结合大批有纪年的窟龛材料，把龙门北朝期（约公元 493—580 年）窟龛划分为五期；把隋唐时代（公元 581—756 年）小龛划分为三期，并对龙门主要洞窟作出了年代学上的论证。在龙门唐代洞窟的分期上，日本学者曾布川宽也提出了很有说服力的见解。由于龙门位于魏、唐首都的郊区，又由于它有大批独一无二的、有明确纪年的窟龛；因此可以预料，龙门石窟的分期研究对全国魏、唐石窟的分期研究必将具有重要的参考价值。

《中国石窟·龙门石窟》（一、二卷）

四十年来，在洞窟的调查研究中，陆续有不少新的发现。

主要的新发现有：

在龙门西山，发现了比丘尼惠灯（公元650—731年）和灵觉（约公元687—738年）“藏魂千秋”的瘗窟。进一步初究表明，惠灯是比丘尼智运（主持万佛洞的开凿者）的弟子，曾被武则天征入“内道场”二十余年；灵觉是武三思之女、武则天的侄孙女，她可能是禅宗北宗七祖普寂的弟子。

在龙门发现了一批有关中外交通的重要史料。如四次出使印度的王玄策，两次赴印、客死异国的高僧玄照，华严宗创始人康居国的康法藏，归化的突厥人阿史那忠父子，安国人安思泰，吐火罗僧宝隆等人的有关题记以及新罗人的“新罗像龛”等，不同程度地引起了历史学家的重视。同时从未被人注意的僧舍（禅窟）也发现了若干处。还有在火烧洞券面的上方，发现了乘龙奔驰的东王公、西王母，属于道教的巨幅浮雕；在奉先寺台阶南侧悬崖上发现了一龛唐玄宗时代的天尊立像（双窑前廊上也有一龛天尊坐像）。除此之外，还有不少新发现的或从未被报道过的窟龛。

在碑刻、题记的研究方面，之前日本水野清一、长广敏雄所著《龙门石窟的研究》一书中收有龙门石刻录文，是集各金石家收录的汇编。经核对，发现有许多错误：有的造像记安错了洞窟；有的少录了文字（甚至整段的遗漏）；更多的是文字错讹，如“岑文本”讹作“朱文本”，“郁久间”讹为“郁久闲”等；还有推论之误，如把”洛州乡城老人佛碑”碑文的“大唐贞观十一年”释成“大齐天保十一年”等。中田勇次郎编印的《龙门五十品》甚至把四川绵阳的《黄法暾造天尊像记》[大业六年（公元610年）]收入。在龙门碑刻普查中新发现造像记四十品，为各金石书所佚失。对著名的“伊阙佛龛之碑”研究表明，魏王李泰为亡母长孙皇后所造的石窟是宾阳南洞而不是潜溪寺。从极南洞残存的题记得知：极南洞是唐代著名宰相姚崇（字元之）等为亡母刘氏所造，时间当在神龙元年（公元705年）左右。姚崇之父姚意（《新唐书》卷一百二十四写作“懿”）于龙朔年中所经营的“河南别业”，当在龙门南十千米之伊川县彭婆乡。姚崇墓至今犹存。对“大唐内侍省功德之碑”

考察说明：内侍省高力士等一百六十人为唐玄宗所造的四十八身阿弥陀像就是今奉先寺壁面上所刻的立佛像。据考证，此碑立于开元十八年（公元 730 年）二月七日。在东山万佛沟北崖东侧的一个大窟中，残存一批立佛佛座。对佛座上铭文的研究发现：该窟是高平郡王武重规所建的“图像尊仪”。但是，“厥功未就”，武重规便“掩归四大”了。后来，由香山寺上座惠澄法师加以补修。此外，对古阳洞内《杨大眼造像记》研究表明：古阳洞的正名似是《洛阳伽蓝记》所记的“石窟寺”，古阳洞正壁一铺三身大像（一坐佛二侍立菩萨）应为孝文帝所造。

在佛教史的研究方面，也提供了一些新的文物史料。新发现的华严宗创始人康法藏三个造像龛及祖坟塔铭是很珍贵的资料，可补僧史之阙。由此项资料可知，法藏之祖为康俱子（？—675 年），祖母为康氏（？—665 年），父亲为康德政（？—687 年），母尹氏（？—701 年）似为汉人。法藏兄弟三人：法藏、崇基、万岁；姐妹三人：阿杵、无泰、惠琳。妻子名胜蛮，儿子名宝藏。万岁就是后来东都圣善寺的都维那。龙门东山的刘天洞，主尊雕造了头戴宝冠的大日如来像，时间在天授三年（公元 692 年）之前。擂鼓台南洞的时间也与刘天洞接近。这些事实说明，早在善无畏、金刚智来华之前，依据密教典籍雕造的大日如来像等已在龙门出现。这对我国密教的发展史提出了新的研究内容。还有，龙门的看经寺规模宏大，四壁下部刻出罗汉群像而无主尊佛像，可能和禅宗北宗的发展有关。此外，天台宗、净土宗、三阶教等的信仰遗迹也历历可见。而且，龙门的弥勒崇拜自唐高宗、武则天时期以来发生了明显变化：第一，由独立开窟、专供弥勒，发展到以弥勒居中的三佛题材（如摩崖三佛）；第二，洞窟及弥勒像不断增大（由一点二米到五点五米）；第三，唐中宗神龙以后不见弥勒大洞。这种现象可能与武则天利用《大云经》自称“慈氏”，从而大搞信仰弥勒的政治活动有关联。另外还应指出：龙门石窟的造像（特别是小龛）有一部分不完全是严格按照佛教仪轨造出的，它们受世俗信仰的左右，呈现出复杂的形态。

四十年来，就龙门石窟艺术的研究，发表了大量的文章，特别是王子云、温庭宽、傅天仇诸先生作了精辟的分析。例如，渊源于南朝的“秀骨清像”“褒衣博带”式佛教造像在龙门形成后，迅速影响到北部中

国的许多石窟，使佛教造像风格（有人称之为“中原风格”）为之一变，前后经历达数十年之久。与此同时，在书法、装饰艺术、建筑艺术、音乐、舞蹈艺术等方面的研究也有所进展。

唐代的龙门有十座寺院。但自明末以来，对“龙门十寺”的名称已知之不确，中外学者聚讼纷纭。通过对文献的钩稽、考证，结合考古调查，“龙门十寺”名称的问题已基本澄清。这十寺是：东山南部的香山寺、北部的乾元寺（今香山寺）、北部山后的敬善寺（不是西山的“敬善寺石像”窟）；西山迤南今郭寨村的菩提寺（今皇觉寺）、魏湾村北的奉先寺、今粮仓院内的宝应寺、龙门镇西北山阜的广化寺、今龙门文物保管所院内的胜善寺；龙门天竺寺原在东山北段山麓，后被洪水冲毁，唐代宗时重建天竺寺于西山迤北今寺沟村；龙门玉泉寺在今 偃师区境内。研究表明：白居易所说的“龙门十寺”应指彼时的“龙门乡”而言。奉先寺和广化寺遗址的勘定引起日本真言宗各派的高度重视，因为真言宗祖师善无畏葬于广化寺，另一祖师金刚智葬于奉先寺。奉先寺遗址出土的墓门可能是禅宗北宗七祖义福的墓门。1983 年冬，在龙门宝应寺遗址出土的神会塔铭被学术界视为研究禅宗史的宝贵资料，可以纠正禅史研究中的一些错误。塔铭全称是“大唐东都荷泽寺殁故第七祖国师大德于龙门宝应寺龙岗腹建身塔铭并序”（永泰元年十一月十五日立）。这一宝贵资料已被译成日文刊布。

总之，中华人民共和国成立四十年来，龙门石窟的研究取得了不少成绩，但需要加强的方面也不少。例如建立科学而实用的编号，绘制精确的两山总立面图，公布全山石刻录文，继续对各石窟作全面的记录等，这些基础工作亟待有计划地展开，专题性的研究工作有待深入，“龙门十寺”的考古发掘也应有计划地进行等等。

# 龙门石窟创建一千五百周年

在人类文化发展的长河中，独具魅力的石窟寺艺术凝聚了不同民族的宗教热忱和对真善美的憧憬，融汇了各式建筑、雕塑、壁画之精华，恰似一颗颗人类文化育成的珍珠，光照千秋。

这一串璀璨的明珠，散布在亚洲广袤的原野上：从印度的巴雅、卡尔利、阿旃陀、康希利，向北涉过印度河，到阿富汗的贾拉拉巴德、巴米羊和海巴克；折而向东，沿着丝绸之路，横越帕米尔高原，在我国的天山南麓，点缀着克孜尔、库木吐拉、吐峪沟和柏孜克里克，东入玉门关，便是敦煌。敦煌以东，蛛丝脉散，撒成了一张巨大无比的“珠网”，竟覆盖了大半个中国（含二十个省、区），并延伸到韩国庆州的石窟庵，濒临大海。正所谓：“千峰势到岳边止，万派声归海上消。”

龙门石窟恰好位于这一“珠网”的中心，是成百上千颗明珠中最耀眼夺目的一颗。龙门在洛阳城南十二千米，远眺如天阙，伊水中流，风光秀丽。唐代大诗人白居易赞曰：“洛都四郊山水之胜，龙门首焉；龙门十寺观游之胜，香山首焉。”

十三朝古都洛阳地处黄河中游，山河控戴，形势险要：北依邙岭，越邙岭则是天堑黄河；南对嵩山，有轩辕、大谷、伊阙三关可资据守；东控虎牢关，可通郑汴；西扼函谷关，接八百里秦川。司马迁在《史记·封禅书》中有云：“昔三代之君，皆在河洛之间。”司马光在《过故洛阳城》中有云：“若问古今兴废事，请君只看洛阳城。”信哉，斯言！

## 龙门——我国最大的石雕艺术宝库

龙门古称“阙塞”，早见于《左传》及《战国策》。“伊阙”之得名“龙门”，肇始于隋炀帝，事载韦述撰《两京新记》。

大约在西晋时，伊阙已建山寺。至于开窟造像，则始于北魏孝文帝太和十七年（公元493年）。历经东魏、西魏、北齐、北周、隋、唐诸朝，连续营造达三百年之久。五代、北宋、明亦有小龛雕造，已是强弩之末。现存窟龛二千三百四十多个，大小造像数以十万计，佛塔四十余座，在东西两山峭壁间绵延分布，南北长达一千米，是我国最大的石雕艺术宝库。琳琅满目的碑刻题记二千八百余品（其中有纪年者七百二十品，为研究石窟的年代学提供了翔实的第一手资料），亦居全国之冠。名扬海内外的北碑法书“龙门二十品”，自赵之谦等倡导以来，备受青睐；康有为更称“龙门魏碑无不佳者”，乃变一代书风。

太和十七年（公元493年）九月，孝文帝幸洛阳，定迁都之大计。十月，诏征司空穆亮、尚书李冲、匠作大将董爵经始洛京。龙门石窟亦同步营造。至太和十九年（公元495年）九月，六宫及百官全部从平城（今山西省大同市）迁至洛阳（汉魏洛阳城，在今市区以东十七千米），北魏史掀开了新的一页。

## 北魏时期所造大窟

龙门开凿最早的古阳洞（《洛阳伽蓝记》称“石窟寺”），或云即百官为孝文帝所作。穆亮、安定王元燮、广川王元略（即贺兰汗）、齐郡王元祐、北海王元详、名将杨大眼等，皆在窟内开龛造像。然工程未就而孝文帝崩逝。宣武帝即位，令依代京灵岩寺制度为高祖（孝文帝）和文昭皇太后（高氏）造石窟二所。永平年中，中尹刘腾奏为宣武帝复造石窟一所。据《魏书·释老志》载，从公元500年至523年工程中止，用工凡八十万二千三百六十六个，可知工程之浩大艰难。关于这三所石窟的位置，经过几十年争论，最终可确定为今宾阳三洞。龙门北魏所造的大窟还有莲花洞、火烧洞、魏字洞、普泰洞、唐字洞、石窟寺（宣武帝皇后胡充

古阳洞北壁列龛

华之舅皇甫度所造）和路洞等等。

## 龙门魏窟的经营特点

龙门魏窟颇重视外立面（即“券面”）的经营，它不再局限于模仿木构寺院，而是另辟蹊径。辉耀的火焰纹、护法的双龙、怒目的金刚力士，被巧妙地组合成门楣。或于火焰纹内刻出饕餮、七佛，或于火焰纹旁刻出伎乐天、乘龙御风的仙人，在不变中求变。

龙门魏窟一反云冈“昙曜五窟”的做法，加大了窟门，取消了中心塔柱，使窟内采光充分。在长方形或椭圆形的平面中，列像“后退”，前庭扩大，佛像也由“真容巨壮”变得“大小相宜”，使瞻仰礼拜者感到亲

古阳洞被盗凿尼法文法隆等造弥勒菩萨交脚像（欧洲私人藏）

莲花洞窟楣作火焰纹尖拱式样

莲花洞下层佛龛龛楣中央部分形式莲瓣，饰以两对飞天

切，视野宽广，心理平衡。

魏窟中的造像，以释迦牟尼佛（手作禅定印或说法印）、三世佛和交脚弥勒菩萨为主体，亦有无量寿佛、定光佛、观世音菩萨的造像。佛本生故事、佛本行故事、文殊与维摩诘对坐说法、释迦和多宝佛并坐、护法的十神王、狮子、力士、夜叉、飞天等也有表现。主尊由二胁侍菩萨的“三尊式”，演化成由二弟子、二菩萨胁侍的“五尊式”。选择迦叶居左、阿难居右侍立佛的两旁已成定式，沿用至今。

约公元6世纪10至20年代，佛和菩萨“秀骨清相”的造像风格在龙门形成。此类造像都有修长的身材，窄削的肩膀，清癯的面型，高直的鼻梁，含笑的眉眼。佛像着褒衣博带式袈裟，用直平阶梯式刀法刻出密集的衣纹。此等形象之佛和菩萨，包蕴着慈悲的神态，也颇具南朝士大夫们潇洒飘逸的风度。其审美情趣应是拓跋贵族汉化已深的表现。“秀骨清相”的雕刻风范，很快便风靡北中国。

## 宾阳洞窟及敬善寺

宾阳中洞窟顶的雕饰，是以莲花为中心的大宝盖。在穹窿顶中央，高浮雕出双重复式莲瓣，周围环绕着乾达婆八身、紧那罗二身，皆面向

宾阳南洞主尊阿弥陀佛像

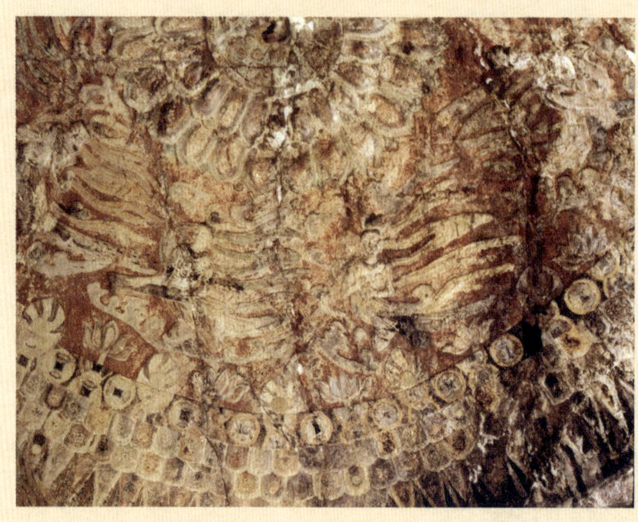
宾阳洞窟顶（局部）

正壁主尊释迦牟尼佛。乾达婆分别有吹笙、吹笛、弹阮、击细腰鼓、击磬、吹排箫、弹筝和击钹者；紧那罗则以手托果盘做供养状。这些“飞天”都是头梳高髻，面相清秀，上体袒露，帔帛飘荡，气韵生动，凌空回翔。各飞天间及下方刻以香花、流云。宝盖的周边做出古钱纹、垂鳞纹及三角纹的流苏。千姿百态的飞天，不但雕于窟顶，而且结合忍冬纹、联珠纹、葡萄纹、莲瓣纹、火焰纹等，构成龛楣或背光，严谨和谐，生动有趣，令人赞叹不已。

北魏时，洛阳的佛教臻于极盛，寺院鳞次栉比，北魏末年达一千三百六十七所。译经元匠菩提流支、勒拿摩提、佛陀扇多，创立少林寺的禅师跋陀，在嵩山坐禅面壁九年的菩提达摩等皆至魏传法，可谓名僧毕集。无怪乎西域胡沙门睹见佛诞日（四月初八）洛阳各寺院浩大的“行像”队伍而唱言“佛国”！

有唐一代，以洛阳为东都。则天称制，更为神都。佛教艺术空前繁荣。帝王将相、后妃公主、庶民百姓、外国僧侣纷纷在龙门造像祈福，蔚然成风。龙门窟龛中，唐代者约占十分之六七。

在北魏辍工的宾阳南洞，由魏王李泰为亡母长孙皇后营造了一铺阿弥陀佛像，并镌褚遂良所书“伊阙佛龛之碑”（公元641年）以纪其事。碑中赞颂李泰“发挥才艺，兼包礼乐。朝读百篇，总九流于学海；日撷

三赋，备万物于词林。……长人称善，应乎千里之外；通神曰孝，横乎四海之滨”。李泰用佛教的功德以彰其孝，刊碑以显其才，必有深意寓之。据史书记载，“时皇太子承乾病蹇，泰以计倾之”，“潜有夺嫡之意”，或意即在此。

唐高宗初年完工的敬善寺石像，是纪国太妃韦氏（纪王李慎的生母）所造的一个中型石窟。学者们曾长期误以为此窟就是“龙门十寺”之一的“敬善寺”。然而，李德裕在一首诗序中说：“比闻龙门敬善寺有红桂树独秀伊川。”石窟中怎能种树？刘沧在《登龙门敬善寺阁》一诗中有“独步危梯入杳冥，……花落院深清禁闭”句。石窟内又怎么有高阁、危梯、深院？ 1981 年 4 月，在龙门东山北阜出土了“唐故陆胡州大首领安君墓志”，终于证明了敬善寺位于东山的事实。

## 龙门十寺之首的香山寺

香山寺为十寺之首，创始于北魏熙平元年（公元 516 年）。禅宗二祖慧可即出家于此。唐永隆元年（公元 680 年）之后，因中天竺国三藏地婆诃罗葬此而重兴，得梁王武三思（武则天之侄）之请再敕名额。武则

在大卢舍那像龛北壁外侧的峭壁上穿插雕刻的立佛

天革命称周，曾率百官乘春游幸该寺，命群臣赋诗，并留下了“赐夺锦袍”的诗坛佳话。白居易致仕后，常居香山寺，自号“香山居士”，并与寺僧如满等人结为“香山九老社”。长庆初，新罗国使金柱弼偕沙门无染来唐，曾上香山寺向如满求问佛法。然而，这座赫赫有名的香山寺在元末被毁。其遗址于 1965 年在龙门东山南岗被发现。清康熙四十六年（公元 1707 年），由河南学政汤右曾在唐代乾元寺遗址上重建香山寺，位于东山北段山腰间。乾隆十五年（公元 1750 年），乾隆帝所巡幸的，正是这座假香山寺。乾元寺则在明嘉靖间迁往龙门南草店村附近。

## 今称“奉先寺”的大卢舍那像龛

由唐高宗和皇后武则天主持营造的大卢舍那像龛（今称“奉先寺”），完工于上元二年十二月三十日（公元 675 年 1 月 20 日）。主尊卢舍那佛（意为光明普照，是三身佛中的“报身佛”）高达十七点一四米，头高四米，耳长一点九米，是龙门石窟最宏伟的一尊佛像。该佛像方额广颐，面相丰满，在弯如新月的双眉下，是一双灵动而含蓄的双眸；在笔直的鼻梁下，是一张小小的弧形的嘴巴，流露出喜悦和关怀之情。身穿通肩式袈裟，简明的、一圈圈同心圆状的衣纹，把头像烘托得异常崇高而圣洁。雕刻家在熔铸传统技法的同时又作了新的探索，着重表现佛的精神世界。这是一个不可企及的典范。近年有人说，该像是所谓“武则天的模拟像”，纯系臆断。两侧侍立的二弟子、二菩萨、二天王、二力士，乃有主从、文武、动静之对比，又浑然一体，相映成趣，给人以美的享受。此龛规模之宏大，气魄之非凡，技艺之高超，体现了大唐帝国盛世之国运和中华文化之博大，令人叹为观止。

几乎所有研究该龛的人都忽略了一件事：即在上述九身大像之外，在三面峭壁上另有穿插雕刻的立佛（每身高约一点九米），计四十八身。原来，这正是“大唐内侍省功德之碑”（位于大像龛北壁外侧）所述的由高力士、杨思勖等内侍省“一百六十人奉为大唐开元神武皇帝”（唐玄宗）所造的“西方无量寿佛一铺四十八事”，时在开元六年（公元 718 年）。

几乎所有的专家长期以来都把大卢舍那像龛当成了“奉先寺”。唐代

奉先寺大卢舍那像龛

大诗人杜甫《游龙门奉先寺》诗中有句："已从招提游，更宿招提境。阴壑生虚籁，月林散清影。"石窟中岂有"阴壑"及"月林"？近年考古勘察表明：始建于公元679年的奉先寺遗址在龙门南约二百米的魏湾村北侧。著名的禅宗北宗七祖义福（公元658—736年）、密宗祖师、南天竺僧金刚智（公元667—741年）等皆归葬于此。1981年于该遗址曾出土巨型石墓门一扇，可能是义福墓遗物。大中十年（公元856年）正月十三日，日本国圆城寺僧、智证大师圆珍（公元814—891年）曾冒雪礼拜金刚智坟塔。在唐代，大卢舍那像龛是附属于奉先寺的，正如敬善寺石像附属于敬善寺一样。后人失考，遂致混淆。

"龙门十寺"除上述诸寺外，还有天竺寺、玉泉寺、胜善寺、菩提寺、宝应寺和广化寺。另一位密宗祖师、中天竺僧善无畏（公元636—735年）即葬于广化寺。1988年冬，日本真言宗总大本山会在善无畏、金刚智墓地分别建立了纪念碑，并举行了隆重的法会。1983年冬，在宝应寺遗址发现了禅宗南宗七祖神会墓，出土了《大唐东都荷泽寺殁故第七祖国师大德于龙门宝应寺龙岗腹建身塔铭并序》刻石，禅学界为之震动。笔者通过对该"塔铭"的研究，纠正了胡适先生关于神会研究的某些错误。

## 龙门唐代造像题材的扩大

随着佛教新经典的译出和宗派的形成，龙门唐代造像题材为之扩大：除北朝已流行者外，又出现了优填王像、业道像、地藏菩萨、宝胜如来、维卫佛、药师佛、卢舍那佛、大日如来、十一面三十三臂观音、千手千眼观音、西方净土变、传法廿五祖、廿九祖等形象，同时也有刊佛经、造经幢、镌佛塔、刻药方等做功德之举。

## 西方净土的崇拜

净土崇拜中，尤以“西方净土”（阿弥陀净土）、“弥勒净土”最流行，“药师净土”（东方琉璃世界）次之。单体的观音崇拜总是历久弥笃。唐太宗及唐高宗初年的“西方净土”崇拜，仅是造出阿弥陀佛一铺而已。永隆元年（公元680年）完工的万佛洞，则力图表现一个欢乐的西方极乐世界。值得注意的是，该窟是由内道场比丘尼智运和宫中高级女官——“大监”姚神表共同兴造的。“大监”长期被看作是“匠作监”

万佛洞

惠简洞主尊弥勒像

的主官，实是误解。万佛洞除正壁前雕出阿弥陀五尊像外，又在正壁壁面上浮雕出五十二菩萨和二身飞天。相传印度鸡头摩寺五通菩萨感得五十二菩萨之瑞像，称阿弥陀五十二曼陀罗。两侧壁面上遍刻千佛，计一万八千多身，以示“恒河沙数”诸佛。千佛的下部雕伎乐人，奏乐者八身，舞蹈者二身，使人联想起唐人“鼓催残拍腰身软，汗透罗衣雨点花”的诗句。

由一批中外绸缎商人营造的“北市彩帛行净土堂”，完工于延载元年（公元694年），其独特之处，一是在前室侧壁上刻出了“九品往生图”，二是在后室正壁上刻出了《佛说菩萨诃色欲经》。在造像记中，提出了“佛国混同，讵有东西之异”的命题，反映了商人们四方奔波及在信仰上的兼容性。东都洛阳的市场有“南市”“北市”和“西市”，“北市”立于显庆二年（公元657年），在洛河北之临德坊。北市之有彩帛行、丝行、香行等行会，皆赖龙门造像记而得知。

唐代寺院中盛行“俗讲”，用说唱形式演绎佛经，颇受民众喜爱。把经文故事绘成图画，叫作“变相”。龙门东山万佛沟中就有大幅浮雕的

敬善寺前室南壁观音

“西方净土变”，约作于武周时期。

与西方净土崇拜有密切关系的是观世音崇拜，人人倾倒，如醉如狂。观音形象以宝冠中有化佛、手提军持（净瓶）为特征。为求变化，还有手托净瓶者，有倾瓶出水者，在瓶中插莲者，也有把净瓶系在腰上者，不一而足。观音婀娜多姿，身体用S形，酥胸细腰，媚于常人，大有呼之欲出之态。有的学者指出，观音与印度教的湿婆神有造型上的关联，但过大的双乳、侧耸的臀部都作了适度的修正。户部侍郎卢征造救苦观世音菩萨石像（公元791年），高约二米，是龙门最晚的一尊唐代观音像。

公元6世纪北魏小龛

## 弥勒净土的崇拜

龙门北朝的交脚弥勒像都是身着菩萨装，在兜率天宫中的形象。唐代的弥勒皆着佛装，已是从兜率天宫“下生”成佛的形象，表示“末法”已经过去，一个新时代已经开始。千佛洞（唐高宗前期）、惠简洞（公元673年）、极南洞（著名宰相姚崇造于公元705年）、东山大万五千佛洞（武周时期）和摩崖三佛（约辍工于公元700年）等窟，都是以弥勒佛为主尊的大窟。

摩崖三佛龛三佛并坐，弥勒居中，这种布局，全国仅此一例

大万五千佛洞是一处典型的“弥勒净土”。此窟正壁前雕倚坐的弥勒佛及胁侍之二弟子、二菩萨。四壁及门楣遍刻千佛，共约一万五千身。三壁下层，依《付法藏因缘传》（昙曜译）刻传法祖师二十五身。穹窿顶之中心刻八瓣大莲花，周围绕以飞天、吉祥鸟、祥云、宝塔，以及“不鼓自鸣”的筝、钹、细腰鼓、箜篌、琵琶、广首鼓等等，展现了一个雨泽随时、一种七获、万人成佛、快乐安稳的美好乐土。

最引人注目的是摩崖三佛：三佛并坐，弥勒佛居中（高五点五米）。这种布局，全国仅此一例。但工程中辍，内中缘故有待考证。或曰这与白马寺主薛怀义有关。垂拱五年（公元 689 年），薛氏等造《大云经》，陈符命，言则天为弥勒下生，作阎浮提主，唐氏合微。证圣元年（公元 695 年）元月，上武则天尊号曰“慈氏越古金轮圣皇帝”，“慈氏”就是弥勒。二月，杀薛怀义，随即“罢慈氏越古”号。推测此工程是薛氏主持，开工于表上《大云经》前后，辍工于其被杀时，其间为五年半，同工程进度暗合。

## 药师佛及地藏菩萨

龙门有二十多尊药师佛像。一般为立式，手托药钵或拄禅杖。唐人相信，供奉药师佛可以洗荡八苦，振烛六幽。

龙门有四十尊地藏菩萨像。多为五十厘米以下的小像，左舒坐。佛经云：释迦灭度以后，弥勒成佛之前的“末法”时期，只有地藏能弘大道、济大苦、拔三涂、证六道。三阶教徒笃信之，朝廷屡禁不止，多流行于民间。

## 禅宗及密教遗迹

作为僧人禅定、止息处的“毗诃罗”式禅窟，往往造于曲径通幽的地方，龙门已发现多处。唐诗云：“静室遥临伊水东，寂寥谁与此身同？”“雪下石龛僧在定，雁归沙渚夕阳空。”这“静室”就是禅窟。禅僧坐禅入定，尽化机心，得自然之性，这是一幅多么清新的“雪下禅定图”！

禅宗五祖弘忍的大弟子中，神秀、慧安、法如等皆以嵩洛为根本道场。龙门东山看经寺可能就是一处禅堂。该窟平面方形，规模宏大，但无主尊之设。惟在洞内三壁下层刻出高约一点八米的传法祖师二十九身：有舒眉朗目张口欲语者，有疾首蹙额苦心冥想者，有洗耳恭听虔诚作礼者，有扬眉动目开口雄辩者，有拄杖回首有所瞻望者，有翘首仰天探视星空者，有以手抚胸沉思不语者……，面相各异，神态有别，形神兼备，前后呼应，似一气呵成，足称妙品。看经寺的完工，不晚于开元二十年

看经寺北壁罗汉

（公元 732 年）。据专家考证："西天廿九祖说"最早见于李华《左溪大师碑》（公元 754 年），则看经寺早于它二十多年，更早于《历代法宝记》（公元 774 年）四十多年。

学术界通行的观点认为：瑜伽密教是在"开元三大士"善无畏、金刚智和不空入华后建立的，实则不然。道宣《续高僧传·达摩笈多传》、赞宁《宋高僧传·智通传》都记载了隋唐之际瑜伽密教传入的事实。我国最早的、较完整的密教遗迹于 1986 年前后发现于龙门石窟，最有代表性的是刘天洞（造大日如来）的鉴别，该龛早于武周天授三年（公元 692 年）。另外，擂鼓台南洞、北洞［早于开元六年（公元 718 年）］、万佛沟千手千眼观音龛、惠简洞上方的十一面三十三臂观音龛等，皆造于武周时期。

## 龙门石窟负载的丰富史料价值

近年，在龙门石窟发现了一批有关中外交通的重要史料。王玄策曾三次或四次出使印度，著有《中天竺行记》十卷（已佚），在宾阳南洞西壁迦叶像下部有他于麟德二年（公元 665 年）九月十五日造弥勒像的题记。这是他第三次使印返洛后所作，是有关这位大旅行家的惟一文物资料。在万佛洞窟外南侧有两次赴印、客死异乡的高僧玄照于调露二年（公元 680 年）所造的观世音菩萨像。归化的突厥人阿史那忠在敬善寺区有造像记保存（无年款）。他以擒颉利可汗之功，擢左屯卫将军，永徽初封薛国公。此造像记已有"薛国公"衔，故知道于永徽末或稍后。龙门西山中段有珍珠泉，明代建有观澜亭，今仅存遗址。在其南侧山腰间，有一小型洞窟（宽、深皆一点七米，高一点九米），窟内造像无一存者，惟门楣上"新罗像龛"四字犹存，当为新罗国留学生、留学僧所作。依窟型判断，该窟约作于武周后期。龙门东山有吐火罗僧宝隆造释迦佛一铺，时在景云元年（公元 710 年）九月一日。"吐火罗"即巴克特里亚或大夏，为西域古国，其地在今兴都库什山及阿姆河上游地区。

出人意料的是，在龙门发现了华严宗创始人康法藏（公元 643—712 年）的三处造像和一处祖坟题记。康法藏是昭武九姓的康居国人，自祖父入华，已三代定居中国。在魏字洞南壁有造像记云："法藏为父母、兄弟、姊妹，又为胜蛮，敬造阿弥陀像一龛。乾封二年四月十五日。"时法藏二十五岁，尚未出家。胜蛮可能是其妻。

龙门石窟的雕刻艺术在中华民族传统技艺的基础上，又大胆吸收了大夏式（即犍陀罗式）、印度笈多式（含秣菟罗、萨拉那特两种风格）等范本，创造出了灿烂的、不朽的杰作。深刻理解这些杰作，需要懂得佛理和中国文化的底蕴。难怪至今仍有人面对这些佛和菩萨慈悲的面孔、哲人的微笑会投以诧异和迷惘的目光。要发掘这种东方的美，须发掘东方的哲学。

## 龙门石窟的修复

佛教讲一"劫"之中有成、住、坏、空，龙门石窟岂能例外。由于自然和人为的原因，宋代之前龙门已遭破坏。宋真宗大中祥符九年（公元 1016 年）时，"西京龙门山石龛佛岁久废坏，上命沙门栖演给工修饰，凡一万七千三百三十九尊"。（《佛祖统纪》卷四十四）这是见于文献的最早一次维修。元代至正年间，萨天锡（有人考证他是大食国后裔）游龙门，写有《洛阳龙门记》，感慨龙门佛像或碎首，或毁躯，极少完整者。不过，清代之前龙门虽有破坏，但另一方面也有所建造。明万历三十八年（公元 1610 年），山西平阳府绛州张一川妻在龙门造地藏王像；清宣统三年（公元 1911 年），长沙江氏在东山白居易墓前建筑了"白亭"。因此，龙门真正的劫难，实自民国建元大启肇端。有案可稽之被盗，多在 20 世纪二三十年代。究竟有多少精美绝伦之雕像被盗凿，迄今仍无法详细统计。仅据 1965 年 11 月的一次调查，即发现多达七百二十余处。"文化大革命"初期，形势岌岌可危，赖有心长官动员红卫兵护卫，使龙门石窟幸免于难。

龙门石窟的自然破坏，以岩石崩塌、地下水渗漏及表层风化为最甚，迄无良策以对。20 世纪 70 年代以来，对危险洞窟进行加固，主要以锚杆固定岩体，用树脂填充孔隙的方法为之。1973 年加固的大卢舍那像龛，取得了"保持原貌"的效果。近年修栈道、改造登山台阶等举，文物保

“龙门石窟综合治理工程”施工现场

温玉成与夫人黄元贞在工作中

护界褒贬不一，有待认真研讨。笔者愿借此机会向海内外有识之士呼吁：共同为龙门石窟的保护提供最佳的方案、最新的技术和更多的资金。同时，希望世界各地的博物馆、美术馆及私人收藏家能向我们提供所藏龙门雕像的资料，协助我们“复位研究”的完成。

1993 年恰逢龙门石窟开创一千五百周年，真是“千载难逢”。为弘扬中华文化，检阅龙门石窟各项研究之成果；为保存国粹、探求石窟保护技术；为增进中外专家学者的相互了解、切磋学术、扩大龙门石窟的知名度，龙门石窟研究所定于 9 月 5 日至 9 月 12 日召开“龙门石窟一千五百周年国际学术讨论会”，并特聘北京大学宿白教授、中央美术学院金维诺教授、文化部文物局罗哲文高级工程师等组成本次会议的论文评审委员会。自 1992 年春开始筹备以来，蒙海内外学术界、宗教界、美术界和文物保护界响应支持，业已有国内及二十多个国家近二百位专家学者踊跃报名。本次会议将把学术研讨和学术考察（龙门石窟、白马寺、巩义石窟、宋陵、嵩山中岳庙、观星台、孝静皇帝陵、少林寺）结合起来，把学术活动和参加民间文化庙会结合起来，力争使其成为一次高水准的生动活泼的盛会。

# 龙门往事

# 法国学者与龙门石窟

1898 年，法国矿山工程师鲁普兰斯 · 兰格参观了龙门石窟，并于 1902 年发表了一篇游记《龙门纪实》。这篇文章引起了热衷“汉学”研究的专家们的重视。

法国里昂人爱德华 · 沙畹（公元 1865—1918 年）在巴黎高等师范学院毕业后，于 1889 年来华，成为法国驻华公使馆随员。他潜心研究汉文，1893 年成为法兰西学院教授。1895 年至 1905 年的十年间，沙畹翻译了司马迁《史记》的前四十七卷。

沙畹

从 1907 年开始，沙畹考察了陕西省汉唐陵墓、四川省东汉石阙、山西省大同云冈石窟、河南省龙门石窟和巩义石窟、山东省济南石刻以及吉林省高句丽墓葬等处，撰写了巨著《北中国考古图录》（公元 1905 至 1915 年在巴黎出版）、《泰山志》（1910 年）和《中国民间艺术中愿望的表达》（1922 年）等作品。

沙畹考察龙门的时间在1907年7月24日至8月4日间，共计十二天。他所拍摄的照片是龙门石窟最早的图片资料，共计一百二十幅。沙畹还将五百五十种“造像记”译成法文，加以考释。他认为，龙门石窟有两次造像高潮期，即北魏和唐代前期。他还做出了古阳洞是为孝文帝所造，莲花洞是为宣武帝所造等等重要推论。20世纪30年代，关百益在编写《伊阙石刻图表》时，选取了沙畹著作中的许多图片。沙畹的著作至今仍是研究龙门石窟的必读参考书。

1917年，沙畹参加了巴黎大学接待及授予徐世昌（公元1855—1939年）文学、法学“荣誉博士”的仪式，并发表了演讲——《论中国人的道德观念》。徐世昌一度担任袁世凯政府的“国务卿”，1918年还被选为“大总统”。

沙畹是20世纪前半叶对“汉学”研究贡献最大的学者。他的学生伯希和（公元1878—1945年）、马伯乐（公元1887—1945年）及葛兰言（公元1884—1940年）都是著名的汉学名家，成就斐然。二次世界大战爆发后，德国入侵法国，葛兰言忧愤而死；马伯乐则在希特勒的集中营中备受迫害而去世。

1908年4月至5月，伯希和率领的法国远征队奔赴敦煌，通过活动道士王圆箓，以五百两白银为诱饵，窃走“藏经洞”珍贵经卷五六千卷之多，造成中国古代文献无可弥补的巨大损失。

# 慈禧太后、光绪帝在龙门石窟

中华民族是带着耻辱踏进20世纪门槛的。1900年7月，英、法、德、俄、奥、美、意、日八国联军攻陷京师。慈禧太后挟光绪帝仓皇逃离紫禁城，经居庸关、宣化、大同、太原、潼关，前往西安避难。

1901 年 7 月，李鸿章等代表清政府，被迫与十一国使节签订了丧权辱国的《辛丑条约》。

8 月，待局势平稳后，慈禧太后及光绪帝的车驾从西安回銮。统治者俨然忘记了疼痛，仿佛是胜利者一样，受到沿途州府官吏大张旗鼓的欢迎与供张。

慈禧太后

河南知府、满族正黄旗人文悌（瓜尔佳氏）洞明世事，早就为迎接老佛爷的到来周密准备。慈禧太后一行人马的吃穿住用，他安排爪牙们周密准备；慈禧太后要拜谒的关林、龙门，他精心加以修葺。文悌派陈际熙、何瑞堂、贾秋圃三人整修龙门，工程自 8 月 19 日动工，至 9 月 15 日告竣。他们还在禹王池的上方建了一座小小“石楼”，文悌特意为其题联：“独自登

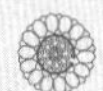

高能望远，相逢席地可谈天。”

光绪帝

9 月 16 日，回銮的两宫人马浩浩荡荡地驻跸河南府（洛阳）。这可忙坏了急于“尽忠”的府县大小官吏。他们称颂：“和约”的签署是大清国外交的伟大胜利，是两宫的圣明！一众人媚态毕现。

9 月 19 日，两宫“皇舆”来到关林。慈禧太后及光绪帝瞻礼拈香。慈禧太后为关林题写了“威扬六合”及“气壮嵩高”两块匾额，光绪帝题写了“光昭日月”一块匾额。慈禧太后同时下令，拨帑银千两，命文悌及洛阳县丞沈德本等人重修殿宇，添置供器。

当天下午，两宫“皇舆”抵达龙门。以高僧教续为首的香山寺、潜溪寺僧众列队出迎。慈禧太后拈香拜佛后，还拜谒了乾隆帝的御碑亭及白居易的墓园。流水高山的野趣，清静佛门的禅意，让逃亡中即将归家的帝后感到一丝安定。

9 月 20 日，两宫离洛，途经郑州、开封北上，11 月回到京师。这一年，梁启超在日本创办了《新民丛报》，与孙中山领导的兴中会分庭抗礼。中国在酝酿着更大的社会动荡。

然而，文悌统治下的河南府丝毫没有为外界所动。据《清史稿》记载，“戊戌变法”（1898 年）开展时，文悌正任御史之职。康有为曾以变法之旨登门向他游说。文悌则保守地认为：变法本是为“整顿国事”，但康有为的言行却是反其道而行之，是“败坏国事”。最终，慈禧太后“训政”，在以她为首的顽固守旧派的打击下，变法最终夭折。康梁流亡海外，六君子血洒菜市口。可是，文悌却获得提拔，当上了河南知府。他因洛阳接驾有功，更加受到宠幸。只可惜，刚刚官运开始亨通的文悌，不久即罹患重病，死于京师。这样一个一生操劳，在官场中孜孜求取功名的官僚，最终也只获得了一场黄粱美梦。

# 梁思成、林徽因、刘敦桢在龙门石窟

1936 年 5 月 28 日，著名建筑史家、建筑教育家梁思成、林徽因来到洛阳，与刘敦桢先生汇合，协同考察龙门石窟。与他们同道的还有陈明达、赵正之。当时居住条件简陋，几人被跳蚤困扰，甚至整夜无法入眠，就是在这样的条件下，营造学社一行在龙门石窟考察了四天。除此之外，他们在洛阳还考察了关林（关羽埋首级处）和白马寺的齐云塔。

考察时，他们进行了分工。刘敦桢负责编号并记录建筑的特征，林徽因记录佛像的雕饰，梁思成、陈明达负责摄影，赵正之抄录铭刻的年代。至于写生及局部实测，则由大家分别承担。

在龙门石窟，凡所触目，令学者们惊叹不已。在中原大地的皇家石窟中呈现出南朝“秀骨清像”“褒衣博带”的风韵。他们看到了与云冈石窟异域风情不同的景象，更真切体味到孝文帝汉化改革的力量。

对龙门石窟，梁思成向往已久。早在编写《中国雕塑史讲义》的时候，他就用生动的语言对龙门石窟进行了定位。这份“讲义”多有对前人的借鉴，但其评价无疑代表着梁思成个人的观点和判断。梁这样写道：

> 龙门诸像中之最伟大者为奉先寺。……纵横十二丈，上下百四十尺，实为伟大之极。"七百余载……唯此为最"亦非夸张之辞。
>
> 今像坐露天广台之上，前临伊水。寺阁已无，仅余材孔，而像

1936年5月，林徽因在奉先寺大卢舍那像龛阿难和普贤菩萨像前

则巍然尚存，唐代宗教美术之情绪，赖此绝伟大之形像，得以包含表显，而留存至无极，亦云盛矣！其中尤以卢舍那为最精彩……卢舍那像已极残破，两臂及膝皆已磨削，像之下段受摧残至甚；然恐当奉先寺未废以前，未必有如今之能与人以深刻之印象也。千二百年来，风雨之飘零，人力之摧敲，已将其近邻之各小像毁坏无一完整者，然大卢舍那仍巍然不动，居高临下，人类之技［伎］俩仅及其膝，使其上部愈显庄严。且千年风雨已将其刚劲之衣褶使成软柔，其光滑之表面使成粗糙，然于形态精神，毫无损伤。故其形体尚能在其单薄袈裟之尽情表出也。背光中为莲花，四周有化佛及火焰浮雕，颇极丰丽，与前立之佛身相衬，有如纤绣以作背景。佛坐姿势绝为沉静，唯衣褶之曲线中稍藏动作之意。今下部已埋没土中，且

膝臂均毁，像头稍失之过大；然其头相之所以伟大者不在其尺度之长短，而在其雕刻之精妙、光影之分配，足以表示一种内神均平无倚之境界也。总之，此像实为宗教信仰之结晶品，不唯为龙门数万造像中之最伟大、最优秀者，抑亦唐代宗教艺术之极作也。

在奉先寺大卢舍那像龛前，梁思成、林徽因、刘敦桢一行深深震撼。林徽因这样向好友费正清和费慰梅描述内心的感受："我径坐在龙门最大的露天石窟下面，九座巨大的雕像以各种安详而动感的姿态或坐或立地凝视着我。（我也凝视着他们！）我完全被只有在这种巨大的体验中才会感受到的力量震慑了。"

此行考察，营造学社成果丰硕，刘敦桢还撰有《龙门石窟调查笔记》等著述。在拍摄的大量照片中，有部分还留下来他们考察的身影。

新中国成立前夕，梁思成主持编写了《全国重要文物建筑简目》，林徽因负责审核条目。编写这一"简目"的主要目的是供中国人民解放军作战及接管时保护文物古迹之用。这也是中国现代最早记载全国重要文

1936年5月，梁思成、林徽因等在药方洞南侧考察

1936 年 5 月，梁思成、林徽因等在药方洞前考察

物古迹目录的专书。

“简目”按民国三十八年（1949）三月之前的省、市、县行政区排列，共收入二十二个省、市的重要古建筑和石窟、雕塑等文物四百六十五处，并加注了文物建筑的详细所在地、文物的性质种类、文物的创建或重修年代以及文物的价值和特殊意义。为了对特殊重要的文物建筑加强保护，“简目”将文物建筑分为四级，以圆圈作标志，用圈数多少表示其重要性。此种分级对待的原则为后来文物分级管理的办法提供了先例。在龙门石窟和故宫、敦煌千佛洞、孔庙等条目下，梁思成郑重地加注了四个圈。不同于三个圈的、两个圈的、一个圈的文物，这些画有四个圈的文物古迹是重中之重，被戏称为“四星将”，是名副其实的“国之瑰宝”。

1961 年由国务院颁布的《全国重点文物保护单位目录》就是基于这份《全国重要文物建筑简目》修订而成的。龙门石窟作为全国第一批重点文物保护单位被列入其中。

# 龙门石窟第一个外宾接待室

1973年对洛阳而言，是不同寻常的一年。1972年，解放军第四十三军（东野六纵）全面接管了洛阳市政权。洛阳市文化局的支左部队是四十三军炮团，当时的政委是王俊生。

1973年年初，我们听到消息，柬埔寨王国的西哈努克亲王信奉佛教，特别提出要前来瞻拜洛阳白马寺。但是，他和很多人并不知道，洛阳白

中国第一古刹白马寺

龙门石窟第一座外宾接待室（现状）

马寺的一批佛像，包括元代的十六罗汉已经被毁，再也无法复原。

1966 年 8 月 26 日，“文化大革命”正值初起的狂热阶段，“破四旧”的浪潮遍布全国。洛阳郊区白马寺大队书记张年尚率民众砸毁了白马寺泥塑佛像九十一尊（其中就包括国宝元代十六罗汉），烧毁了《大藏经》五万五千八百八十四卷。此事震动了洛阳市委市政府。市委书记吕英紧急决定，为避免龙门石窟遭到破坏，派洛阳农机学院红卫兵前往保护。这样，四十多名红卫兵七天七夜守护龙门石窟，使之没有受到冲击。市委副书记朱轮为此特别前往龙门石窟现场慰问红卫兵。

鉴于此种情况，在周恩来总理关怀指导下，国家文物局局长王冶秋安排从北京故宫博物院慈宁宫大佛堂调出一批罗汉运往洛阳。正是基于这样的背景，3 月，洛阳市委派文化局局长蒋若是与我前往北京，同故宫博物院吴仲超院长商谈接收事宜。

1973 年 4 月 13 日，日本京都大学访华代表团一行抵达龙门石窟。团长河野建二教授、副团长岛田虔次教授和秘书长井上清教授由我负责接待。

代表团初抵洛阳就接到了大塚有章来自日本国内的急信，信的内容主要谈及京都大学收藏有被盗的龙门石窟佛像，而且数量不少的情况。大塚有章希望就此向中方道歉。但团长河野建二等认为此事尚未落实，尚有待调查，没有接受这一建议。然而，我们没有对日本来客予以指责。在欢迎宴会上，中方的诚恳与大度令日本学者深深感动；一位教授深感惭愧，当场失态，放声痛哭。

4 月 16 日，中共中央政治局委员、国务院副总理、军委办公会议成员纪登奎与中共河南省委第一书记、省革委会书记刘建勋，第四十三军参谋长、洛阳市委第一书记赵玉轩从栾川县考察二炮基地回到龙门小憩，由我接待。当时正值郭沫若《李白与杜甫》出版面世不久，刘建勋于是问我："你读过郭老的这本著作吗，有没有什么看法？"我回答："郭老的著作分析得很全面，但对李白捧得太高，对杜甫贬得太低了。"在一旁的赵玉轩听到我的话，颇不以为然。他认为一名普通干部以这种方式评说中央委员有点儿大不敬。

气氛缓和下来之后，我抓住机会向领导汇报了个人的想法："龙门石窟是河南省最大的开放单位，每年有外宾五百多人来参观，其中一半为日本人。但是，我们至今没有一个像样的接待室，也没有抽水马桶，外宾对此反馈意见很多。希望能给龙门石窟建一个外宾接待室。"纪登奎听罢我的汇报后马上说："小温，你记着——老纪、老刘同意，由老赵去办，省委秘书长王维群经办，给龙门建一个接待室。"

不久，这一计划付诸实施。最初，接待室设计为三层，占地二百零四平方米。后来考虑到改造地基花钱较多，就将房子建成了两层，由国家建委一〇三指挥部承包。整个建筑所用的木材和水泥由洛阳地委书记关庭秀批准支持。到了 1974 年，这座朴素美观的小楼终于完工。

# 周恩来总理在龙门石窟

1973年是我自1967年担任龙门文物保管所领导以来最忙碌的一年。

1971年，奉先寺大卢舍那像龛的维修加固工程动工，到1973年9月，即将告一段落。保管所每周一次的业务学习一直持续，大家情绪高涨。测绘古阳洞和对东西两山碑刻进行拓印的工作有条不紊地进行。龙门石窟遭受伊河洪水灾害的善后工作紧张地推进。外宾接待室的筹建工作也已开始。

正值此时，中央给洛阳下达了接待国宾的紧急任务。洛阳市委对龙门石窟的接待工作高度重视，决定在奉先寺大卢舍那像龛下伊河河滩中建造一处停车场，并加宽西山路面。洛阳市原市长卢成松亲临龙门担任指挥长，坐镇指挥。

市委宣传部原部长宗树铮奉命在“国际旅社”召集我与李文生、李玉昆、张文彬、李延岭等人，要大家一字一句地“突击”编写《龙门石窟》简介。9月，这份“简介”由河南人民出版社正式出版。这也是“文化大革命”中我国出版的第一本石窟介绍。

9月中旬，我奉命在龙门东山香山寺举办“讲解人员培训班”，为接待国宾及随行的一百多人的记者采访团做准备。除龙门文物保管所本所人员外，又抽调了文化局、博物馆的一些同志前来。

接待国宾，安全无疑是第一位的。公安部部长于桑为此三下洛阳，特别指示安全工作必须做到“万无一失”。龙门文物保管所的“政审”工作由党支部书记王康负责。龙门石窟的警卫共分三层：外层距石窟五千米，由解放军值勤；中层距石窟两千米，由地、市公安局负责；内层则以便衣及可靠人士充作“游人”，暗中确保安全。所有人统一签发《通行证》，只认证不认人。我的通行证是“六十二号”。国宾所经过的地点由解放军第四十三军派人扫雷，以防不测。

9月下旬，由市委领导李凤岐、周为松、王玉忠组织龙门石窟工作人员“试讲”。试讲后，市委召开常委会，最后决定：接待国宾主讲，全程由我和李莲荣（陪女宾）陪同。其他人员，一部分陪同记者团，如张文彬、余扶危、李文生、赵鄂青等；另一部分各站一洞，如黄明兰在宾阳中洞，李献奇在潜溪寺，张剑在宾阳南洞，宫大中、马月玲在奉先寺，沈淑玲在万佛洞，李玉昆在古阳洞等等。还有一些机动人员，如苏健、陈长安等。龙门文物保管所王康书记专职监管国际长途电话。龙门石窟外卖部在宾阳洞和禹王池设两个售货点，出售有《龙门二十品》，当时一套定价五百元，由李守杰、冯吾现、刘景龙、裴元立负责销售。

经过洛阳市委的特批，为龙门文物保管所中层以上领导每人做了一套毛料中山装，职工及博物馆的同志每人做了一套“的卡”军干服。大家穿上新衣服，更加精神抖擞了。

这是新中国成立以来洛阳市举办的最重大的接待活动。全市人民，特别是接待人员，无不沉浸在隆重欢快、紧张热烈的气氛中。10月14日清晨，当从收音机中获悉周恩来总理将陪同加拿大总理皮埃尔·埃利奥特·特鲁多及夫人前来参观时，洛阳沸腾了，洛阳人民热烈的情绪达到了顶点。最初传达的文件是邓小平副总理来，大家已十分兴奋；如今听到是周总理来，更是喜出望外！

上午九时，我们奉命前往“国际旅社”报到。报到的人每人得到了一件由河南省革命委员会副主任耿起昌、洛阳市革命委会主任赵玉轩签发的“欢迎加拿大特鲁多总理午宴”的请柬。十时，卢成松带领我们分乘两辆大轿车赶赴火车站，观看欢迎人群的“排练”。王玉忠是车站欢迎队伍的总指挥。十一时，我们抵达友谊宾馆。十二时三十分，午宴开始，共三十五桌。我同宗树铮、王玉忠等同志都在第三十二桌。省级宴会是“四菜一汤”，包括奶油猴头、番茄煨鱼、四色素菜、口蘑蒸鸡以及牡丹

1973 年 10 月 14 日，周恩来总理在龙门石窟奉先寺大卢舍那像龛前。周恩来右侧为温玉成

1973 年 10 月 14 日，周恩来总理在龙门石窟奉先寺大卢舍那像龛前。周恩来右侧为温玉成

燕菜汤，饮料是“宝丰特曲”。上第三道菜时，宾主致辞。宴会一散，我立即乘车返回龙门石窟，等候接待。

下午二时，我同李莲荣肃立于禹王池下等候贵宾。这个位置是外交部礼宾司确定的。三时许，周恩来总理的车队停在了大门外，周总理陪同特鲁多总理及夫人下车，缓步走来。我们立刻跑步迎上前去，同周总理及特鲁多夫妇握手。周总理在禹王池下的流水处停下来，用手探了探泉水。我介绍说：“这是山里流出来的泉水，冬暖夏凉，一般在二十四至二十五摄氏度。”周总理笑了，特鲁多夫妇也上前探了探泉水。在宾阳洞前，许多外国记者围着周总理拍照，一个大胡子记者靠得最近。周总理指着迦叶像的尖鼻子风趣地说：“你像不像他？”大家听后哄堂大笑。

周总理从宾阳洞院走下时，正对着出售《龙门二十品》的书摊。他一面翻看拓片，一面饶有兴致地问：“多少钱一套？”裴元立回答：“总理，五百元一套。”周总理听罢自言自语：“哦，五百元。”裴元立身旁的一位市委领导见状激动地拿起一套《龙门二十品》说道：“总理喜欢，送总理一套！”周总理见状并没有开心，而是轻声责备了一句：“你这个同志，怎么这样？”此时，特鲁多总理也已从宾阳洞下来，周总理于是继

续陪着客人向南走去。

一行人，第一排是周恩来总理、特鲁多总理、省革委会耿起昌副主任，翻译是唐闻生和我。许多摄影记者在前面抢拍镜头。

1973年10月14日，温玉成陪同周恩来总理在龙门石窟

在万佛洞，我向总理一行介绍：“这是宫中三品女官、大监姚神表和内道场智运禅师于公元680年为唐高宗皇帝李治、皇后武则天所造的石窟。”从万佛洞台阶下来时，周总理问我：“你读过骆宾王的《讨武曌檄》吗？”我马上答道：“读过。”总理接着又问：“你能背诵吗？”我很惭愧，只得回答：“不能”。此时，周恩来总理一面步下台阶，一面竟背诵出了《讨武曌檄》的文句：“伪临朝武氏者，性非和顺，地实寒微。昔充太宗下陈，曾以更衣入侍。”稍稍停顿，他向南眺望一眼，又接着背道：“是用气愤风云，志安社稷。因天下之失望，顺宇内之推心，爰举义旗，以清妖孽……”当时，我就被周总理深厚的学养震撼。

奉先寺大卢舍那像龛下方备有临时茶座。周恩来总理与特鲁多总理夫妇在此坐下小憩。周总理指着东山问我：“这山有多高？”我回复：“海拔三百七十一米。”周总理说了句：“山上的树太少了，要注意植被。”

稍歇之后，周总理一口气登上奉先寺大卢舍那像龛，不要旁人搀扶。其实，此时的周总理已经身患绝症一年有余。他双手抱肘，仔细端详着卢舍那大佛。宫大中正在讲解时，只听龙门文物保管所的两位女讲解员连嘘带喘地叫着：“总理！总理！”她们的任务本是看守电话，但是想见周总理心切，于是不顾纪律跑了上来。周总理闻声转身，见是两位女同志，于是问道：“你们是哪个单位的？”站在前边的十九岁姑娘佟寒秋回答：“我是这里的讲解员。”总理指着卢舍那大佛试探：“你能讲解吗？”

1991 年，王铁成在电视剧《周恩来》中饰演周恩来。为还原当年周总理视察龙门石窟的情景，特请当年的见证人温玉成饰演讲解的角色

王铁成在电视剧《周恩来》中的剧照

佟寒秋自信地告诉总理："能！"周总理笑了："那好，就请你讲讲吧！"就这样，由佟寒秋介绍了奉先寺大卢舍那像龛的一部分内容。她讲解完毕后，周总理向我提了几个问题。《洛阳日报》记者苌喜元抓住时机，为我和周恩来总理拍下了合影——这是我一生最珍贵的照片，那年我才三十四岁。

在古阳洞前，周总理看得很是仔细。欣赏杨大眼龛时，看着该龛作为《龙门二十品》之一的造像记，他有些遗憾，转身对外交部礼宾司司长韩叙说："堂堂的礼宾司司长拿不出五百元钱，《龙门二十品》买不成了。"韩叙有些尴尬："真是不知道出来要用现金啊，确实拿不出五百元钱啊！"事后知道，周总理的秘书向他建议，是否可以从北京汇钱过来，让我们龙门石窟寄一套"二十品"给他。然而，周总理拒绝了。他说："不行，那样做，他们就不收钱了。"什么时候，周总理都首先想着别人。

面对经历岁月磨洗惨遭破坏的石窟，周总理深情地对我说："这是古代劳动人民创造的艺术，一定要研究好、保护好！"省委有关领导立刻表态："我们一定按总理指示办！"我也连连点头承命。韩叙司长问我："你是哪里毕业的？"我告诉他："我是北大历史系考古专业，1964 年毕业的。"他非常赞许："研究龙门石窟，你们是正宗啊！"

下午四时半，参观结束。周恩来总理陪同特鲁多总理一行从奉先寺停车场乘车离去。我们整队向敬爱的周总理挥手告别，当时依依不舍，真是热泪盈眶。大家在心底默默地祝福总理一路平安，健康长寿。在友谊宾馆下榻时，周总理向工作人员询问牡丹的花期，并特意表示："明年五一，我再来洛阳看牡丹！"然而，病中的周总理"失了约"；他这一去，再没能来洛阳，再没能见到挚爱他的洛阳人民。

与周总理相伴一程，却让我铭记一生。他永远活在我的心里，从未离去！

# 丹麦王国首相哈特林在龙门石窟

1974年10月，丹麦王国首相保罗·哈特林与夫人及全体丹麦贵宾在一机部李水清部长（少将）陪同下来到洛阳。23日上午九时，河南省革命委员会刘鸿文副主任，洛阳市革命委员会弓力、边朝毅、谢黎、李凤岐等负责同志陪同贵宾来到龙门石窟参观。

在外宾接待室，在我向大家简要介绍龙门石窟之后，哈特林首相仔细观看了陈列的唐三彩“文官俑”和“武官俑”。他指着武官俑感叹：“你看他的神气，好像有些愤怒，形态那么勇猛有力。唐三彩，我太喜欢了！”他向我询问唐三彩的生产时代。我告诉他：“唐三彩主要产于唐代，也就是公元618至917年间。”他还向我了解了唐三彩仿制品和原件存放地点等系列问题。我通过唐三彩的介绍，关联到古代的“丝绸之路”和中外人民的友好往来，让来宾对这一工艺美术形象有了更为深远宏阔的印象。

哈特林夫人对佛像非常感兴趣，在宾阳三洞，她向我提了不少问题，诸如：“佛的两眉之间是不是镶过红宝石？”“佛的手势是什么意思？”等等。我对此一一作了回答：“佛的两眉之间的确镶过宝珠。佛的手势有的表示佛在讲经说法，有的表示佛在和魔鬼斗争……”哈特林夫人又问：“佛是什么时代的人？是印度人吗？”“佛教是什么时候传到中国的？”我告诉她：“佛是古印度人，诞生在今天的尼泊尔境内，是公元前6世纪至前5世纪的人。佛教在公元1世纪传到中国内地，并逐渐与中国本土

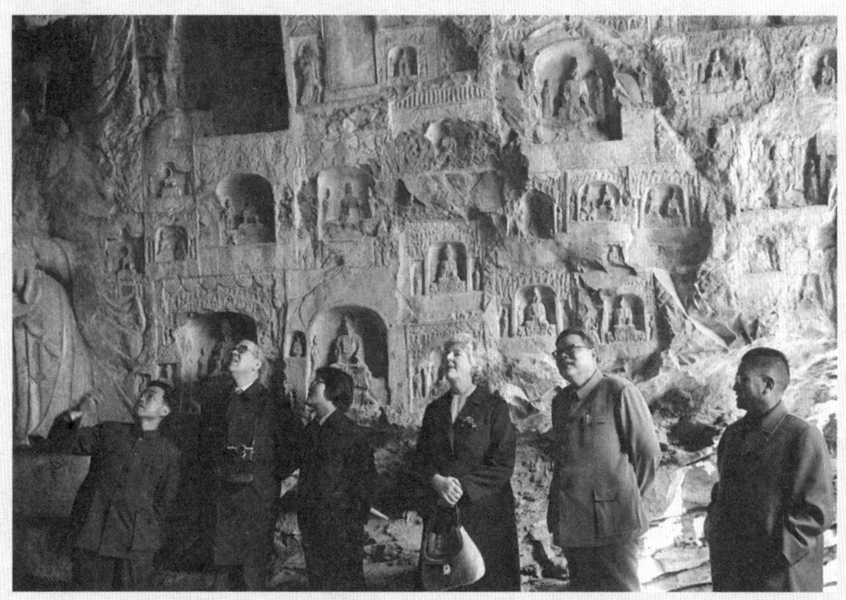

1974 年 10 月 23 日，丹麦王国首相保罗·哈特林和夫人及其一行在龙门石窟参观，细致了解了北魏至唐代的雕刻艺术。左一为温玉成

文化相融。"

当看到宾阳洞中美丽的飞天，得知她们是奏乐散花的女神时，宾客们露出喜悦的表情。走出宾阳三洞，哈特林夫人望着清澈的伊水，兴奋地用中文叫道："西湖！西湖！"

哈特林首相和夫人路过禹王池清泉时，也伸手探了探温温的泉水。首相问："这附近有火山吗？"我告诉他："附近并没有火山。"他非常好奇："那么，这里泉水为什么会冬暖夏凉呢？"我解释道："因为水源离地面较深，受气温的影响很小，所以水温常年保持在二十到二十六摄氏度之间。"他又问："这里是什么岩石？"我说："这里最多的是石灰岩，所以喀斯特地貌发育很好。"

贵宾们在和煦的阳光下漫步于伊河之滨，欣赏着雄伟的山谷、端庄的佛像，十分尽兴。六十岁的哈特林夫人在山坡上摘了一朵淡紫色的野菊花别在胸前，陶醉不已："我特别喜欢这种颜色，今天天气真是怡人！"我马上呼应："是首相先生和您带来了这样好的天气，带来了丹麦人民对中国人民的友谊！”

在万佛洞，听罢对“西方极乐世界”的介绍后，哈特林首相评价道：“这真是一个快乐的世界！”我还向贵宾们介绍了弹琵琶的伎乐人，哈特林首相很开心，特别告诉我：“在北京我们就听了琵琶演奏！”

来到莲花洞内，他们指点着一排排高度只有两厘米的小佛像，诧异不已。

古阳洞雕刻的一组“佛传故事”（即关于佛一生事迹的神话故事，如“天神投胎”“树下诞生”“步步生莲”“九龙灌顶”“阿私陀占相”等）引起了贵宾们的兴趣，他们一边听着我的讲解，一边微笑或赞许。得知这些一千四百多年前的雕像是用铁凿、铁锤等工具凿成时，哈特林夫人不禁感叹：“这个时期丹麦还没有铁器呢！”

我介绍了药方洞的唐代药方之后，哈特林夫人点头：“我相信这些药方能治病。”她还问了当年佛像是否还要彩绘？我回答：“要彩绘，还要贴金。”

贵宾们登上奉先寺大卢舍那像龛，仰望高大雄伟的卢舍那造像，都流露出赞叹的神情。众人一再说：“这是最优秀的！”当获悉卢舍那佛耳朵高一点九米时，哈特林首相风趣地说：“和我一样高啊！”我还向他们介绍了天王、力士雄健有力的艺术形象。首相问：“天王踩着的是他的‘兵’还是‘魔鬼’？”我告诉他：“是夜叉，也就是勇敢的士兵的意思。”

贵宾们还仔细询问了佛像破损的原因。我解释，其原因主要有两个：一个是自然风化侵蚀（如奉先寺）；一个是人为破坏，包括历史上的人为破坏及1949年之前帝国主义分子勾结中国文物商人的破坏。宾阳中洞的“皇帝礼佛图”和“皇后礼佛图”被盗凿就是实例。在万佛洞，我们请首相一行到洞口外观看被美国人普爱伦盗走的石狮的残痕，并告诉他们，这个石狮现在美国波士顿博物馆。他们问：“历史上的破坏起于什么时候？”我说：“在元朝之后。”他们又问：“是因为宗教信仰的不同而引起的破坏吗？”我解释道：“不完全是这样，因为中国古代没有宗教战争，这点与欧洲不同。”

临别之际，哈特林首相对我说：“你们的工作取得了良好的成绩，谢谢你的讲解！”他们离开龙门石窟的时间是十一时二十分。

# 两件珍贵文物的回归

龙门石窟开创一千五百周年（公元493—1993年）之际，传来一件喜讯。龙门高树龛主尊佛头在流失七十余年后，终于有了下落。高树龛位于著名的龙门石窟古阳洞北壁上层，是一个重要的中型佛龛。龛高九十五厘米，宽八十厘米，深十二厘米。龛楣为九身童子牵华绳构成的圆拱式，布局为一释迦牟尼坐佛（禅定印）并二侍立菩萨。佛着袒右肩袈裟，结跏趺坐于平台上。圆形头光内层刻莲瓣纹，外层环绕过去七佛。舟形身光，内层刻八身飞天，外层刻火焰纹，非常精美。龛左侧“造像记”高四十厘米，宽二十八厘米，是赫赫有名的北魏《龙门二十品》之一。文云：“景明三年（公元502年）五月卅日，邑主高树、维那解伯都卅二人等造石像一区。”笔法跳跃，点画峻厚，骨法洞达，结构天成，是魏碑中之姣姣者。令人痛心的是，该龛佛头连同左肩袈裟一部分早已被盗凿而去。它是什么时间被劫走的？佛头今在何处？长期以来杳无消息。

1991年春，美籍华人雕刻家、收藏家、美洲中华艺术研究会会长陈哲敬先生在纽约，从一位美国收藏家手中购得一件北魏佛头（高三十二厘米）。陈哲敬以三十年收藏文物的经验推测，这应是龙门石窟的佛头像。那位美国收藏家告诉他，这件佛头是自己十多年前从一位比利时收藏家手中买到的。据陈先生分析，此佛头当初可能由法国流入比利时。因为法国人最先研究龙门石窟（如巴黎大学教授沙畹），也最先收购龙门

邑主高树、维那解伯都卅二人等造像龛

高树龛被盗凿佛头

高树龛佛头模拟复位图

的佛像，他们对美术考古学十分在行。

陈哲敬把佛头照片寄给中央美术学院美术史专家汤池，请他方便时予以查对。汤先生回信说，依佛像造像风格、服饰推断，应是龙门古阳洞之物。1991 年冬，陈哲敬与夫人及陈耀华先生一行专程到龙门找我协助查对。我们攀爬于佛洞间，终于找到了佛头原在的高树龛。经过仔细测量、核对，大家的喜悦之情溢于言表。

那么，这件佛头是何时被盗的呢？在《北中国考古图录》（沙畹摄于 1907 年）中，它还是完整的；而在日本人关野贞、常盘大定合编的《支那文化史迹》“II –53 版”中，它已被盗去。关野贞于 1906 年、1918 年两次来过龙门，常盘大定于 1921 年来过龙门。由此可知：该头像被盗的时间不晚于 1921 年；换句话说，该佛头至迟在七十年前已遭盗劫。

1992 年秋，陈哲敬、陈耀华再访龙门，并与龙门石窟研究所相约合作，共同进行龙门流失佛雕的“复位”研究。

高树龛佛头的复位工作引起了学术界、新闻界的重视。北京大学宿

《邑主高树、维那解伯都卅二人等造像记》拓本

白教授称赞：陈先生送给了龙门一份最好的礼物。享誉欧洲的八十多岁华人雕刻家张充仁、浙江美术学院九十岁高龄的雕塑史家史岩、上海博物馆馆长马承源等先生对此无不欢喜赞叹。旅法雕塑家熊秉明教授看到照片后评论道："此像斩金削玉，简净瘦硬；照片复位后，虽未能准备恢复旧观，但也觉生命顿出，神采斐然，可喜也！"由龙门石窟研究所主编、上海人民美术出版社出版的《龙门流失雕像》画册中，收入了一批龙门流失佛像、菩萨像、罗汉像、飞天像的精品，初步进行了复位的研究，高树龛也在其中。

1992年春节甫过，陈哲敬先生又从香港给我打来电话，说他收藏的一件菩萨头很可能属于龙门石窟火顶洞（该头像刊载于《中国古佛雕》图九，高三十七厘米），希望尽快核实。龙门石窟研究所经过现场核对工作证实，该菩萨头确实是龙门火顶洞左胁侍观音菩萨的头像。这是继高树龛佛头确定原位后又一令人兴奋的消息！

"火顶洞"位于龙门西山南段火烧洞上方，距山前路面高约三十五米。未修栈道前，很难攀登。因之，中外著作中对该洞内容均无记述。该洞系盛唐雕造的一个中型洞窟，然尚未发现镌刻的造像记。窟内的造像布局是以结跏趺坐阿弥陀佛（高一百一十六厘米）为中心，左右有二弟子、二菩萨、二天王侍立。可惜的是，七尊造像头部全被盗凿而去，被盗时间不详，亦无任何资料可供参考。

今已找到的是左胁侍观音菩萨头像。观音通高一百四十六厘米，颈系项圈，身披X形璎珞和帔帛。右手扬起，持麈尾；左臂自然下垂，手握军持（净瓶），身材修长，亭亭玉立，臀略右耸，姿态优美。被盗的头像面相长圆丰满，方额广颐，有高耸的发髻，发髻正中刻化佛，化佛下刻髻珠；蛾眉凤目，直鼻小口；神态庄重怡然，技法纯熟洗练，是典型的盛唐佳作。用照片模拟复原后，散发出奕奕神采，更觉慈悲动人。值得注意的是，菩萨头像显得光洁晶莹，而身躯却风化剥蚀较严重。这给文物保护专家提出了一个新课题。

七件头像中的一件最终身首合一，值得庆幸。同时，我们也深深关切其他流失龙门石窟雕刻的下落。它们今在何方，什么时候才能回到故乡，我们无限期盼。

火顶洞北壁被盗凿菩萨头部

火顶洞北壁菩萨被盗凿残迹

火顶洞北壁菩萨复位图

龙门旧影

宾阳中洞南壁（1893 年　早崎梗吉摄）

万佛洞外观世音菩萨（1893 年　早崎梗吉摄）

魏字洞南壁大龛（1893 年　早崎梗吉摄）

北魏孝文帝礼佛图浮雕北壁部分（1906 年　沙畹摄）

洛州乡城老人佛龛（1906 年　沙畹摄）

古阳洞北壁一层西侧大龛（1906 年　塚本靖摄）

←
古阳洞南壁西侧
（1910 年　佛利尔摄）

莲花洞主佛及弟子、菩萨（1910 年　佛利尔摄）

清明寺菩萨（1910 年　佛利尔摄）

禹王池（1910 年　佛利尔摄）

←
宾阳中洞前壁左侧
（1916 年　山本明摄）

普泰洞右胁侍菩萨（1916 年　山本明摄）

宾阳中洞主尊（1918 年　关野贞摄）

大卢舍那像龛左胁侍文殊菩萨（1918 年　喜龙仁摄）

磨崖三佛龛（1918 年　关野贞摄）

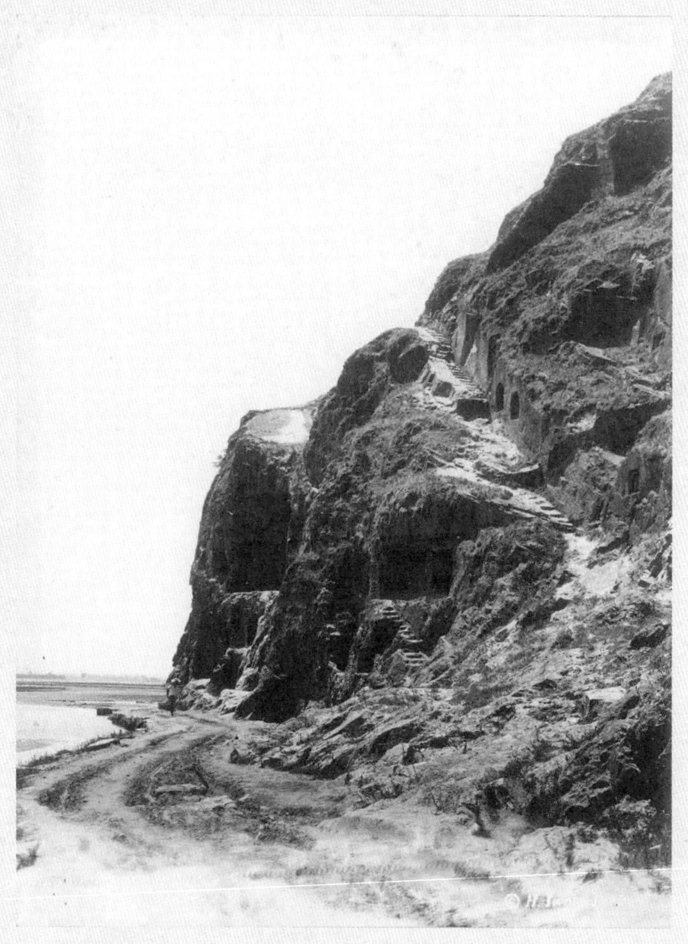

万佛洞外山路（1923 年　岩田秀则摄）

惠简洞右协侍（1923 年　岩田秀则摄）

老龙洞北壁大龛（1923 年　岩田秀则摄）

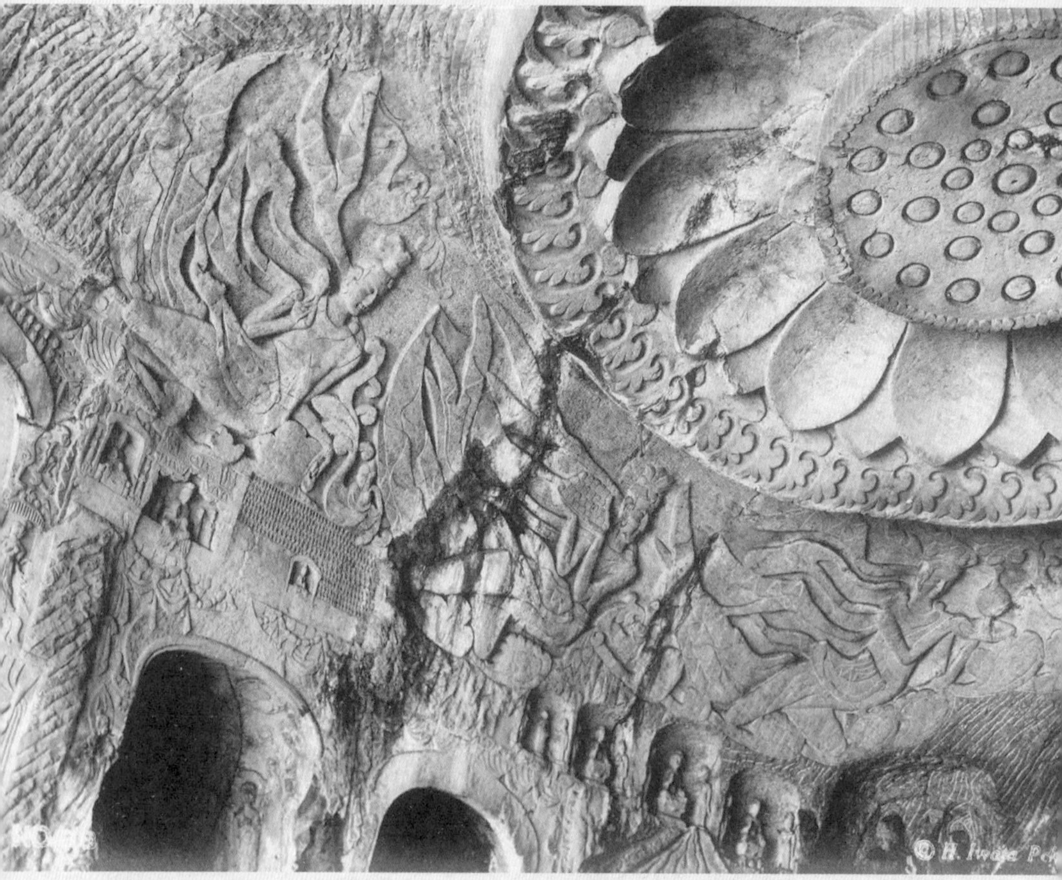

莲花洞藻井及飞天（1923 年　岩田秀则摄）

万佛洞外北侧供养人（1936 年 水野清一摄）

古阳洞北壁列龛（1936 年 5 月　梁思成摄）

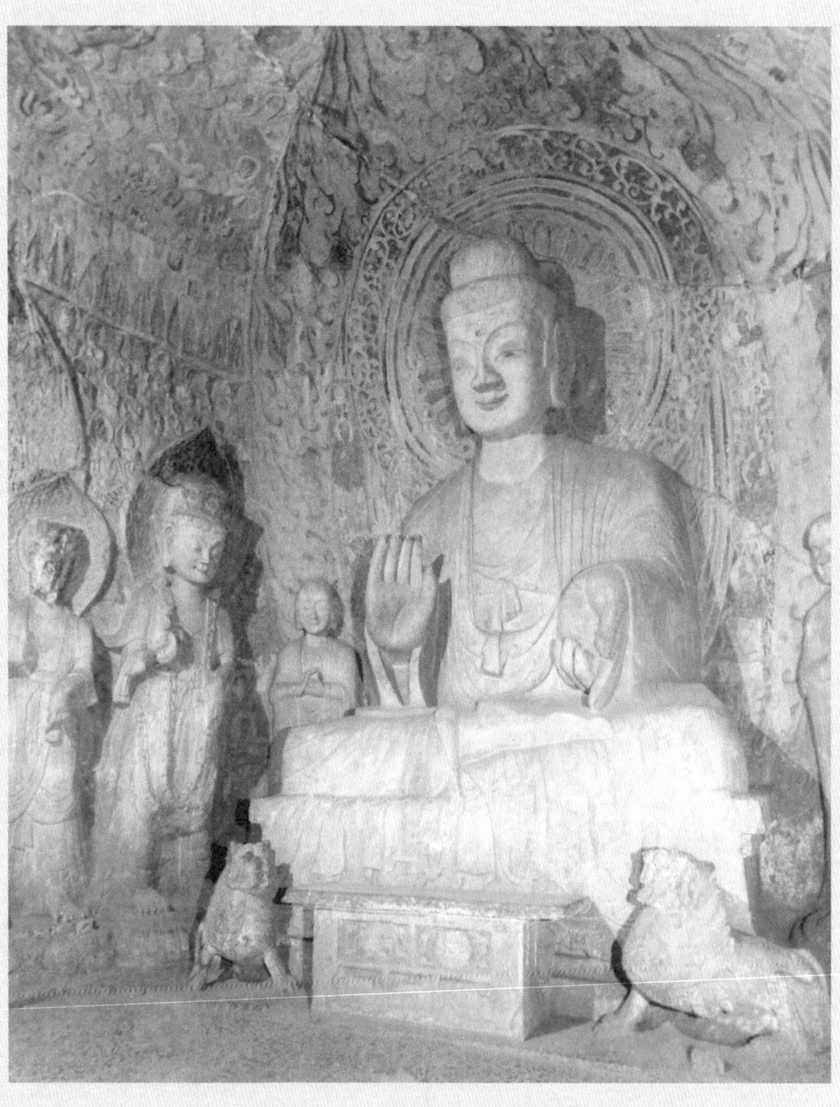

宾阳洞主尊释迦牟尼佛（1936 年 5 月　梁思成摄）

←
卢舍那大佛
（1936 年 5 月 梁思成摄）

奉先寺大卢舍那像龛左胁侍文殊菩萨（1936 年 5 月　梁思成摄）

由东山隔伊水西眺奉先寺大卢舍那像龛（1936 年 5 月 梁思成摄）

# 龙门古诗

## 送郭少府探得忧字

［唐］骆宾王

开筵枕德水，辍棹舣仙舟。
贝阙桃花浪，龙门竹箭流。
当歌凄别曲，对酒泣离忧。
还望青门外，空见白云浮。

## 清明日龙门游泛

［唐］李峤

晴晓国门通，都门蔼将发。
纷纷洛阳道，南望伊川阙。
衍漾乘和风，清明送芬月。
林窥二山动，水见千龛越。
罗袂罥杨丝，香桡犯苔发。
群心行乐未，惟恐流芳歇。

## 龙门应制

［唐］宋之问

宿雨霁氛埃，流云度城阙。
河堤柳新翠，苑树花先发。
洛阳花柳此时浓，山水楼台映几重。
群公拂雾朝翔凤，天子乘春幸凿龙。
凿龙近出王城外，羽从琳琅拥轩盖。
云罕才临御水桥，天衣已入香山会。
山壁崭岩断复连，清流澄澈俯伊川。

雁塔遥遥绿波上，星龛奕奕翠微边。
层峦旧长千寻木，远壑初飞百丈泉。
彩仗蜺旌绕香阁，下辇登高望河洛。
东城宫阙拟昭回，南陌沟塍殊绮错。
林下天香七宝台，山中春酒万年杯。
微风一起祥花落，仙乐初鸣瑞鸟来。
鸟来花落纷无已，称觞献寿烟霞里。
歌舞淹留景欲斜，石间犹驻五云车。
鸟旗翼翼留芳草，龙骑骎骎映晚花。
千乘万骑銮舆出，水静山空严警跸。
郊外喧喧引看人，倾都南望属车尘。
嚣声引飏闻黄道，佳气周回入紫宸。
先王定鼎山河固，宝命乘周万物新。
吾皇不事瑶池乐，时雨来观农扈春。

## 从幸香山寺应制

［唐］沈全期

南山奕奕通丹禁，北阙峨峨连翠云。
岭上楼台千地起，城中钟鼓四天闻。
旃檀晓阁金舆度，鹦鹉晴林采眊分。
愿以醍醐参圣酒，还将祇苑当秋汾。

## 龙门旬宴得月字韵

［唐］张九龄

恩华逐芳岁，形胜兼韶月。
中席傍鱼潭，前山倚龙阙。

花迎妙妓至，鸟避仙舟发。
宴赏良在兹，再来情不歇。

## 姚开府山池

［唐］孟浩然

主人新邸第，相国旧池台。
馆是招贤辟，楼因教舞开。
轩车人已散，箫管凤初来。
今日龙门下，谁知文举才。

## 宿香山寺石楼

［唐］李颀

夜宿翠微半，高楼闻暗泉。
渔舟带远火，山磬发孤烟。
衣拂云松外，门清河汉边。
峰峦低枕席，世界接人天。
霭霭花出雾，辉辉星映川。
东林曙莺满，惆怅欲言旋。

## 奉和春日游龙门应制

［唐］武三思

凤驾临香地，龙舆上翠微。
星宫含雨气，月殿抱春辉。
碧涧长虹下，雕梁早燕归。

云疑浮宝盖，石似拂天衣。
露草侵阶长，风花绕席飞。
日斜宸赏洽，清吹入重闱。

## 秋夜宿龙门香山寺，奉寄王方城十七丈，奉国莹上人，从弟幼成、令问

［唐］李白

朝发汝海东，暮栖龙门中。
水寒夕波急，木落秋山空。
望极九霄迥，赏幽万壑通。
目皓沙上月，心清松下风。
玉斗横网户，银河耿花宫。
兴在趣方逸，欢余情未终。
凤驾忆王子，虎溪怀远公。
桂枝坐萧瑟，棣华不复同。
流恨寄伊水，盈盈焉可穷。

## 冬夜醉宿龙门，觉起言志

［唐］李白

醉来脱宝剑，旅憩高堂眠。
中夜忽惊觉，起立明灯前。
开轩聊直望，晓雪河冰壮。
哀哀歌苦寒，郁郁独惆怅。
傅说版筑臣，李斯鹰犬人。
数起匡社稷，宁复长艰辛。
而我胡为者，叹息龙门下。

富贵未可期，殷忧向谁写。
去去泪满襟，举声梁甫吟。
青云当自致，何必求知音。

## 贻袁三拾遗谪作

［唐］储光羲

倾盖洛之滨，依然心事亲。
龙门何以峻，曾是好词人。
珥笔朝文陛，含章讽紫宸。
帝城多壮观，被服长如春。
天子俭为德，而能清约身。
公卿尽虚位，天下自趣尘。
如君物望美，令德声何已。
高帝黜儒生，文皇谪才子。
朝廷非不盛，谴谪良难恃。
路出大江阴，川行碧峰里。
斯言徒自玷，白玉岂为滓。
希声尽众人，深识惟知己。
知己怨生离，悠悠天一涯。
寸心因梦断，孤愤为年移。
花满芙蓉阙，春深朝夕池。
空令千万里，长望白云垂。

## 游龙门奉先寺

［唐］杜甫

已从招提游，更宿招提境。
阴壑生虚籁，月林散清影。
天阙象纬逼，云卧衣裳冷。
欲觉闻晨钟，令人发深省。

## 龙门

［唐］杜甫

龙门横野断，驿树出城来。
气色皇居近，金银佛寺开。
往还时屡改，川水日悠哉。
相阅征途上，生涯尽几回。

## 清明日自西午桥至瓜岩村有怀

［唐］张继

晚霁龙门雨，春生汝穴风。
鸟啼官路静，花发毁垣空。
鸣玉惭时辈，垂丝学老翁。
旧游人不见，惆怅洛城东。

## 龙门八咏（其一、二）

［唐］刘长卿

### 阙口

秋山日摇落，秋水急波澜。
独见鱼龙气，长令烟雨寒。
谁穷造化力，空向两崖看。

### 水东渡

山叶傍崖赤，千峰秋色多。
夜泉发清响，寒渚生微波。
稍见沙上月，归人争渡河。

## 洛阳行送洛阳韦七明府

［唐］顾况

始上龙门望洛川，洛阳桃李艳阳天。
最好当年二三月，上阳宫树千花发。
疏家父子错挂冠，梁鸿夫妻虚适越。

## 龙门游眺

［唐］韦应物

凿山导伊流，中断著天辟。
都门遥相望，佳气生朝夕。
素怀出尘意，适有携手客。
精舍绕层阿，千龛邻峭壁。
缘云路犹缅，憩涧钟已寂。

花树发烟华，淙流散石脉。
长啸招远风，临潭漱金碧。
日落望都城，人间何役役。

## 春题龙门香山寺

［唐］武元衡

众香天上梵仙宫，钟磬寥寥半碧空。
清景乍开松岭月，乱流长响石楼风。
山河杳映春云外，城阙参差茂树中。
欲尽出寻那可得，三千世界本无穷。

## 自左冯归洛下酬乐天兼呈裴令公

［唐］刘禹锡

新恩通籍在龙楼，分务神都近旧丘。
自有园公紫芝侣，仍追少傅赤松游。
华林霜叶红霞晚，伊水晴光碧玉秋。
更接东山文酒会，始知江左未风流。

## 菩提寺上方晚望香山寺，寄舒员外

［唐］白居易

晚登西宝刹，晴望东精舍。
反照转楼台，辉辉似图画。
冰浮水明灭，雪压松偃亚。
石阁僧上来，云汀雁飞下。

西京闹于市，东洛闲如社。
曾忆旧游无？香山明月夜。

## 重修山寺毕题二十二韵以纪之

［唐］白居易

阙塞龙门口，祇园鹫岭头。
曾随灭劫坏，今遇胜缘修。
再莹新金刹，重装旧石楼。
病僧皆引起，忙客亦淹留。
四望穷沙界，孤标出赡洲。
地图铺洛邑，天柱倚崧丘。
两面苍苍岸，中心瑟瑟流。
波翻八滩雪，堰护一潭油。
台殿朝弥丽，房廊夜更幽。
千花高下塔，一叶往来舟。
岫合云初吐，林开雾半收。
静闻樵子语，远听棹郎讴。
官散珠无事，身闲甚自由。
吟来携笔砚，宿去抱衾裯。
霁月当轩白，凉风满簟秋。
烟香封药灶，泉冷洗茶瓯。
南祖心应学，西方社可投。
先宜知止足，次要悟浮休。
觉路随方乐，迷涂到老愁。
须除爱名障，莫作恋家囚。
便合穷年住，何言竟日游。
可怜终老地，此是我菟裘。

## 香山寺二绝（其一）

［唐］白居易

空山寂静老夫闲，伴鸟随云往复还。
家酝满瓶书满架，半移生计入香山。

## 送张常侍西归

［唐］白居易

二年花下为闲伴，一旦尊前弃老夫。
西午桥街行怅望，南龙兴寺立踟蹰。
洛城久住留情否，省骑重归称意无。
出镇归朝但相访，此身应不离东都。

## 《九老图》诗并序

［唐］白居易

会昌五年三月，胡、吉、刘、郑、卢、张六贤，于东都敝居履道坊合尚齿之会。其年夏，又有二老，年貌绝伦，同归故乡，亦来斯会。续命书姓名年齿，写其形貌，附于图右。与前七老，题为“九老图”。仍以一绝赠之。

雪作须眉云作衣，辽东华表鹤双归。
当时一鹤犹希有，何况今逢两令威？

## 早秋龙兴寺江亭闲眺忆龙门山居寄崔张旧从事

［唐］李德裕

江亭感秋至，兰径悲露泫。
粳稻秀晚川，杉松郁晴巘。
嗟予有林壑，兹夕念原衍。
绿筱连岭多，青莎近溪浅。
渊明菊犹在，仲蔚蒿莫翦。
乔木粲凌苕，阴崖积幽藓。
遥思伊川水，北渡龙门岘。
苍翠双阙间，逶迤清滩转。
故人在乡国，岁晏路悠缅。
惆怅此生涯，无由共登践。

## 晚登龙门驿楼

［唐］许浑

鱼龙多处凿门开，万古人知夏禹材。
青嶂远分从地断，洪流高泻自天来。
风云有路皆烧尾，波浪无程尽曝腮。
心感膺门身过此，晚山秋树独徘徊。

## 洛阳城外别皇甫湜

［唐］李贺

洛阳吹别风，龙门起断烟。
冬树束生涩，晚紫凝华天。

单身野霜上，疲马飞蓬间。
凭轩一双泪，奉坠绿衣前。

## 送僧游龙门香山寺

［唐］齐己

君到香山寺，探幽莫损神。
且寻风雅主，细看乐天真。

## 晓过伊水寄龙门僧

［唐］司马扎

龙门树色暗苍苍，伊水东流客恨长。
病马独嘶残夜月，行人欲渡满船霜。
几家烟火依村步，何处渔歌似故乡？
山下禅庵老师在，愿将行役问空王。

## 题龙门僧房

［唐］刘沧

静室遥临伊水东，寂寥谁与此身同？
禹门山色度寒磬，萧寺竹声来晚风。
僧宿石龛残雪在，雁归沙渚夕阳空。
偶将心地问高士，坐指浮生一梦中。

## 登圣善寺阁望龙门

［唐］成荨

高阁聊登望，遥分禹凿门。
刹连多宝塔，树满给孤园。
香境超三界，清流振陆浑。
报慈弘孝理，行道得真源。
空净祥烟霁，时光受日温。
愿从初地起，长奉下生尊。

## 题菩提寺

［宋］李建中

龙门双阙涌云烟，雪未飞花雁下前。
澈底清流照车马，分台御史过伊川。

## 谒龙门无畏师塔祈雨作

［宋］宋庠

梵圣遗灵骨，洪缘福故都。
慈深云不断，法编雨常俱。
使节开真椁，天香奉供炉。
拳拳依帝力，余润冀昭苏。

## 春日游龙门山寺

［宋］梅尧臣

还邀二三子，共到凿龙游。
阴壑泉初动，青岩气欲浮。
竹藏深崦寺，人渡晚川舟。
始觉山风急，归鞍不自留。

## 寄题龙门临伊堂兼呈奉先寺兴公

［宋］文彦博

山僧知我思归意，为我临伊创草堂。
闻说绕阶耸巨石，更须当槛植修篁。
窗间东望乾元刹，门外南趋积庆庄。
便拟半移生计去，不知何似畅师房。

## 登广化阁

［宋］文彦博

宝刹层峰上，危栏净界中。
登临近霄汉，子细见伊嵩。
穴迥傅清梵，川长没远鸿。
黄昏不忍去，月在石楼东。

## 雨后独行洛北

［宋］欧阳修

北阙望南山，明岚杂紫烟。
归云向嵩岭，残雨过伊川。
树绕芳堤外，桥横落照前。
依依半荒苑，行处独闻蝉。

## 闲适吟

［宋］邵雍

春看洛城花，秋玩天津月。
夏披嵩岑风，冬赏龙山雪。

## 留题龙门二首（其一）

［宋］吕公著

融结成束不记秋，断崖苍壁锁烟愁。
中分洪造夏王力，横截大山伊水流。
八节滩声长在耳，一川风景尽旧楼。
行人莫动凭栏兴，无限英雄浪白头。

## 游龙门香山寺

［宋］蔡襄

彩阁萦林转，苍崖隔水开。
龛明千像白，波起一滩雷。

绿浅春前草，香余腊后梅。
背人惊鹭去，将雨好风春。
云气随衣袂，岚光入酒杯。
清游知不屡，欲下更徘徊。

## 龙门

［宋］司马光

石楼临晴空，南眺出千里。
人怜山气佳，余叹禹功美。
想彼未凿时，极目皆洪水。
谁知耕桑民，幸免鲂与鲤。

## 龙门秋日上潞公

［宋］范纯仁

龙门秋色胜春时，新霁登临景更奇。
三邑峰峦侵碧汉，两崖楼殿照清伊。
鸣泉乱泻香山道，翠柏深藏白傅祠。
独恨不能陪杖履，思公空作寄公诗。

## 将出洛城过广爱寺

［宋］苏辙

寺古依乔木，僧闲正暮年。
为生何寂寞，爱客尚流连。

虚牖罗修竹，空厨响细泉。
坐听谈往事，遍识洛中贤。

## 答龙门潘秀才见寄

［宋］黄庭坚

男儿四十未全老，便入林泉真自豪。
明月清风非俗物，轻裘肥马谢儿曹。
山中是处有黄菊，洛下谁家无白醪。
想得秋来常日醉，伊川清浅石楼高。

## 游龙门山次韵程公

［宋］秦观

路转横塘入乱峰，遍寻潇洒兴无穷。
楼台特起喧卑外，村落随生指点中。
溪旁五云清逗玉，松分八面翠成宫。
归途父老欣相语，今日程公昔谢公。

## 出长夏门初望龙门

［宋］张耒

出郭心已清，青山忽相对。
游人傍流水，俯仰秀色内。
谁张苍玉屏，中断神斧快。
清伊泻其间，银汉曳天派。
参差楼观出，香霭林麓邃。

 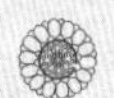

岩声答远响，水影弄空翠。
同游得君子，兴与烟霞会。
选胜虽自兹，高怀已尘外。

## 无题并序

［宋］苏过

仆以事至洛，言还，过龙门。少留一宿，自药寮度广化、潜溪，入宝应，翌日过水东，谒白傅祠，游皇龛、看经两寺，登八节，尤爱之，复至奉先，作此诗，以示同行僧超晖。

峥嵘两山门，共挹一水秀。
滩声千鼓鼙，石壁万龛窦。
何人植翠柏，幽径出尘囿。
金银佛寺古，夜籁笙竽奏。
僧稀梵呗少，石险松竹瘦。
惟当效乐天，早晚弃冠绶。

## 龙门

［宋］陈与义

不到龙门十载强，断崖依旧挂斜阳。
金银佛寺浮佳气，花木禅房接上方。
羸马暂来还经去，流莺多处最难忘。
老僧不作留人意，看水看山白发长。

## 龙门杂诗二首

［金］元好问

（一）

不见木庵师，胸中满泥尘。
西窗一握手，大笑倾冠巾。
青山有佳招，一游负因循。
老筇动高兴，万景森前陈。
乾元先有期，清伊亦知津。
细看潜溪树，高卧香山云。
学诗二十年，钝笔死不神。
乞灵白少傅，佳句傥能新。
遥遥洛阳城，梅花千树春。
山中有忙事，寄谢城中人。

（二）

石楼绕清伊，尘土天所限。
人言无僧久，草满不复刬。
滩声激悲壮，山意出高蹇。
当年香山老，挂冠遂忘返。
高情留诗轴，清话入禅版。
谁言海山去，萧散仍在眼。
溪寒不可涉，倚仗西林晚。

## 游香山二首（其二）

［元］张养浩

常恐尘纷汩寸心，好山时复一登临。
长风将月出沧海，老柏与云藏太阴。

宝刹千间穷土木，残碑一片失辽金。
丹崖不用题名姓，俯仰人间又古今。

## 九月十日接驾回因游香山寺，饮于西厓之上酒酣呈主人

［元］卢亘

迎銮北去迷风沙，看山西来走烟霞。
苍山朝含太古色，长松百尺凌云斜。
杰观重炫炫金碧，笑拍阑干倚天立。
出门却得望东山，红树青林乱秋色。
痛饮崩厓鲸吸川，径欲醉倒秋风前。
但恨浮云蔽白日，使我不得瞻青天。
忽忽今年负重九，树老山空复何有。
莫将身世愧渊明，纵有黄花无此酒。

## 出洛阳城

［明］程本立

挽辀上天津，伊阙当我前。
连峰左右起，奔走相后先。
古来五岳内，嵩高极中天。
仪刑正四表，襟带流三川。
河山固王室，岂直金城坚。
汉业此中兴，周都竟东迁。
壮游快一览，遗迹悲千年。
颓垣旧谁筑，野蔓栖朝烟。

## 龙门山色

［明］翟廷蕙

翠削芙蓉列画屏，水分双影蘸秋清。
炎凉物态随时变，独尔高寒不带情。

## 登香山

［明］文徵明

指点风烟欲上迷，却闻钟磬得招提。
青松四面云藏屋，翠碧千层石作梯。
满地落花啼鸟寂，倚栏斜日乱山低。
去来不用留诗句，多少苍苔没旧题。

## 夜宿香山休宗师房

［明］王守仁

幽壑来寻物外情，石门遥指白云生。
林间伐木时闻磬，谷口逢僧不记名。
天壁倒涵湖月晓，烟梯高楼纬阶平。
松堂静夜浑无寐，到机风泉处处声。

## 游龙门

［明］唐顺之

龙门拂云回显裁，鲸浪奔腾动地来。
一片飞泉千仞落，百重叠巘五丁开。

水同瀍涧萦天邑，山接崤函锁帝台。
胜概依稀似禹穴，好奇独愧马迁才。

## 龙门山色

［明］吕维祺

劈破层峦一水来，俨然双阙向城开。
千龛佛像唐雕凿，万世神功禹削裁。
南卷窗帘含远翠，东分岳黛入深杯。
邵窝白社无人管，尽日岩云片片堆。

## 龙门山色

［明］沈应时

龙门劈破是何年，泻出伊流贯洛川。
壁夹轻阴浮芥棹，空摇清影落觥船。
晴开八字愁娥黛，秋削双峰韵士肩。
莫为吟眸难应接，却怜飞翠醉诗仙。

## 汤西崖前辈自洛中寄示重修香山寺记石刻拓本

［清］查慎行

龙门十寺已全荒，金刹谁寻古道场。
劫外丰碑开阙塞，天中轶事在文章。
云泉旧境缘曾结，山水初心后果偿。
公是乐天还记否，前题多在畅师房。

## 后伊阙行

［清］吕履恒

青山忽破飞流泄，吞吐天光互明灭。
东走嵩山西下秦，中原万里开天阙。
天阙高高矗碧空，中原漠漠见飞鸿。
山鸟声移红树外，行人影在绿波中。
两龛石佛多无数，面对城中歌舞处。
当年歌舞已成尘，惟有钟声敲白露。

## 题香山寺二首

［清］爱新觉罗·弘历（清高宗乾隆帝）

（一）

龙门凡十寺，第一数香山。
自古才华地，当秋罕跸间。
阙峰近巘岸，伊水俯潺湲。
始见人枫叶，霜前三两殷。

（二）

静室暂周旋，兴怀每罣然。
如斯看水逝，不改是峰连。
画意谁能貌，吟情袛合蠲。
虑输白少傅，已著祖生鞭。

## 朝往香山

［清］梦麟

梦觉钟鱼清，褰裳月在栋。
盥濯辞精庐，山僧出林送。
苔衣润芒屩，昨宵知露重。
乱泉听乍失，溪涧涩余冻。
石骨生清凉，逼人寒欲中。
日出照幽谷，山鸟发新哢。
微风荡空翠，流云散岩洞。
永怀煨芋者，隔岫闻清诵。

## 白乐天墓

［清］靳志

乐天晚知洛，而亦有所敝。
手抄洛中集，纳之香山寺。
生平悔绮语，犁舌犯十戒。
斐然狂简文，何与佛乘事。
而谓法轮转，期诸未来世。
抗怀智大师，笔记灵山会。
颇笑羊叔了，碑堕岘首泪。
庙碑终磨灭，经常有兴废。
不见魏伽蓝，杨衒之为记。
十寺今无一，苍然岂天意。
巉巉凿龙门，清伊细如带。
终古付劫灰，何处认初地。
嗟嗟长庆体，今犹立文字。

## 香山寺杂咏（其二）

［清］刘纶

依岩古洞号宾阳，乳窦冬温夏却凉。
龙门喷成珠瀑落，逝捋学海一川长。

## 龙门怀古

［清］范百顺

龙门疏凿几千秋，伊水潺潺日夜流。
汉室勋名终古尽，白公词赋至今留。
云中四面环僧舍，风月三生话石楼。
一冢萧然人不见，断云落日冷松楸。

# 附录壹

# 与少林寺的因缘

与少林寺结缘，算来已几十年了。“当年满腹凌云志，而今无人不白头。”流年染白了双鬓，尘缘却扎根于心田，到如今竟仍是个未悟未了的凡夫俗子。

回想1964年9月，作为迷离光阴的过客，我从“冰点专业”（北大考古专业）毕业，被一纸调令安排到洛阳龙门石窟。风尘甫却，又被下放到东郊白马寺大队，为时一年，去改造那个似乎总也改造不好的

雪中少林寺

1965 年 10 月，温玉成在中岳庙考察测绘

“思想”。

白马寺村因中国第一座寺院——白马寺而得名，二者仅一路之隔。村东约一千米，是东汉开国皇帝刘秀始建的“汉魏洛阳城”遗址；村之南，紧依洛河，是曹植会见美丽的洛神，吟诵《洛神赋》的地方。村正西十二千米，就是隋炀帝始造的“隋唐洛阳城”遗址。处在这古文化遗址的四面包围之中，齐云塔的千年风涛，洛河的万古呜咽，却也不曾将我们从沉睡中唤醒。我们劳累，我们困苦，佛祖或洛神也未曾关照过我们。

我们有时聚在齐云塔下，当月明之夜，倾听叮当的铃铎之声，无言无语，听凭它撞击我们的心灵。

一年后，我“跳进”龙门。恰逢我的老师——著名佛教考古专家阎文儒教授带着研究生王仁波到龙门做考古实习。师徒三人，趁国庆休假，乃作少林之游。崎岖悠长的古道，冷冷清清的山门，荒芜破败的塔林，年迈枯瘦的僧人，瑟瑟秋风，颇有些凄苦之感。出来迎接我们的是德禅和尚，他目光炯炯，审视我们一会儿后，双手合十道：“欢迎你们！阿弥陀佛。”要知道，在那个火红的革命年代，“阿弥陀佛”是愚昧、迷信、唯心主义的同义语。

岂料，参观结束时，阎先生郑重地对我说："你研究龙门石窟的佛教造像，也要研究少林寺，研究中国佛教史……"我亦唯唯承诺。

但是，八个月后，"无产阶级文化大革命"狂飙大作，轰轰烈烈地开展起来。1966年9月9日，我被打入"反革命"的"十八层地狱"，"罪状"有四：一曰"陆平（北大校长）的黑爪牙"；二曰"翦伯赞（北大历史系主任）的孝子贤孙"；三曰"三家村（邓拓、吴晗、廖沫沙）的推销员"；四曰"修正主义的苗子"。学问是不可能做了。幸而从白马寺借来的《大正藏》史传部三卷书还完好地保存于我处，未被焚化。这三大本经书伴我度过了一段"昼读古史，夜数繁星"的岁月。

光阴似箭，天不绝人。

1974年4月至5月，我终于有机会带上两名助手，第一次到少林寺做为期两个月的考古调查。考古是考查古代世界的窗户，也是那个动辄得咎的年代的"政治防空洞"。攀援古塔，摩挲古碑，捶拓拍照，夜以继日。登封县文管所的王雪宝同志还陪我们爬上了少室山腰的"二祖庵"。当我坐上蒲团休息时，吟了一首小诗："攀峰揽翠上祖庵，摩碑临画叹壮观。一介书生蒲团坐，敢笑惠可立雪前。"禅宗又一位"六祖"，即"南能（慧能）北秀（神秀）"之外的法如大师塔的发现，又使我吟出了"环寺青山山几重，面壁竭思思无穷。信得真时无为有，破其假处万事空"的诗句。

此后七八年间，我多次考察嵩山少林寺，还步行到永泰寺、会善寺、嵩岳寺、法王寺、嵩阳书院、中岳庙、石淙会饮处及观星台等地，亦曾下榻于少林寺"方丈室"（据说乾隆帝曾在此住过一夜），聆听穗禅老师谈经说法，以心传心。嵩山夜话，闻所未闻。1980年8月的一天，我与助手亲自挖掘了塔林北部一块湮埋了不知多少年的塔铭——"明代少林寺住持拙庵性成禅师塔塔铭"……

我的佛教史研究工作得到了北大周一良先生、社科院世界宗教研究所任继愈先生、黄心川先生等前辈专家的很多支持与指教。

终于，我有机会在《世界宗教研究》上发表关于少林寺的一系列论文——《读禅宗大师法如碑书后》《少林寺与孔门禅》《禅宗北宗初探》《禅

 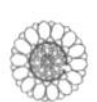

宗北宗续探》《从少林寺看元、明禅寺的住持制度》等等，引起了国内外佛学界的关注。

当我的学院式的论著《少林寺史稿》刚刚完成初稿的时候，由电影《少林寺》上映引发的“少林热浪”正势不可挡。皓首穷经式的论著往往敌不过时髦的随笔和率尔成章的论文。一时间争说少林者大有人在。然而《文汇报》上刊出的《少林寺与少林僧兵》(1982 年 5 月 31 日)，作者竟将李世民误为其父李渊；有的文章把少林寺元代高僧“福遇”说成是他的师爷“福裕”；把风穴寺天台宗的七祖说成是禅宗的七祖……聪明文人制造的“文化快餐”迅速占领了市场。于是乎，我索性放下出书的念头，重新闭门修炼，四处参学。少林寺史是中国佛教史的一部分，必须扩大视野，而后方能反观少林。我们在河南陕县找到了菩提达摩的葬地——熊耳山空相寺；在湖北黄梅县，查实菩提流支晚年移居到黄梅多云山；在河南安阳，发现了僧稠、道凭、灵裕开凿的石窟；在北京房山，查到了清代少林寺最后一位住持纯白永玉；在山东、山西、河北、陕西、云南、湖北等省，又了解到一批少林寺高僧在那里活动的情形。我们北上蓟县盘山，考察北少林寺遗址；南下福建莆田、泉州和福清，鉴别南少林寺之真伪……“纸上得来终觉浅”，我深切体会到了“行万里路”的益处。

学海无涯，正果难成，但对少林寺一千五百年的历史，终须做一次鸟瞰式的回顾。

前人已做出了有益的工作。第一本《少林寺志》初稿，是由焦钦宠(字锡三，又号樗林)在康熙三十五年(公元 1696 年)前后完成的。当时登封县知县叶封(字井叔)颇支持其事，遂使“万斛珠玉收贮箧筒”。此后约五十年，焦钦宠之孙焦如蘅(字远倩)继承先志，对初稿加以裁酌，在知县施奕簪的支持下，于乾隆十二年(公元 1747 年)定稿，次年刻版刊行，计四卷，五万余字。观此书旨趣，在于览胜，“峰峦苍翠，扑人眉宇，不啻卧游其际”，果其然也。

二百四十年后，《新编少林寺志》由登封县县志办十三位同志编辑完成，计分十章，总十六万字，并附以若干图表，资料较前志充实三倍多。然惜其所录碑文，标点多讹；古塔录目中，年号、法名错者十余处；福

1965 年 10 月，温玉成在会善寺考察测绘

裕的“七十字派”，亦错四字。

20世纪80年代以来，关于少林寺的著作有三十多种，或谈文物，或言诗词，或论武术，或讲禅宗，各取所需，各擅所长；而整体性、基础性的研究则无人问津，对资料的真伪讹乱，更极少鉴别，议论宏雄者多耳食之言，谈拳论棍者少根据之实，一时学风，多尚高论，狂解塞路，其可如何！

我的做法，持笨守拙，先做资料长编，内含两大项：其一是收集、整理现存于少林寺内外的碑刻、墓志、塔铭，用《金石萃编》《金石续编》《八琼室金石补正》等金石著作加以校对、补充、注释；其二是将《高僧传》《续高僧传》《宋高僧传》《大明高僧传》乃至文集中的少林寺僧辑出，加以考证、排列。其次是学习胡适、陈垣、汤用彤、任继愈等先生有关佛教史、禅宗史的论著，研究少林寺的问题，理出学派（或宗派）上的脉络、时代上的特征，如此等等。

中国千万个寺院，为什么要孜孜不倦地研究少林寺呢？这是因为，少林寺在中国佛教史、文化史上有着独特的历史地位。

唐初，中国禅学有四大流派，其中三派渊源于少林寺：跋陀—僧稠系；勒拿摩提—僧实系及菩提达摩—惠可系。而菩提达摩系统的“四祖”道信、“五祖”弘忍终于在湖北黄梅创立了中国独有的“禅宗”。弘忍的十一位大弟子中，赫赫有名的道安及法如即在少林寺传禅宗。北朝时影响巨大的《十地经论》，是由“译经元匠”菩提流支、勒拿摩提、佛陀扇多等人在少林寺“翻经台”译出的。唐代法相宗、华严宗、净土宗大师们的法脉，皆直承少林寺。

少林寺慧光研究“四分律”，成为唐代律宗三大派（南山宗、相部宗、东塔宗）的鼻祖。义净力主的“根本说一切有部戒律”，其重要实践便是在少林寺设立小戒“戒坛”。

唐末五代，天台宗传入了少林寺，今人却往往不知其事。

北宋后期，少林寺“革律为禅”，真正成为一座禅寺。宋金时代，禅宗五派中的三派（云门宗、临济宗、曹洞宗）相继传入少林。

金朝后期，以嵩少为中心，聚集了一大批才华横溢、愤世嫉俗的高僧与名士。“一条生铁脊，两片点钢唇”，融通儒释，创立了空前绝后的

“孔门禅”。

蒙元时代，福裕方丈中兴少林。他是宪宗及世祖皇帝信赖之人，担任主持全国佛教事务的“总统”。正是他发动了戊午年（公元 1258 年）的佛道大辩论。

明代，少林武僧英勇抗倭，名扬海内外。然而，少林武僧还参加了镇压霸州农民刘六、刘七起义，镇压青州矿工王堂起义，镇压柘城盐徒师尚诏起义等等，这些却鲜为人知。更鲜为人知的是，喇嘛教徒也一度到少林寺传教。

清代乾隆之后，少林寺日渐衰败。而“天地会”与少林寺的关系却又是一段颇为神秘难测的历史。

1928 年，石友三的一把大火，把这千年古刹烧毁过半，真是“末法时代”的降临。

在少林寺一千五百年的历史上，更有许多皇帝皇后、王公大臣、文人学士和异国僧徒活跃在这历史舞台的一角，演出了动人的故事。隋文帝、秦王李世民、武则天、新罗僧惠超、蔡京、抗倭名将俞大猷等等与少林的故事，都饶有趣味。

这一千五百年的历史，在我们看来，已如过眼烟云。但它对于中国的历史，却是不可磨灭的一章。

那一批又一批高僧大德，兴亡继绝，针砭着世人的贪瞋痴顽疾，追索着心灵与自然的圆融，改写了中国人的人生哲学和审美情趣，补充了传统文化理性思维之不足，功德无量。

而今的佛教迈入了一条尴尬的胡同。佛教界缺乏振兴之杰，世人中偏多盲从之侣。有点知识的人，把佛教指为“迷信”；蒙昧之人则视“迷信”为佛教！

当我们在千变万化的现代生活中挣扎，在商品经济的海洋中沉浮时，是否也盼望过“净土”，乞求过“彼岸”呢？我们是多么需要“助人”和“自助”啊。

# 玄奘生平几个问题的再考证

一代圣僧玄奘的生平，虽经学者们长期研究，至今仍有不少疑点和分歧。如：关于玄奘的出生地，僧传称为缑氏县,《旧唐书》称为 偃师区，今人多指为 偃师区缑氏镇陈河村。[①]关于玄奘的生卒，即有三说，或曰公元 602 年至 664 年，陈垣、汤用彤及日人镰田茂雄等用之；[②]或曰公元 600 至 664 年，虞愚、季羡林等用之；[③]或曰公元 596 年至 664 年，沈福伟等用之。[④]关于玄奘自长安西行的年月，则有贞观元年说[⑤]、贞观二年说[⑥]、贞观三年说[⑦]。而贞观三年说中，又有四月[⑧]、八月[⑨]、冬季[⑩]三说；关于玄奘回归长安在贞观十九年正月，却也有初七日及二十四日之别，等等。

研究玄奘生平，主要史料有：

道宣《续高僧传 · 玄奘传》(作于公元 665 年。)

冥祥《大唐三僧玄奘法师行状》(约作于公元 664 至 669 年。)

---

① 陈垣：《书慈恩传后》，《东方杂志》，第二十一卷十九号。

② 同上。

③ 季羡林等：《“大唐西域记”校注》，中华书局，1985 年。

④ 沈福伟：《中西文化交流史》，上海人民出版社，1985 年。

⑤ 冯承钧：《高昌事辑》，《华北编译馆馆刊》，1994 年 4 月。

⑥ [宋]志磐：《佛祖统纪》，卷二十九。

⑦ [唐]道宣：《续高僧传 · 玄奘传》

⑧ 玄奘在于阗国所上表奏。

⑨ [唐]慧立、彦悰：《大慈恩寺三藏法师传》

⑩ [元]念常：《佛祖历代通载》，卷十一，又见[元]觉岸：《释氏稽古略》，卷三。

玄奘像

慧立、彦悰《大唐大慈恩寺三藏法师传》（作于公元688年。[①]）

刘柯《大唐三藏大遍觉法师塔铭序》（刊于公元839年。[②]）

另外，敦煌卷子回鹘文写本《菩萨大唐三藏法师传》[③]，亦供参考。

上述文献中，尤以道宣及慧立之作最为珍贵。道宣（公元596—667年）是一代律学大家，又曾参加玄奘的译场，著述严谨。他撰写的《玄奘传》完成于玄奘去世后第二年，较有权威性。然历经传抄，尚需考辨，慧立、彦悰之作，完成于玄奘去世后四十四年，但叙述详尽，保存了不少信史。

为纪念玄奘大师，笔者曾依据文献资料对玄奘生平中的几个重要问题作了考订。之后，笔者带着有关问题作了实地调查。现就玄奘生平中的几个问题再作如下考证。

## 一、关于玄奘的出生地

明清时代的《 偃师区志》中，没有关于玄奘故里的记载。民国以来，有人指出 偃师区缑氏镇东北约一点五千米的陈河村为玄奘故里。此后，各家皆附会此说。

1992年，台湾《妙林》杂志刊出了冯双海的《玄奘法师诞生及发祥地考证考察》；1993年3月21日，《中国文物报》刊出了肖冰的《玄奘故里订正》。二文皆认为，玄奘故里不在陈河村，而在府店镇滑城河村东北一带。

1999年3月，笔者对 偃师区府店镇滑城河村一带作了实地考察。考察分为两个方面，一是对滑城河村一带的文物遗迹进行了调查，二是走访了当地的村民，特别是老人。实地考察与文献记载相印证，我们认为：滑城河村即为玄奘故里，依据如下：

（一）缑氏县故城在今府店镇滑城河村，而非今氏镇。

缑氏县为西汉设，《水经注·洛水条》记载：县治在春秋时的滑国费

① 上述三文均收入《大正藏》，第五十卷。

② 碑在西安市南郊大兴教寺内。全文收入王昶：《金石萃编》，卷一百一十三。

③ 冯家升：《回鹘文写本“菩萨大唐三藏法师传”研究报告》，“考古学专刊丙种一”，1953年。

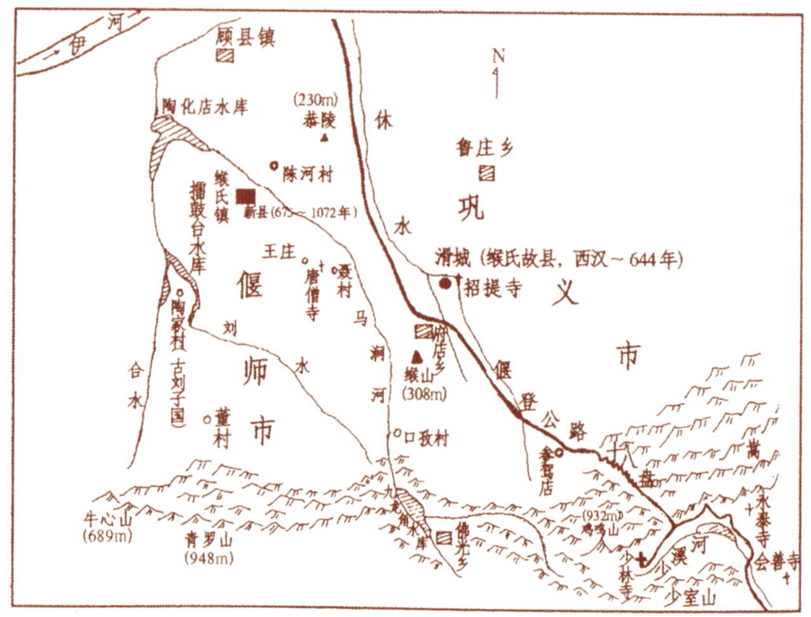


图一　玄奘故里示意图

城。[①] 考古调查发现，在滑城河村的南面残存一小段城墙实体；考古钻探发现，在其东南角、西北角均有城墙墙体遗迹，城址平面呈倒梯形。这就是滑国费城遗址。[②]

据《旧唐书·地理志》可知：缑氏县在贞观十八年（公元644年）被废，上元二年（公元675年）七月复置，并迁址到故县治西北涧水南（即马涧河），以便于管理“恭陵”。县治在今缑氏镇。恭陵为武则天长子李弘之陵，李弘被追谥为“孝敬皇帝”。[③]

从而可知，唐代的“缑氏故县”（西汉至公元644年）在今滑城河（西

---

① 王国维校《水经注》卷十五,《洛水 · 休水》云：“休水……其水导源少室山……侧缑氏原,《开山图》谓之缑氏也。亦云仙者升焉，言王子晋控鹤斯阜，灵王望而不得近，举手谢而去。其家得遗屣，俗亦谓之为抚父堆，堆上有子晋祠。……休水又迳延寿城南，缑氏县治，故滑费，春秋滑国所都也。王莽更名中亭，即缑氏城也。城有仙人祠，谓之仙人观。”

② 洛阳市地方志编纂委员会:《洛阳市志》，第十四卷,《文物志》，中州古籍出版社，1995年。

③《旧唐书 · 地理志》载：缑氏县“隋县，贞观六年（公元632年）省，上元二年（公元675年）七月复置，管孝敬陵。旧县治西北涧南，上元中复置治所于通谷北，今治是”。

汉至公元644年为县治);“缑氏县”(公元675年至1072年)在今缑氏镇。[①]

(图一)

(二)玄奘故里在滑城河村,而非陈河村。

道宣写《续高僧传·玄奘传》时,缑氏县已废,所以他说玄奘故里在“其少室山西北,缑氏故县东北,游仙乡控鹤里凤凰谷,是法师之生地也”。即玄奘故里在滑城河村东北。慧立、彦悰写《大唐大慈恩寺三藏法师传》时,新县治已立十三年,因称玄奘故里为“(少林寺)西北岭下,缑氏县之东南凤凰谷陈村,亦名陈堡谷”。即玄奘故里在缑氏镇之东南方向。据地理方位可知,今陈河村在“故县”之西北,在唐时县城之东北,与上述二文献记述均不合;且清代之前,地方志不载陈河村为玄奘故里,该地至今也未发现与玄奘有关的文物。

冯双海及肖冰所言玄奘故里在滑城村东北一带,与上述二文献记述基本吻合。

滑城河村西南二千米为“山”(海拔三百零八米),自古传说是周灵王太子晋控鹤升仙之处,至今保存着武则天所书《升仙太子之碑》。[圣历二年(公元699年)六月立。]玄奘生地即名为“游仙乡控鹤里”,应距此山较近。而今陈河村距缑山约九千米,相距太远。

玄奘之父陈惠(或“慧”字),“时人方汉郭林宗”,即时人以东汉仙人郭林宗与他相比附,可知陈惠好仙道,而家于“游仙乡控鹤里”绝非偶然。[②]

《水经注·洛水》讲滑国费城中有“仙人祠,谓之仙人观”。恐即此地属于游仙乡之缘由。

此外,滑城河村东南角有招提寺遗址,今改建为府店中学。由王行满所书《大唐二帝圣教序碑》,于显庆二年十二月十五日(公元658年1月24日)立于招提寺,时玄奘正在洛阳译经,当是朝廷光耀其家乡之

---

① 据《宋史·地理志》,熙宁八年(公元1075年),省缑氏县为镇。但有碑记云:“熙宁五年废县为镇。”

② 张锡厚:《伯2488、伯5037敦煌赋卷初考》,《敦煌语言文学研究》,北京大学出版社,1988年。

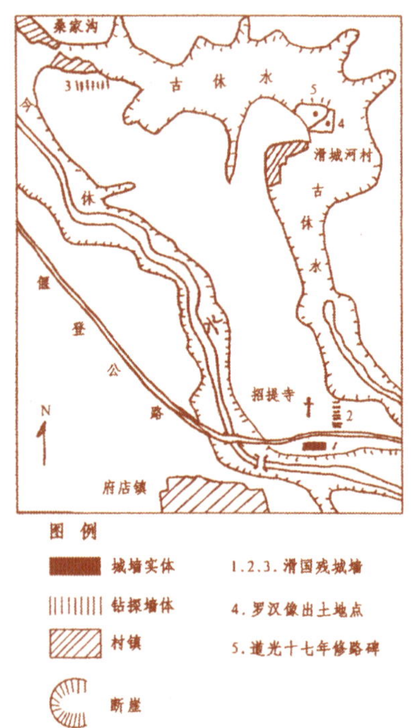


图二　滑国故城及玄奘故里地形示意图

举。[①] 招提寺宋代曾应富弼之邀，请证悟修颙禅师来此说云门宗禅法。元至正七年（公元 1347 年），寺僧达本重修此寺。招提寺大殿于 1946 年被拆毁。最后一位僧人海潮去世于 20 世纪 50 年代。

据实地调查，滑城河村东面及北面被古休水环绕，今水已干涸。沿河道，在由东向北转角处，有"凤凰嘴""陈家阌"等地名，可能即是唐代凤凰谷、陈村之遗留。

今滑城河村，恰恰位于滑国故城（缑氏县）的东北角。与道宣所记一致。由村向南五百米即是招提寺。（图二）

滑城河村今有五百多口人，近一半人为陈姓。陈河村的陈姓，大约是明末清初由滑城河村移去的。乾隆五十八年（公元 1739 年），滑城河村陈景銮中举人时，陈河村举村至滑城河村立旗杆以示祝贺。20 世纪 30 至 40 年代，陈河村人多次来滑城河村续家谱。

滑城河村陈老儿及妻薛童娃家，曾保存有一个铁钟，族人陈长绪、陈天照等几位老人皆见过这个铁钟。据他们回忆，该钟一尺多高，上有一柄，肩部有两个小孔，钟身有八卦，钟沿为波状阙口，钟身铭文有"大业八年"字样。此钟在 1941 年左右丢失。大业八年（公元 612 年），正是玄奘十三岁出家于东都净土寺之年。

1992 年 8 月 11 日，滑城河村民李高升在修整陈家阌窑洞前地面时，

① 王昶：《金石萃编》，卷四十九。该碑在乾隆二十五年（1760 年）移县城文庙，"文化大革命"中砸碎。今存碑首及碑身局部。

出土了一件陶质罗汉像，像高十三厘米。罗汉颓顶，脸型方圆，大眼，笑口，有两个酒窝。上身裸，乳头及肚脐突出，颈系串珠，盘膝而坐。右手似持布袋，左手抚膝。可能为宋元之际寺院之文物。

诸家在研究玄奘故里时，都忽视了一件极为重要的事实，即玄奘故里不在偏僻的农村，而在一座城市之中。《大慈恩寺三藏法师传》云：玄奘少年时“虽钟鼓嘈杂于通衢，百戏叫歌于闾巷，士女如萃，亦未尝出也”。滑城河村在隋代缑氏县城东北角，所以才有“通衢”（大道）及“闾巷”（小道）。而陈河村只是一个普通农村，绝不会有这一番热闹景象。

综上所述，滑城河村可能就是玄奘故里陈河村。玄奘虽名震一时，受到唐太宗、唐高宗、唐中宗的推崇，但事过百年，即乏祭奠。连埋葬玄奘舍利的大兴教寺，也是“塔无主、寺无僧，荒凉残萎，游者伤目”[①]的景象。其故乡遗迹，就更荒废无存了。

## 二、关于玄奘发足长安的年月

玄奘申请西行，应是贞观二年（公元628年）八月。他对唐太宗说：“玄奘当去之时，已再三表奏，但诚愿微浅，不蒙允许。”道宣记此事云：“诣阙陈表，有司不为通引。遁迹京皋，广就诸蕃，遍学书语。行坐寻授，数日便通。侧席面西，思闻机候。会贞观三年（应为二），时遭霜俭。下敕道俗，逐丰四出。幸因斯际，径往姑臧，渐至敦煌。”

依《旧唐书·太宗本纪》，贞观二年（公元628年）灾情严重。《新唐书》云，贞观二年“三月己巳，遣使巡关内，出金宝赎饥民鬻子者还之。庚午，以旱蝗责躬，大赦。”《旧唐书》云，贞观二年八月，“是月，河南河北大霜，人饥”。

由此可知，玄奘从八月起“再三表奏”，但未获准西行。他一面学习“诸蕃书语”，一面“思闻机候”。果然在这年冬季，因灾荒严重，朝廷下令可以“逐丰四出”。玄奘乘机办理了西去凉州（姑臧，今甘肃武威）的通行证件——“过所”。贞观二年（公元628年）冬，玄奘离开了长安西

---

① 刘轲：《大唐三藏大遍觉法师塔铭并序》。

行，[①] 时年二十九岁。

玄奘在贞观二年（公元628年）冬或三年（公元629年）正月到达凉州，并在凉州为道俗开讲《涅槃经》《摄论》及《般若经》，停一月有余。显然，因玄奘是持"过所"而来，所以，公开讲经说法。据《新唐书·太宗本纪》，贞观元年（公元627年）四月癸巳，凉州都督、长乐郡王幼良有罪伏诛。八月，宇文士及（？—642年）检校凉州都督，九月罢去。《新唐书·宇文士及传》称，宇文士及以中书令检校凉州都督。时突厥数入寇，士及欲立威，以镇耀边鄙，每出入盛陈兵卫，又痛折节下士。于是有人告他谋反，被罢官受审。玄奘至凉州时，凉州都督是李大亮，证明玄奘抵凉州时间必在贞观元年九月之后。《新唐书·李大亮传》云：李大亮（公元586—644年）在贞观初徙交州，治所在今越南河内，封武阳县男。召授太府卿，复出为凉州都督。则李大亮出任凉州都督的时间，大约在贞观二年（公元628年）秋冬。

李大亮由于接到举报说"有僧从长安来，欲向西国，不知何意"，他便想逼玄奘还京（长安）。玄奘在凉州高僧慧威的帮助下，偷偷西去，只好"昼伏夜行"了。

玄奘偷渡玉门关，是在贞观三年四月（公元629年4月29日至5月27日）。他返国至于阗国时上表曰："遂以贞观三年四月，冒违宪章，私往天竺。"只有偷渡玉门关，才是"冒违宪章"之举。他们过玉门关上的葫芦河时，两岸阔丈余，"回波甚急"；他们过第五烽后，有"青草数亩，下马恣食"。这些描述也符合四月的气候。

值得注意的是，当玄奘偷渡玉门关外第一烽时，被校尉、敦煌人王祥抓获。为了证实自己的身份，他向王祥"引示马上章疏及名字，彼乃言"。这里的"章疏"，应是玄奘几次请求西行的表奏；这里的"名字"，就是"过所"上所填写的姓名、年龄、身份、出行地点及目的等内容。

玉门关至高昌的路程，约一千零三十千米。以每天行三十千米计，需三十五天。玄奘如果是四月中旬过关，途经伊吾（停十余日）、白力城

---

① 玄奘西行在贞观二年（公元628年），见宋人志磐：《佛祖统纪》，卷二十九。由此可知，道宣等所说贞观三年乃二年之误；玄奘西行在冬季，见元人念常及觉岸著作。

而达高昌王城，则当六月中旬。玄奘受高昌王麴文泰（？—640年）款待十余日，又屈停一月，讲《仁王》《般若经》。则玄奘离高昌的时间，与《大唐西域记》所言在“贞观三年仲秋朔旦”（即公元629年8月24日）相吻合。

## 三、关于玄奘回归长安及赴洛阳的时日

玄奘以贞观十九年正月初六乙亥（公元645年2月7日）回到长安西郊的“漕上”（应为“沣上”），次日初七丙子，古称“人日”乃入长安“都亭驿”。此都亭驿是全国总驿站，位于朱雀门大街之西街，北起第二坊，在该坊门内北侧。初八日丁丑（2月9日），从午时至晡时，举行了隆重的迎接玄奘及所携佛经、佛像入弘福寺仪式。弘福寺是贞观八年（公元634年）唐太宗为穆太后所立。神龙元年（公元705年）改称兴福寺。寺在宫城西邻的修德坊。

玄奘入长安后住了五日。道宣说：“京都五日，四民废业，七众归承。当此一期，倾仰之高，终古罕举也。”即正月初八至十二日，住在长安弘福寺。

玄奘应是正月十三日启程东下，行程约三百五十千米，于二十三日壬辰（2月24日）抵洛阳，[①]宿鸿胪寺。二月初一日己亥（公元645年3月3日），谒见唐太宗于仪鸾殿。“从卯至酉，不觉时延，迄于闭鼓。”即谈话从上午六时至下午六时，直到宫门关闭之前。

玄奘再次谒见唐太宗，在二月六日甲辰（3月8日）。他申请去嵩山少林寺“为国就彼翻译”，帝不允所请，敕命就西京弘福寺译经。

玄奘第三次谒见，似在二月十一日己酉（3月13日）。道宣说：“上即事戎旃，问罪辽左，明旦将发，下敕（玄奘）同行。（玄奘）固辞疾苦，兼陈翻译。（帝）不违其请。”慧立记云：唐太宗嘱告玄奘“师可三五日停憩，还京就弘福安置”。

---

① 觉岸：《佛祖历代通载》，卷十一载：“十九年正月丙子，法师玄奘赍经像归于京师……壬辰，奘如东都。”

二月十二日庚戌（3月14日），古称“花朝”，即百花生日也。唐太宗率六军发洛阳，征高丽。玄奘于三月初一己巳（4月2日）还长安，居弘福寺，始筹备译经事宜，并得到西安留守、左仆射、梁国公房玄龄的大力支持。

## 四、关于玄奘再次申请入少林寺译经

唐高宗于显庆二年闰正月初一日庚寅（公元657年2月19日）自长安出发，正月十三日壬寅（3月3日）抵洛阳宫。在洛阳住了一年。显庆三年二月初四日丁巳（公元658年3月13日）离开“东都”洛阳，二月二十一日（3月30日）回到长安。此次高宗赴洛，玄奘亦陪从。

玄奘自从“少离桑梓，白首言归，访问亲故，零落殆尽”。此次在洛阳，时达一年余（公元657年3月3日至658年3月13日），才有机会“暂得还乡，游览旧廛”。玄奘生地缑氏县游仙乡控鹤里，在洛阳东约三十五千米。所以玄奘亦自称云：“玄桑梓洛阳。”玄奘的父、母（宋氏）固已早逝，就连大哥、三哥家中之人也已“零落殆尽”。只有一姐远嫁沄州张氏（今河北省河间县）。

玄奘在故乡，见到父母“坟陇颓毁，殆将湮灭”，“草棘荒蔓”，深自愧疚：“不能殒亡，偷存今日。”他“问访亲故”，又是“沦丧将尽”！他为改葬父母请假，“蒙敕放玄奘出三两日恩听玄奘丧事了还”，乞求唐高宗能“曲怜孤请”。他又感慨“岁月如流，六十之年，飒焉已至，念兹遄速，则生涯可知。加复少因求法……途路遐遥，身力疲竭。顷年以来，更增衰。顾阴视景，能复几何！”

正是在这种复杂的心理状态下，玄奘于九月二十日（公元657年11月1日）向唐高宗上表，申请入少林寺修禅观并翻译佛经。这是自贞观十九年二月六日（公元645年3月8日）向唐太宗申请入少林寺翻译以来，再次冒昧奏陈。但是，“帝览表不许”，又遭婉拒。玄奘一再申请入少林寺，更有深层的原因。

首先，他想摆脱皇帝的严密控制。道宣评论玄奘时说他“曲识机缘，善通物性。不倨不谄，行藏适时”。玄奘在皇帝身旁，不得不分心应对宫

廷俗事。仅以武则天皇后生李显为例，玄奘既要为她的平安“加佑”[显庆元年（公元656年）十月]；又为“赤雀”致贺，称作“穹昊降祥”（十月五日）；三为“佛光王”李显诞生进贺表（十一月七日）；四为“佛光王”生满三日进贺表（十一月七日）；五为“佛光王”满月剃发、进贺表（十二月七日）；六为“佛光王”周岁进贺表、上法衣[显庆二年（公元657年）十一月五日]。

其次，玄奘仰慕北魏菩提流支等人在少林寺“翻经堂”翻译《十地经论》的故事。

再次，玄奘想在少林寺修习禅观。他说：“断伏烦恼，必定慧相资。如车二轮，阙一不可。至如研味经论，慧学也；依林宴从，定学也。玄奘少来颇得专精教义，惟于四禅九定未暇安心。今愿托虑禅门，棲心定水。制情猿之逸躁，縶意马之奔驰。若不敛迹山中，不可成就。”

众所周知，北朝以来的禅学几大流派皆源于少林寺。如：跋陀、僧稠派，勒拿摩提、僧实派，菩提达摩、慧可派等等。天台宗慧思的止观禅，亦源于嵩山。

最后，从师承上追索，玄奘与少林寺关系密切。玄奘在相州（今安阳市）时，师承慧休（公元548—645年）。慧休得自少林寺的传承是：跋陀——慧光（公元487—536年）——道凭（公元488—559年）——灵裕（公元518—605年）——慧休。则玄奘是少林寺开山祖师跋陀下五代法孙。玄奘在长安时，从师僧辩（公元568—642年），而僧辩得自少林寺的传承是，跋陀——慧光——法上（公元495—580年）——融智——靖嵩（公元539—614年）——智凝（公元562—609年）——僧辩。则玄奘是跋陀下七代法孙。

从少林寺到玄奘的出生地，如以府店计，仅十二千米，即从府店东南行，攀越“轩辕关”（今称“十八盘”），再西行一千米，即到著名的少林寺。玄奘希望“以此送终”，但不蒙允准。

## 五、关于玄奘的忌日

玄奘去世于麟德元年二月六日甲申子时（664 年 3 月 8 日零至一时）。

道宣记云："至五日中夜（3 月 7 日二十四时），弟子问曰：'和尚定生弥勒前不？'答曰：'决定得生。'言已气绝。"

慧立记云："至五日夜半（3 月 7 日二十四时），弟子光（大乘光）等问云：'和尚决定得生弥勒内众不？'法师报云：'得生。'言讫，气息渐微，少间神游。"

冥祥所记，亦同上所引。然而，当今学者均以二月五日为玄奘忌日，实为失考。[①]

① 王仲德：《玉华寺在中国佛教文化史上应享有一席不容忽视的地位》，《玄奘研究文集》，中州古籍出版社，1995 年。又见沈福伟：《中西文化交流史》。

# 白居易故居出土的经幢

1992 年 10 月至 1993 年 5 月，中国社会科学院考古研究所洛阳工作站唐城队对著名诗人白居易的故居作了考古发掘，历时六个月。发掘的遗迹有宅院、庭园、水渠、作坊、道路等，出土了珍贵文物一千多件，揭示了与这位伟大诗人生活息息相关的种种文化现象。

白居易故居位于洛阳市区东南郊，今属安乐乡狮子桥村东北一百三十米的一片田野，东经 112° 30 '，北纬 34° 40 '。这里正是唐东都洛阳城的“履道坊”；而狮子桥村，则位于“集贤坊”；狮子桥村正北的军屯，则位于“尊贤坊”；狮子桥村正东的何村，则位于“永通坊”；何村南面，则应是“永通门”的位置。

白居易故居，在履道坊西北隅。考古发掘判明，故居是一座含有前后庭院的两进式院落。宅院之西有“西园”，宅院之南有“南园”，皆引伊水入园中。

1993 年 4 月 20 日下午，清理“南园”西侧的地层时，在宋代文化层下部的一个灶坑内，出土了石质残经幢一件。另有残石片一件。经幢作六面柱体，每面宽十六厘米左右，残高二十一厘米，底端有一个圆榫。很显然，这是经幢幢身最下端的部分。残石片有二面，原报告人以为是

白居易像

另一经幢的残片。[①]经笔者核对，它是上述经幢幢身上端的一部分，文字完全可以对接上。[②]发掘者认为，该经幢大概毁于五代或北宋初年。

经幢上的文字对接后，乃是“唐大和九年……开国男白居易造此佛顶尊胜大悲心陀罗尼”。这是振奋人心的发现。第一，它为白居易故居提供了直接的文字证据；第二，造此经幢的功德主白居易，造幢的时间在大和九年（公元 835 年），造幢的内容是《佛顶尊胜陀罗尼》及《大悲心陀罗尼》。明明白白。

审视拓本可知，经幢共分六面。残片属四及一面。其中一至三面刻《佛顶尊胜陀罗尼》；四至六面刻《大悲心陀罗尼》及跋尾。推测幢身高

---

① 中国社会科学院考古研究所洛阳唐城队：《洛阳唐东都履道坊白居易故居发掘简报》，《考古》，1994 年，第八期。

② 1993 年 11 月 18 日上午，主持白居易故居发掘的王岩研究员邀笔者至考古研究所洛阳工作站参观白居易故居出土文物，并赠以残经幢拓本六片。参观时又见一经幢残石片，即摹其残字以归。后经拼接，才知此残片系残经幢上端一部分，二者属同一经幢遗物。

度在八十至九十厘米。六面柱体的幢身只是经幢的中间部分。它的上面应有幢顶，下有幢座，所谓："幢高若干尺、圆若干尺，六隅七层，上伏下承，佛仪在上，经咒在中，记赞在下"①，才是中唐时代流行的完整的石造经幢。今幢顶、幢座已毁无存。

在唐代，《佛顶尊胜陀罗尼》共有五种译本，即杜行顗译，地婆诃罗一译、二译，佛陀波利译，义净译。流通最广的是佛陀波利的译本。但因各家所译"陀罗尼"（咒语）用汉字，译梵音用字有别，不够准确，故盛唐始有"定本"加以统一。这就是依据"罽宾沙门佛陀波利奉诏译"的译本，由"东都福先寺西律院"所勘定的"定本"。

白居易所造的《佛顶尊胜陀罗尼》，正是准此"定本"所作。（图一、图二、图三）在洛阳龙门唐代天竺寺遗址出土的石造"尊胜幢塔"上，也刻有此本《佛顶尊胜陀罗尼》[大中四年（公元850年）]，可资参照。

《大悲心陀罗尼》全称"广大圆满无碍大悲心陀罗尼"，共有十二种音译本。

流行最广的是唐代由伽梵达摩译出的译本（公元650—660年）。题目全名是《千手千眼观世音菩萨广大圆满无碍大悲心陀罗尼》，共八十二句。此本梵音，已被专家用拉丁体梵音加以还原。②白居易所用，大体上与此本相同，今残存至第七十七句。（图四、图五、图六）

白居易造此经幢的跋语，以较小的字刻于第四面尾部，残存的文字云："唐大和九年……开国男白居易造此佛顶尊胜大悲心陀罗尼……及见幢形、闻幢名者，不问胎卵湿化，水陆幽明……悉愿同发菩提，共成佛道。"

白居易五十三岁时（公元825年），罢杭州刺史，回到东都洛阳，买故散骑常侍杨凭宅，缮修宅院、园林。他在《池上篇》序中写道："地方十七亩，屋室三之一，水五之一，竹九之一，而岛树桥道间之。"此经幢原来的位置，依惯例应在宅院之东南隅，则日出时，幢影可以荫护宅院。

白居易兼信儒、佛、道，晚年尤心倾佛教。他以禅宗佛光大师如满

---

① 白居易：《如信大师功德幢记》，《白氏文集》，卷六十八。

② 巫白慧：《〈大悲咒〉拉丁体梵音还原》，《佛教文化》，1991年，第三期。

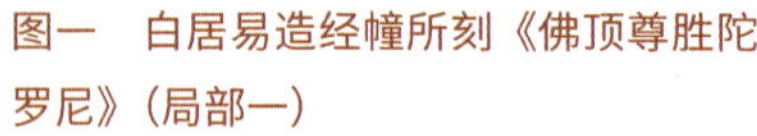
图一　白居易造经幢所刻《佛顶尊胜陀罗尼》（局部一）

图二　白居易造经幢所刻《佛顶尊胜陀罗尼》（局部二）

为师，参禅念佛，也兼信密宗。《景德传灯录》卷十称：白居易“久参佛光得心法，兼禀大乘金刚宝戒”。这也是时代风气使然。圣善寺禅僧、“东都临坛开法大德”如信（公元750—824年），“东都十律大德、大圣善寺钵塔院主”律僧智如（公元749—834年），死后皆嘱托葬于奉先寺金刚智（公元669—741年）塔侧。而金刚智是密宗金刚界的创始人。禅宗北宗僧人，从一行（公元683—727年）起，即兼摄密宗。由此可知，白居易于宅院树立陀罗尼经幢，绝非偶然。

据此，我们还可以作出一个重要判断，即此陀罗尼经幢文字，是白居易亲笔书写。

首先，《佛顶尊胜陀罗尼经》中即要求信徒们书写、读诵、听闻此陀罗尼，才能“度诸众生所有罪业。坠恶道地狱畜生阎罗土界饿鬼阿修罗身恶道之苦，皆悉不受”。白居易虔诚信此陀罗尼，自然要亲自书写之，

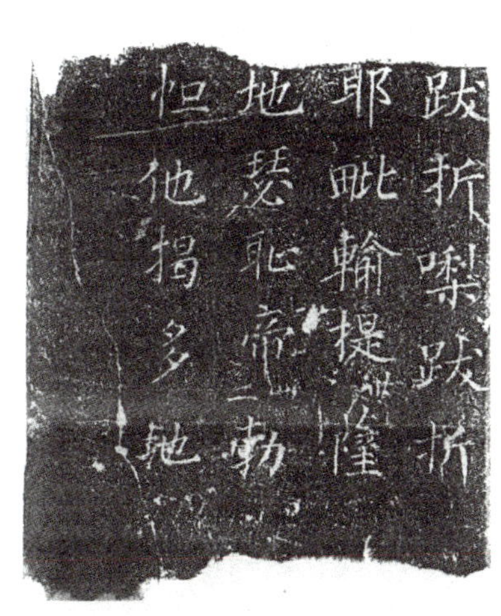

图三　白居易造经幢所刻《佛顶尊胜陀罗尼》（局部三）

图四　白居易造经幢所刻《佛顶尊胜陀罗尼》（局部四）

图五　白居易造经幢所刻《佛顶尊胜陀罗尼》（局部五）

图六　白居易造经幢所刻《佛顶尊胜陀罗尼》（局部六）

以为功德。

其次，宋人记载，在白居易故居中，他的石刻甚多。陈振孙《白文公年谱》云：“公宅地方十七亩，至后唐为普明禅院。有秦王从荣所施大字经藏及写公集置藏中。洛人但曰‘大字寺’。其园张氏得其半为会隐园，水竹尚在，寺中有公石刻甚多。”李格非《洛阳名园记·大字寺园》亦云：“大字寺园，唐白乐天园也。……寺中乐天石刻存者尚多。”由宋人记述之文义可知，这些石刻乃白居易所书。

众所周知，白居易一生有七十五卷《白氏文集》存世，共收诗文三千八百四十篇。而有关这位伟大诗人的墨宝，竟无一字留存。[①]今在白居易故居出土的残经幢上发现白居易亲笔所书陀罗尼，计三百余字；这是首次发现白居易的书法史料，十分珍贵。

此系白居易六十四岁的作品。审视其书法墨宝，知其书风远承欧阳询、褚遂良而近慕徐浩，自成一格。

白居易故居出土的残经幢，为我们研究这位伟大诗人晚年的宗教信仰和书法艺术，提供了宝贵的新资料。这是学术界的一件幸事。

① 谢思炜：《白居易集综论》，中国社会科学出版社，1997 年。

# 谈谈云冈第三窟

1986年8月，贠海瑞说：云冈第三窟最早，工程自下而上，自外而内。1996年7月，李雪芹说：第三窟上面发现"祭坛"，约二十乘二十平方米。2010年7月，在"昙曜五窟"上方又发现"祭坛"，约三十乘十平方米，出土"传祚无穷"瓦当，说明这里是"索离人"拓跋部祭祀祖先的"祖庙"，有学者认为是"寺院"。

1991年6月，赵一德在论文《云冈十寺的兴废沿革》中提出，今云冈第三窟是"肇于神瑞"的"恒安石窟通乐寺"。

日本学者认为第三窟造于隋代或初唐。中国学者往往对此回避。

## 第三窟上面祭天的"祭坛"或"寺院"

一、太宗拓跋嗣于永兴三年（公元411年）祷于武周山、车轮山之天地神祇。此"祭坛"就是"武周山"祭祀天地神祇处。

二、这符合"十六国时代"的佛教观念：认为"天"在佛教世界的"上方"。如北凉小石塔，集安长川一号高句丽墓，都是顶部为天，有北斗七星；下部是佛像等等。

云冈石窟第三窟倚坐佛及右胁侍菩萨

## 曹衍碑文云冈石窟（公元 414 年—416 年三月）“肇于神瑞”解

一、笔者在《中国佛教石窟考古学概论》中明确提出：中国石窟应该分为“禅窟阶段”和“造像窟阶段”。

关于“禅窟阶段”（公元 270 年前后—410 年前后）。或“山栖结众”，或“独往孤证”。如克孜尔石窟未编号洞窟；敦煌石窟北区的二百四十八个窟，可能系乐尊、法良等所造，为公元 366 年前后的禅窟；河北省元氏县封龙山道安禅窟，公元 330 年所造。

关于“造像窟阶段”。根据大乘“禅观”的需要，鸠摩罗什译出《坐禅三昧经》等三部经典。公元 400 年之后出现的造像窟有麦积山石窟的“渡杯远至”（后秦）、庐山慧远（公元 412 年）的“营筑龛室，绘佛光相”以及炳灵寺一百六十九窟公元 420 年的题记等。

二、因此，云冈石窟先有禅窟是正常现象。《玄高传》（公元 402 年—444 年）证实，公元 444 年前云冈已有禅窟存在。

三、天兴元年（公元 398 年）七月，北魏迁都“平城”。之后，太宗拓跋嗣下诏：“于京城建饰容范，修整宫舍。始作五级浮屠、耆阇崛山及须弥山殿。别构讲堂、禅堂。”恰在此时，法果和尚入京为“道人统”，后于公元 423 年去世。推测法果主持的“别构讲堂、禅堂”工程，可能就是“云冈第三窟”：下层为“禅堂”；上层为“讲堂”，门外有三级宝塔两座。工程巨大，宽约五十米、高约二十五米，非国家主办莫属。可惜没有全部完成，此有待详考。

四、和平三年（公元 462 年），昙曜于北台石窟寺内集诸僧众，译出《付法藏传》四卷。（他住在恒安石窟通乐寺，即第三窟；或云在上顶寺院）。由此证明，昙曜五窟之前，已有禅窟存在。

## 第三窟立崖面上有十二个梁孔，梁孔通天；说明原来有十一开间的木制檐廊

彭明浩关于《云冈石窟的营造工程》一文详细考察了第三窟的建造

过程，论证有据。关于第三窟的起造年代，他用长广敏雄说，认为在第二期，“但由于几年后首都南迁，工程并未完成”。这显然是错误的推论。因为云冈石窟第三期的各项工程还在继续。合理的解读是，第三窟早于“昙曜五窟”，法果主持了工程。他在公元 423 年去世。接任的沙门统、罽宾人师贤不懂工程，所以工程停止。彭明浩还认为：太和年间“不太可能在（第三窟）里面修禅”，这是对的；但认为在公元 423 年前后，却是不对的。

## 第三窟下层内部有“一阿弥托佛二菩萨造像大龛”

关于云冈第三窟的年代，有四说：

一、隋代说（关野贞、梁思成）。

二、初唐说（宿白、李治国），或云是初唐俨禅师（？—公元 674 年）修理。

三、辽代说（水野清一）。

四、辽代中期说（笔者 2010 年 7 月 27 日在云冈石窟讲课）。位置显要，体量巨大，非常人可为也。即金代《曹衍碑》所谓公元 1049 年“母后再修”，可能是辽道宗（耶律鸿基）的皇后宣懿皇后萧氏（公元 1035 年立为后—1101 年），不是唐代的。其父晋国王于公元 1042 年去世。史载，皇后“崇大雄之妙教，通先哲之灵章，精勤法要，雅识朝纲。建宝塔，创造精蓝百千处，即中宫居五十霜”。

宿白先生指出，要“使劲看，看明白”。他自 1967 年 11 月到云冈石窟，五十多年来，多次考察“第三窟”。今有新证据如下：

第一，菩萨的宝冠使用了星月纹、宝瓶纹、兽面纹等等，并且用了“镂空雕刻法”，是唐代没有的工艺。唐代菩萨，如龙门石窟奉先寺两大菩萨的宝冠（公元 675 年）用的是“浮雕法”。

第二，从北齐、北周到唐代的“倚坐佛像”（即“善跏趺坐”），都是弥勒佛像；唐代没有倚坐的阿弥陀佛像。阿弥陀佛像往往都是“结跏趺坐”。如龙门石窟万佛洞（公元 680 年）等等。

第三，2019 年 6 月，在第三窟（坐佛高十米，菩萨立高六点二米）

云冈石窟第三窟右胁侍菩萨（局部）

云冈石窟第三窟右胁侍菩萨头冠细节

佛龛的上方，发现铭刻："川州张德"；"寺僧法义供〈养〉"。法义即法邑，寺院之"邑社"组织。意即"云冈十寺"僧人集体供养。

"川州"县仅见于辽代，位置在今辽宁省朝阳市东北、北票西南。参见谭其骧《中国历史地图集》辽代《中京道》图（公元1111年）。金代撤"川州"县，称"咸康镇"。这些都可以作为"一佛二菩萨造像"是辽代的有力证据。至此，争论了八十五年的年代问题可以得出结论。这组"西方三圣雕像"是辽代最大的一组石雕造像。时人不识久矣。

值得注意的是，拓跋部祖先本来是黑龙江以北的北夷"索离人"。他们两次南下，第二次即公元160年左右，来到"匈奴故地"。此时匈奴衰弱，退居西部边陲。公元312年，力微之孙猗卢（？—316年）强盛，依"母系"，"自称鲜卑"。所以，拓跋部"认祖"就成了尴尬之事。太武帝拓跋焘杀崔浩（典史，刊《国记》，公元450年），坚持以母系"认祖"的"鲜卑说"，维持一百三十八年来索离与鲜卑的"民族融合"政策。

因此，到昙曜时代，以西方"佛爷"为"祖先"，成为回避"索离说""鲜卑说"的最佳选择。

# 青州佛教造像考察记

## 一、考察之缘起

20世纪80年代之前，青州乃至整个山东省的佛教造像，学术界关注者较少。除王昶《金石萃编》、陆增祥《八琼石金石补正》以及山东省地方志中收录了部分造像铭文外，在佛教的形象研究方面，则首推北京大学阎文儒教授在专著《中国石窟艺术总论》中对山东省几处石窟所作的研究、论述。该书是阎先生20世纪60年代在北京大学历史系考古专业讲授《中国石窟寺艺术》讲义的基础上，补充整理而成。书中对山东省济南市千佛山、龙洞，益都云门山、驼山，曲阜九龙山等处石窟造像作了研究。20世纪50年代中，郑州大学荆三林教授对济南附近几处北魏、隋唐窟龛（黄石崖、玉函山、千佛山、东佛峪、佛慧山）也作了调查研究。

20世纪80年代以来，山东省各地陆续报告发现的佛教造像约三十起，尤其是青州附近四批窖藏佛教石造像约一千件的出土，引起了海内外学术界的极大关注。它们是：

（一）据传，1979年冬，在青州市东南十二点五千米迟家庄以北兴国寺遗址出土的一批石刻佛教造像，总数不详，大多流散到大陆以外的地区。[①]

① 此次大批佛教造像出土情况未见报道。1981年底，又发现四十件。兴国寺，文献记载不详。从铭刻资料可知，该寺建于北魏正始五年（公元508年）之前，历经东魏、北齐、隋、唐，唐末废弃。见夏名采、庄明军：《山东青州兴国寺故址出土石造像》，《文物》月刊，1996年，第五期。

（二）1984年，临朐县出土一百五十多件石刻佛教造像。[①]

（三）1988年春，诸城市体育中心工地出土的一批佛教造像；1990年又续有发现，共有造像残体三百多件。[②]

（四）1996年10月，在青州市龙兴寺遗址出土的佛头像即达二百五十件以上，加上残躯体，总数达四百多件。[③]

此外，在北魏青州所辖的今博兴县[④]、高青县[⑤]、广饶县[⑥]等地，也出土了一批北朝石佛像。

因此，20世纪90年代以来，发表了一批关于青州佛教造像的论文。其中较重要的有刘凤君的《山东地区北朝佛教造像艺术》[⑦]、杜在忠与韩岗的《山东诸城佛教石造像》[⑧]、陈慧霞的《山东北朝佛教造像初探》[⑨]、张总的《卢舍那法界人中像》《菩萨造像》《罗汉·天王·力士·飞天·龙造像》[⑩]。尤其是宿白先生的《青州龙兴寺窖藏所出佛像的几个问题》[⑪]《5—6世纪中国北部人物造形变化及诸问题》[⑫]等论文，颇有指导意义。

综观上述所论，学者们提出了以下主要学术观点：

---

① 《山东临朐发掘出土北朝时代石佛像》，见《人民日报》，1984年11月30日。又见《临朐县出土一批北魏石佛造像》，《文物摘报》，1986年，第十六期。

② 诸城市博物馆：《山东诸城发现北朝造像》，北京《考古》月刊，1990年第八期。又据《八琼室金石补正》卷二十二，收录有诸城佛教造像题记十八段，可见该地早有佛教石造像的出土。

③ 山东省青州市博物馆：《青州龙兴寺佛教造像窖藏清理简报》，《文物》，1998年，第二期。

④ 常叙政、李少南：《山东省博兴县出土一批北朝造像》，《文物》，1983年，第七期。其中有一件菩萨头戴“蝉冠”，这是南北朝贵族妇女所戴的一种冠饰。而青州出土的一件菩萨头戴“蜜蜂冠”，更是比较少见。

⑤ 常叙政、于丰华：《山东省高青县出土佛教造像》，《文物》，1987年，第四期。

⑥ 王思礼：《山东广饶、博兴二县的北朝石造像》，《文物参考资料》，1958年，第四期。

⑦ 刘凤君：《山东地区北朝佛教造像艺术》，《考古学报》，1993年，第三期。据介绍，仅博兴县龙华寺遗址就出土了百余件北魏至隋代的鎏金铜造像。其中，有纪年者三十九件。最早的为太和年间者五件。

⑧ 杜在忠、韩岗：《山东诸城佛教石造像》，《考古学报》，1994年，第二期

⑨ 陈慧霞：《山东北朝佛教造像初探》，台北“故宫博物院”刊印：《雕塑别藏》，1997年。

⑩ 青州市博物馆编：《青州龙兴寺造像艺术》，张总三篇论文皆刊于此书。山东美术出版社，1999年11月刊。

⑪ 宿白：《青州龙兴寺窖藏所出佛像的几个问题》，《文物》，1999年，第十期

⑫ 宿白：《5—6世纪中国北部人物造形变化及诸问题》，载日本东京国立博物馆编：《中国国宝展》，朝日新闻社出版，平成十二年10月24日刊。

（一）公元469年青齐入魏之前，其地造像同于江表，仅闻铜木，不见石雕。入魏以后，青齐石刻造像则晚于青齐以西的北魏地区石刻造像，约八九十年之久。现知北魏最早的佛教石造像，是泰常五年（公元420年）的王同信造像碑，现藏美国芝加哥自然博物馆，应出土于渭北地区。山东省最早的佛教石刻造像，是皇兴三年（公元469年）黄县出土的赵琚造弥勒菩萨像，现藏山东省博物馆，二者相差仅四十九年。

（二）自青齐入魏至北魏末年的六十五年间，青齐间造像，基本上是沿袭中原北方的形制。但其装饰图案则较简洁朴素。

（三）东魏以降，渐有“山东样式”之成立。在人物造型上，粗颈高挺，身躯雄浑；在装饰纹样上，则在主尊足部两侧刻出“倒悬的龙”，或称之为“盘龙”。概作俯首衔莲，四爪（每爪三趾），身尾向上作S形弯转之状。在窟室门槛部位刻二龙，首先见于龙门石窟宾阳北洞，辍工于公元523年。但此后的龙门窟龛，皆采用矫首连体二龙作为龛楣装饰，未见置于主尊下方两侧者。而美国纽约大都会艺术博物馆收藏的一件北魏永熙三年（公元534年）的三尊像中，也在主尊足部两侧出现“倒悬的龙”，据传出自陕西华阴县。但陕西省尚无其他例证，故学者们怀疑它出自山东。[①] 造像组合多为一佛二菩萨，很少有二弟子出现。

（四）北齐时代，“山东样式”有了多样性的变化。突出表现是薄衣透体及衣纹简练，佛着U形领袈裟，菩萨则有布满周身的网状璎珞。此等变化的原因，一则是南朝梁武帝（公元502—549年在位）奉请天竺佛像的影响；二则是葱岭东西诸胡和天竺僧众的影响；三则是高齐反对北魏“汉化政策”的影响。

需要补充的是，东魏、北齐时代广造石佛像，应与当时流行的“末法”思想大有关系。所以人心惶惶，准备来世。诸城出土一件东魏至北齐三尊式立像（SZF：112）的《造像记》很典型地表达了这种愿望：“……故须发愿：愿我未来值佛闻法。……愿我未来乃至菩提……常值遇亲闻……获大利益。愿我未来……正信不改……愿我未来……常在人天，大富长者……既出家，以坚持菩萨禁戒，依仪无缺，亲闻佛（法）……

---

① 参见李静杰《石佛选粹》图版七十五解说，中国世界语出版社，1995年。

（愿我）未来乃至菩提，常受男躯……不生外道，不生邪□，不生下姓，不受恶身，不生畜生，不生恶鬼，不生修罗中。愿我未来乃至菩提……是行者受道之器……愿我舍此现在……愿引我精神宜得汪［往］生兜率陀天弥勒（菩萨所）……亲侍弥勒，如影随形，迄至下生……弥勒下生成佛，我即识知，生大信心，最初供养……听受大乘十二部经……愿我始从今生……愿我未来乃至菩提……功成本愿。”①

总观上述各家之言，皆就出土佛像、菩萨像之形象加以论述，而涉及青州佛教史、青州石窟及寺院现存文物者不多。为扩大视野，究其底蕴，笔者乃于2000年12月对青州佛教遗迹作了一次实地考察。“等闲摘个赵州梨，放手原是青州枣。”今报告如下。

## 二、青州两晋南北朝佛教状况初探

据传，青齐之地在阿育王时代（公元前2世纪）就有佛寺。虽然难以证信，但《高僧传·佛图澄传》却有此说词：“石虎于临漳修治旧塔，少承露盘。澄曰：‘临淄城内有古阿育王塔，地中有承露盘及佛像，其上林木茂盛，可掘取之。’即图画予使，依言掘取，果得盘、像。”道宣《集神州三宝感通录》卷上也有类似的记述。

值得重视的是，在鲁南的沂南、滕州、胶南、邹城等地出土的东汉晚期至三国时代的画像砖或石刻中，都有佛教图像。

青州自西晋怀帝时王弥扰青徐二州，至东晋南北朝时期的二百七十三年间（公元307—580年），先后归属于西晋、后赵、前燕、前秦、后燕、南燕、东晋、刘宋、北魏、东魏、北齐及北周，计十二个政权。其中较太平的时期是东晋、刘宋时期（公元410—466年）及北魏至北齐时期（公元469—577年）。

北魏时代的青州乃海东重镇，其辖区包括今高青、广饶、寿光、临朐、安丘、昌邑、博兴、高密、诸城、胶县、胶南各县市。

两汉青州治所在“广县”。西晋末曹嶷（？—323年）在东阳城西北

① 杜在忠、韩岗：《山东诸城佛教石造像》，《考古学报》，1994年，第二期。

四里筑“广固城”。广固城北依尧山，东有广渊，形势险要。南燕主慕容德于公元399年占领广固城，次年遂建都于此（公元400—410年）。东晋义熙六年（公元410年）二月，大将刘裕攻陷广固后，毁城池，另筑东阳城（今青州市区北部），派羊穆之为青州刺史。

今据北魏郦道元（公元466或472—527年）《水经注》卷二十六《淄水条》所记青州城及附近山川，特复原一幅《北朝青州佛寺分布示意图》，以资参考。自北魏以来，青州水系变化较大。发源于妫山的“浊水”，水量变小，原流经尧山与广固城西之间的一段，早已干涸；广渊的残迹，即今之“琵琶水库”。浊水北流的一段，今称北阳河。著名的“五龙口”，应在今五里镇张家庄附近。

北魏的“石井水”，即是今“七一水库”上游的小溪。水量大时，它的源头应在五里镇石皋至刘井之间。

阳水（长沙水）的原来流向，应大体上沿着今“黑虎山水库干渠”，流经楼楼山东北，与石井水交汇。著名的“石井”，应在今首钢青州园艺场北阜。二水合流后，东流，今称南阳河，再东北流，与浊水合流北上，入巨淀（今已干涸）。

北魏的“劈头山”，即今日之“劈山”，海拔五百四十六米。北魏的“尧山”，即今之“尧王山”，海拔三百三十四米。而今之“云门山”（海拔四百二十一米）、驼山（海拔四百零八米）、“玲珑山”（海拔五百七十六米）、“仰天山”（海拔八百三十四米）等，《水经注》皆无载。

青州的第一座寺院，据清代人考证，是今青州市东南郑母镇平安寨与倪家庄之间的“宁福寺”，今已荡然无存。由益都知县张承燮、李祖年先后主纂，由法小山校补的《益都县图志》[①]卷十三《营建志》有云：“宁福寺，在城东南四十二里郑墓店。明洪武间建，弘治十八年（公元1505年）重修。”又考证云：“有碑，见《金石碑略》云，郑母店有宁福寺，旧矣。考诸府乘，实造于晋太安元年。旧址在店东，地名塔儿坡者。与状元王公曾之墓相迩，恐亦当时孝先子孙假之以奉香火也……”学者

① 光绪十七年（公元1891年）始纂，光绪三十三年（公元1907年）成书。

们依此推断，宁福寺创立于西晋太安元年（公元 302 年）[①] 文中所说的王曾，字孝先（公元 978—1038 年），见《宋史》卷三百一十，死后宋仁宗曾为之撰写碑文。西晋武帝时（公元 265—290 年在位），虽寺庙图像多出现在京城洛阳，[②] 或云晋朝洛阳有佛寺四十二座，保存至北朝的只有“宝光寺”（石塔寺）。[③] 但宁福寺之设，尚需进一步研究证明。

南燕主慕容德（公元 336—405 年），听信了尚书潘聪及泰山高僧僧朗的建议，定都于广固城。[④] 大约就在这一年（公元 400 年），慕容氏“钦朗名行，假号齐东王，给以二县租税。朗让王而取租税，为兴福业”。[⑤]

这就是说，在南燕国时代（公元 400—410 年），僧朗曾以二县租税之财，广兴佛事。但是，迄今为止，尚未找到相关的史料。据《高僧传》卷十一称：“支县兰，青州人，蔬食乐禅，诵经三十万言。晋太元中，游剡……”此人生卒为公元 338 至 420 年，若他二十岁出家为僧，当在公元 357 年，则此时青州即有佛寺。

僧朗是迦湿弥罗国高僧佛图澄（公元 231—348 年）的弟子。在后赵的短短三十三年间（公元 319—351 年），佛图澄及弟子们共建寺院达八百九十三所。僧朗与僧湛、僧意于苻坚皇始元年（公元 351 年）移居泰山金舆谷后，闻风而造者百余人。前秦主苻坚、后秦主姚兴、后燕主慕容垂、南燕主慕容德、东晋孝武帝司马曜、北魏主拓跋珪等人，皆钦重僧朗，送书致物，不一而足。据《续高僧传》卷二十五《僧意传》可知，在朗公住过的精舍中，有七国赠送的金铜佛像，即高丽像、相国

---

① 夏名采、王华庆、庄明军：《青州发现大型佛教造像窖藏》，《中国文物报》，1996 年 11 月 17 日。

②《出三藏记集》，卷十三。《竺法护传》云：“是时，晋武帝之世，寺庙图像虽崇京邑，而方等深经，蕴在西域。”

③《洛阳伽蓝记》，卷四。

④《晋书》，卷一百二十七。《慕容德载记》云：“沙门朗公，素知占侯，德因访其所适。朗曰：‘敬览三策，潘尚书可谓兴邦之术矣。今岁初，长星起于奎娄，遂扫虚危。而虚危，齐之分野，除旧布新之象。宜先定旧鲁，巡抚瑯琊，待秋风戒节，然后北转临齐，天之道也。’德大悦……遂入广固。四年，潜即皇帝位于南郊，大赦，改元为建平，设行庙于宫南，遣使奉册告成焉。”

⑤《高僧传》，卷五，《竺僧朗传》。

像、胡国像、女国像、吴国像、昆仑像、岱京像。[①]魏隋间高僧灵裕（公元 518—605 年）还为之写过《像赞》。唐代道宣说，这批造像至唐初犹存。灵裕主要生活在东魏、北齐时代，可知在东魏、北齐时代，“七国佛像”仍广受重视。七国中的“昆仑国”，在今缅甸克伦邦一带，其佛像之制，似属印度秣菟罗系统。则青州工匠欲取秣菟罗式风格，可就近参考之。

另外，往西天求法的高僧法显（约公元 333—418 年），于公元 412 年（一说公元 414 年）泛海回归至青州长广郡牢山南岸，长广郡（今青岛市以北）“太守李嶷，敬信佛法……迎接经像，归至郡治”[②]。佛陀跋陀罗（公元359—429年）也曾经交趾航行至青州东莱郡登陆，再西上长安，会鸠摩罗什。上述史实亦证明公元 5 世纪初青州信仰佛教之广泛。

山东佛像北魏时在全国产生影响的故事，见《魏书·释老志》。文云：孝文帝延兴二年（公元 472 年）“诏曰：济州东平郡（在今山东省湮城东北）灵像发辉，变成金铜之色。殊常之事，绝于往古。熙隆妙法，理在当今。有司与沙门统昙曜，令州送像达都（山西省大同市），使道俗咸睹实像之容，普告天下，咸使闻知”。这件“东平造像”，或许原是铁铸，“灵像发辉，变成金铜之色”，孝文帝以为祥瑞，所以“普告天下，咸使闻知”。此时应是云冈“昙曜五窟”部分完工之际，故“东平造像”对云冈二期造像可能也会产生一定的影响。

### （一）关于青州“七级寺”

《水经注》卷二十六“淄水条”记载了北魏时青州的水系、汉广县城、曹嶷筑广固城及东晋青州刺史羊穆之筑东阳城。文云：“阳水东，迳故七级寺禅房南。水北则长庑遍驾，迴阁承阿林之际，则绳坐疏班，锡钵闲设。所谓‘修修释子、眇眇禅栖’者也。阳水又东，迳东阳城东南。义熙中，晋青州刺史羊穆之筑此，以在阳水之阳，即谓

① 上述七国中，高丽即高句丽，吴国即东晋，岱京即北魏，应无疑义。“相国”则在今辽宁省鞍山市正西三十五千米处，属汉代辽隧县。见《水经注》，卷十四，“小辽水”条云：“县即高句丽相之国也。”

② 章巽校注：《法显传校注》五，《浮海东还》，上海古籍出版社，1985 年。

城之东阳城。”

又据《魏书》卷六十七《崔光传》可知，崔光的父亲崔灵运曾任刘宋青州长广郡太守，率军抵抗过北魏慕容白曜，失败后率子徙代京，时崔光才十七岁（即公元 467 年）。崔光（公元 451—523 年）曾在公元 519 年谏阻灵太后胡充华登洛阳永宁寺九级浮图，追忆青州七级寺遭遇火灾一事云：“去皇兴中（公元 467—471 年），青州七级，亦号崇壮，夜为上火所焚……变起仓猝，预备不虞。”

由上述两项史料可知，七级寺包括了七级大塔及禅房等建筑。七级大塔在皇兴年间被天火所焚，而禅房等建筑仍存。那么，七级寺创建于何时呢？在东晋十六国时代，五胡中信佛的国王往往在京城筑七级大塔，以示崇佛。例如，后秦主姚兴（公元 394—416 年在位）都长安，“起浮图于永贵里，立波若台于中宫，沙门坐禅者恒有千数”[①]。而北魏天兴元年（公元 398 年）七月迁都平城，拓跋珪下诏崇佛。公元 467 年，“起永宁寺，构七级浮图，高三百余尺，基架博敞，为天下第一”。又别构讲堂、禅堂。[②]

因此，我们推测青州“七级寺”规制宏伟，应是南燕主慕容德所造，时间在公元 400 年至 409 年之际。七级寺的遗址，据称在今青州酒厂一带。1994 年 12 月，在青州酒厂工地出土北魏彩绘佛三尊石造像一件，其地“原似为一建筑规模较大的寺院遗址”[③]。从而可知，七级寺位于广固城内东部，在东阳城西侧。

### （二）碑刻资料中所见的青州南阳寺（龙兴寺）、广固南寺、张河间尼寺、成买寺

关于南阳寺（龙兴寺）之沿革，主要是元代益都人于钦《齐乘》卷四‘古迹条’依据《宋碑》碑阴金代人铭刻：“宋元嘉二年（公元 425 年）但呼‘佛堂’。北齐武平四年（公元 573 年）赐额‘南阳寺’。隋开皇元年（公元 581 年），改为‘长乐’，又曰‘道藏’。则天天授二年（公

---

①《晋书·姚兴载记》。

②《魏书·释老志》。

③ 青州市博物馆：《山东青州发现北魏彩绘造像》，《文物》，1996 年，第五期。

元691年），改名‘大云’。玄宗开元十八年（公元730年），始号‘龙兴’。”“龙兴寺，府城西北隅修身坊”，“寺东淘米涧”。元末，毁于兵。明初，拓地建齐藩，而寺址遂堙。各家论述，大体详备。[①]今存于青州市偶园的《司空公、青州刺史、临淮王像碑》[武平四年（公元573年）六月二十七日，娄定远]亦证实了佛堂改名为南阳寺的历史。

可资补充者是，“南阳寺”改称“道藏寺”在隋仁寿四年（公元604年）之前。《续高僧传》卷二十六《僧世传》云：僧世，“青州人，负帙问道，无择险夷。观其游旅，略周方岳……时《地论》是长，偏爱喉舌，丰词叠难，名闻齐鲁。开皇入京，住兴善寺。长游讲会，必存论决。仁寿下敕，召送舍利于莱州之弘藏寺。四年，又敕送密州茂胜寺。行达青州，停道藏寺。夜放赤光，从房而出，直指东南……既至治所，两夜放光……因具图表，帝大悦也。后还京不久，寻卒”。

北齐时，青州有“广固南寺”，见于《宋敬业等造塔颂》。文云：

“是乃佛弟子宋敬业、崔海宝、郭小德、张燕子等，洞识苦空……因兹胜地，建无上之功。大齐天保九年岁次戊寅三月甲午朔六日癸亥，仰为广固南寺大众等，敬造宝塔一躯。万仞名山峭崿峙其北，清冽绿池遄流逗其前。神仙之宫，讵得方其丽；涌出钻天，可以比其晖。乘斯福□，仰资七世，拟入闲门，龙登初会。祓润现存，超□□位。帝祚长延，法界蒙泽……”[②]

依此文所述，推测广固南寺应在广固城内南厢。“万仞名山峭崿峙其北”，即指广固城北之尧山；“清冽绿池遄流逗其前”，指广固城东南面之广渊。“南寺”者，恐系俗称而非正名。惜此“宝塔”，已不知其存毁。

张河间寺，见青州龙兴寺出土东魏天平三年（公元536年）佛三尊石造像铭。文云：“大魏天平三年（公元536年）六月三日，张河间寺尼智明为亡父母、亡兄弟、亡姊敬造尊像一躯。愿令亡者托生净土，见在蒙福，又为一切咸同斯庆。”此张河间寺，显然为一尼寺，亦不详其所

① 王华庆、庄明军：《青州龙兴寺考略》，《中国文物报》，1998年10月14日、10月28日、11月4日。又见宿白：《龙兴寺沿革》，《文物》，1999年，第九期。

②《八琼室金石补正》，卷二十一。

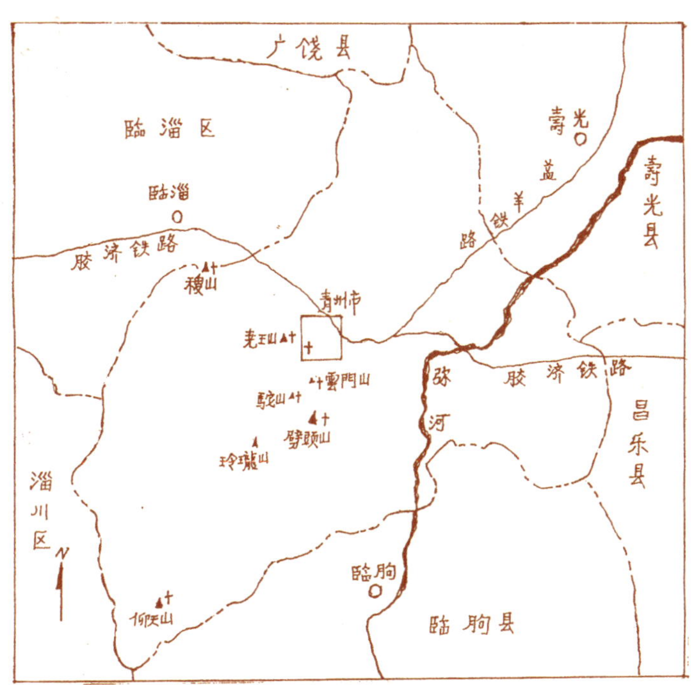


青州市佛教文物分布示意图

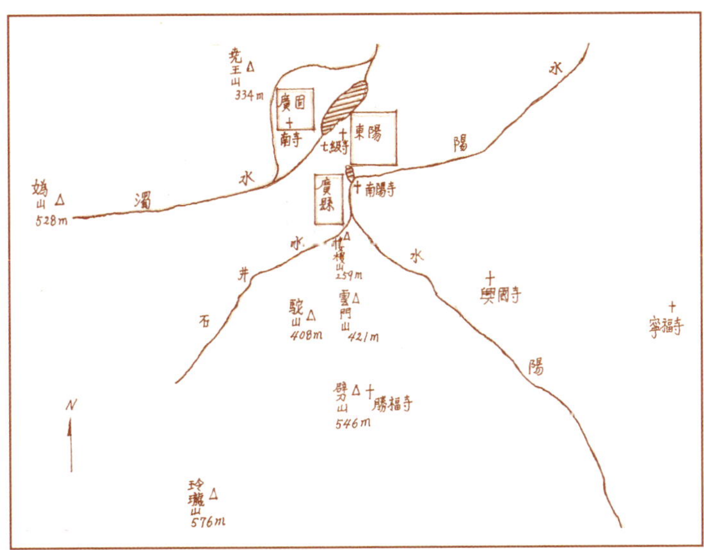


北朝青州佛寺分布示意图

在。青州高阳郡有张白奴尼寺，[①]广饶出土造像记称有“青州永宁寺”“皆公寺”，亦不详其所在。[②]

青州高阳郡新城县有“成买寺”，见《新城成买寺造像记》。文云：“大魏正光五年（公元524年）岁次甲晨八月己卯朔十一日己丑，青州高阳郡新城县成买寺主道充，率化刹邑道侣、法义兄弟姊妹一百人，敬造弥勒尊像一躯。一切群人，咸同福庆。”[③]

“寺主”是彼时寺院“三纲”（寺主、首座、维那）之一。该造像记下题名之首，是“□福寺比丘慧兴”。此或即“胜福寺”，今称广福寺，在青州市南劈头山东麓。

又据诸城出土的大齐天保三年（公元552年）四月八日造像记称，有僧官济本，系“青胶二州沙门都”，即“沙门都维那”的省称。他曾“依德二京，光莅两蕃”，应是一代高僧，惜僧史失载。北齐的“二京”指国都邺城（今河北省临漳县邺镇）及下都晋阳（今山西省太原市）。而济本曾传法的“两蕃”，则不详其所指；似是周边的两个小国，其游方年代应在东魏时代。[④]

### （三）僧传中所见的青州孙泰寺、白荷寺、大业寺

《高僧传》卷四所记的竺潜、道宝，虽称其为“瑯琊人”，然此二僧皆祖籍瑯琊而生于洛阳者也。据《晋书》卷九十八《王敦传》及卷六十五《王导传》可知其世系如下：

光禄大夫王览
- 治书侍御史王基
  - 丞相王敦（公元266—324年）
  - 僧竺潜（公元286—374年）
- 镇军司马王裁
  - 丞相王导（公元267—330年）
  - 僧道宝（生卒不详）

---

① 日本藤井有邻馆所藏石造像，见松原三郎：《中国佛教雕刻史论》，东京吉川弘文馆，1996年刊。

② 赵正强：《山东广饶佛教石造像》，《文物》，1996年，第十二期。北魏时该地有“皆公寺”“永宁寺”。

③《八琼室金石补正》，卷十六。

④ 诸城市博物馆：《山东诸城发现北朝造像》，《考古》月刊，1990年，第八期。又据《八琼室金石补正》卷二十二，收录有诸城佛教造像题记十八段，可见该地早有佛教石造像出土。

《高僧传》卷十二所记的僧人普明，“姓张，临淄人。少出家，禀性清纯……以忏诵为业，诵《法华》《维摩》二经……又善神咒……以宋孝建中卒，春秋八十有五”。则其生卒至晚在公元372年至456年之间。

《高僧传》卷八所记僧人宝亮，“本姓徐氏，其先东莞胄族，晋败，避地于东莱玄县。亮年十二（公元455年）出家，师青州道明法师。明亦义学之僧，名高当世。亮就业专精，一闻无失。及具戒之后，便欲观方弘化……年二十一（公元464年）至京师，居中兴寺。袁粲一见而异之……以天监八年（公元509年）十月四日卒于灵昧寺，春秋六十有六（公元444—509年），葬钟山之南”。

《高僧传》卷六记僧远（公元414—484年）云：僧远“姓皇，勃海重合人。其先北地皇甫氏，避难海隅……远幼而乐道……年十八，方获入道。时有沙门道凭，高才秀德，声盖海岱。远从受学，通明数论，贯大小乘。宋大明中，渡江住彭城寺，昇明中，于小丹阳牛落山立精舍，名曰‘龙渊’。远年三十一（公元444年），始于青州孙泰寺南面讲说，言论清畅，风容秀整。坐者四百余人，莫不悦服。瑯琊王僧达，才贵当世，籍远风素，延止众造寺……以齐永明二年正月，卒于定林上寺，春秋七十有一”。据此可知，青州城有“孙泰寺”，而琊琊郡（今山东临沂西）有“众造寺”。

刘宋时，青州有白苟寺。事见齐人陆杲所编《系观世音灵验记》。文云：“宋元嘉二十六年（公元449年），青州白苟寺道人释惠缘，忽病聋盲……誓心归观世音，诵此（经）一千遍。诵数载满，耳目不觉豁然自瘥。”

东魏至隋代，青州名僧有真玉、道猷等人。《续高僧传》卷六《真玉传》云：

真玉，“姓董氏，青州益都人。生而无目，其母哀之。及年至七岁，教弹琵琶，以为穷乏之计……后乡邑大集，盛行斋讲。母携玉赴会，一闻欣领曰：若恒予听，终作法师，不忧匮馁矣’！母闻之，欲成斯大业也，乃弃其家务，专将赴讲，无问风雨艰关，必期相续。玉包略词旨，气摄当锋。年将壮室，振名海岱……其天保年中（公元550—559

年），文宣皇帝盛弘讲席，海内髦彦，咸聚天平。于时，义学星罗，跨轹相架。玉独标称首，登座谈叙，罔不归宗。尽谛穷神，焕然开发。耆年前达，稽首崇仰。遂使道俗奔随，酌衢尊而不竭矣。一曾往复者，别经十年……当徒学士，几百千人。……常令侍者读经，玉必跪坐合掌而听。忽闻东方有莲花佛国，庄严世界，与彼不殊。乃深惟曰：'诸佛净土，岂限方隅。人并西奔，一无东慕。用此执心，难成回向。'便愿生莲花佛国……卧疾于邺城北王家……少时而终"。

这篇传记反映了东魏时佛教在青州民间普及的情形，"乡邑大集，盛行斋讲"。而此种"斋讲"通俗易懂，又伴以乐器演奏，很受民众欢迎。"斋讲"是连续举行的，常以一部经典为中心而举行。斋讲的举办者，当是邑社头面人物，有广泛的群众基础。北齐文宣帝的提倡，更将此种斋讲推向高潮。民众佛教文化水平的提高，正是青州佛教造像水平提高的基础。

北齐时，青州有"大业寺"。事见《续高僧传》卷十二《慧海传》。文云：慧海，"姓张氏，清河武城人。少年入道，师事邺都广国寺冏法师，听《涅槃》《楞伽》，始诵再遍，便能复述，上首加赏。又经五稔，学徒推服。更从青州大业寺道猷法师，受《摩诃衍》《毗昙》等。然猷慧解无碍，开智难思。海以脱颖之才，当斯荣寄。以周大象二年（公元 580 年），来仪涛浦，创居安乐（江都安乐寺），修葺伽蓝，庄严佛事，建造重阁……常以净土为期，专精致感。忽有齐州僧道铨，赍画无量寿像来云：'是天竺鸡头摩寺五通菩萨，乘空往彼安乐世界，图写尊仪。'既冥会素情，深怀礼忏。乃睹神光炷烁，庆所希幸。于是模写恳苦，愿生彼土，没齿为念。以大业五年五月五日……至五日夜，数然而起，依常面西，礼竟跏坐，至晓方逝，春秋六十有九（公元 541—609 年）。"

依此传可知，无量寿佛并五十菩萨像，似亦首先兴起于青齐之地，而传于南方者也。又据道宣《集神州三宝感通录》卷中云："隋文开教，有沙门明宪，从高齐道长法师所得此一本（阿弥陀佛五十菩萨像），说其本起，与传符焉。"两说相同之处，无量寿佛并五十菩萨像皆兴起于北齐也。

## 三、青州现存佛教遗迹考察

青州现存的佛教遗迹及遗物，除稷山三龛造像外，没有早于北魏占领时期的。显然，北魏占领青州，是青州佛教史上一个重要转折点。[①]

我们可以从北魏克青州东阳城的俘获物中，看到青州的实力。据《魏书》卷五十《慕容白曜传》称：皇兴三年（公元469年）春，“克东阳，擒沈文秀。凡获仓粟八十五万斛，米三千斛，弓九千张，箭十八万八千，刀二万二千四百，甲胄各三千二百，铜五千斤，钱十五万。城内户八千六百，口四万一千，吴蛮户三百余。始末三年，筑围攻击，日日交兵……”其中的“吴蛮户”，应是刘宋官吏、家属及吴地的工匠。

北魏克青州后，曾于皇兴三年五月“徙青州民于京师（平城）”；[②]而在公元528至529年间，邢杲起事失败，又有十余万户河北流民散溃于青齐地区。

北魏历来派重臣为青州刺史，如阳平王之裔元天琚、广陵王元羽、江阳王元继、元罗、元世儁等等。元罗为青州刺史时，兄元叉专政（公元520—525年），时元罗“望倾四海，于时才名之士王元景、邢子才、李奖等咸为宾客，从游青土”。[③]可知青州亦人文荟萃之地。北齐将亡时，“太上皇帝”高延宗奔青州（公元577年正月），亦非偶然之事。

### （一）云门山石窟

云门山在青州市南约二千米，海拔四百二十一米。在山腰南侧，今存五窟，计造像二百七十二尊。自西向东编为一至五号窟。

一号窟，方形，宽三点四米，深二点六米。布局为一坐佛、二侍立菩萨、二力士。一佛二菩萨之面部已毁，左力士头部毁去，右力士胸部以上毁去。佛像颈部刻两条横旋纹，着U字领袈裟，左肩下垂一吊纽。二菩萨戴冠，冠中有立佛或宝瓶，有宝缯，颈系项链，自左右肩头各斜挂一串璎珞。披帛于身前作二次环绕式。二力士在窟门两侧，比二菩萨

① 参阅《青州佛教文物分布示意图》。

②《魏书·显祖记》）

③《魏书》卷十六，《元罗传》。

低一个台阶，亦披帛绕身前二次。

上述佛及菩萨的衣饰，明显晚于青州龙兴寺出土之北齐造像。佛左肩垂下吊纽的做法类似于山东省东平县白佛山第一窟阿弥陀佛造像，完工于开皇七年至十年（公元 587 至 590 年）间。[①]

一号窟内，现存小龛二十三个，有造像题记十二品：

（1）“大隋开皇十年岁次庚戌三月八日，像主□楞□位（为）亡夫李三造无量寿一区供养。”

（2）“开皇十年九月二十二日，朱洞妃妻孙造□圣□，为亡父及法界众，咸同斯□。”

（3）“大隋开皇十八年三月八日，像主比丘尼情□共位（为）身造无量寿像一区供养。”

（4）“……十八年岁次戊午十月……子李仁、女官光□为亡……造无量寿像一躯……法界众生咸……”

（5）“开皇十九年五月一日……”

（6）“开皇十九年五月十二日，像主宋乾驼妻王怜妃侍佛时。”

（7）“大隋仁寿二年四月十五日陈汝珍□□□敬造无量寿像一躯，奉为帝圣增□，臣僚□□，师僧父母□及法界众生……”

（8）“鹿潘妃为亡女王端欧造无量寿，愿法界俱同此福。”

（9）“像主元海□□亡父□造无量寿……”

（10）“像□义姊敬造无量寿佛，法界同登……”

（11）“像主、清信女□为仙（先）亡七世，敬造无量寿佛一躯供养。”

（12）“像主陶□供养佛时……七世父母造□□寿像□□二菩萨，以此功德上资亡……七世存亡，俱蒙斯福，法界有生，同沾大□……”[②]

综上所述，可推断一号窟开凿于隋开皇元年至十年间（公元 581—590 年）。主尊应为无量寿佛。

二号窟，作方形，宽三点三米，深约一米，布局为一立佛、二侍立菩萨。立佛全毁，二菩萨犹存。菩萨圆面高颈，犹存齐风，然衣饰大别，类同

---

① 吴绪刚：《鲁西白佛山石窟造像》，《中国文物报》，1998 年 1 月 28 日。

②《八琼室金石补正》，卷二十四。

一号窟，亦应是开皇初年所作。二号窟中，有小龛二十四个，均无题记。

三至五号窟，均为长方形中等洞窟，内造倚坐弥勒佛、二菩萨、二天王及贤劫千佛。三号窟主尊弥勒造型，似龙门石窟双窑南洞，应造于唐高宗前期，天王手中持戟。四号窟，似造于武则天时代，其形象类似于山东省东平县理明窝石窟西大龛五号像，该像造于唐长安三年（公元703年）。[①]

五号窟造于开元十九年（公元731年），有造像记云："青州云门山功德铭并序。丞议郎行益都县令唐□□□。夫代上□□，人间□□，茫是非之环，溺生死之海者久矣。六代祖、后魏使持节、青州诸军事、青州刺史讳轮，作牧兹□，道被东夏。逮从祖讳季卿，部符□□大庇□人，暨纫□□贞休，□□是邦，纂□丕烈……以冥应……嗟嗟……净业……途……群生……万……大千之化镯……初翘勤最尊……嵯峨□业……浦沉瀁……罔测惟像……开元十九年岁次辛未□□□丑朔十五日辛卯毕功。京兆唐子……"

这里的益都县令即唐道周。又据《莱州刺史唐贞休德政碑》[②]及《新唐书·宰相世系表》可知，唐道周以上六代为：轮—永—陵—防—（从祖贞休、季卿）—□。

五号窟的弥勒佛，头部及右手已毁去，内着偏衫，胸下束带。外披双领下垂式袈裟，倚坐于长方形台座上。双足各踏一朵莲花。其形象类似于理明窝石窟西大龛四号像（开元八）。五号窟在主尊足下左右，刻供养人夫妇，皆跪拜状。二菩萨及二天王面部残。左菩萨有项圈，璎珞、帔帛，丰胸细腰，亭亭玉立。右手举莲蕾于胸前，左手下垂，持帔帛，立于圆台座上。左天王上体裸，下着裙，足踏夜叉。

### （二）驼山石窟

驼山海拔四百零八米，在青州市南偏西三千米。今存编号窟龛共五个，另有摩崖造像一处，计有造像六百三十八尊。自北向南，编为一至五号。

---

① 张总、郑岩：《山东东平理明窝摩崖造像》，《文物》，1998年，第八期。

②《八琼室金石补正》，卷五十一。

一号窟，近方形，宽、深皆约二点四米，高二米。造像布局为一菩萨装坐佛、二弟子、四菩萨、二力士。坐佛螺髻，饰发如冠状。面相丰满，颈系七叶项圈，右臂佩宝钏，着袒右肩袈裟，禅定印，结跏趺坐。衣纹贴体，简练。侍立的二弟子，亦面相丰满，着袒右肩袈裟。迦叶居左，阿难居右。四菩萨高发髻，体形有曲线美，后左侧者上裸，斜披络腋；后右侧者上裸，披X形璎珞。

一号窟有纪年小龛三个，造像铭是：

（1）“长安二年三月二十日戊辰，二十六日癸巳，前羽林郎任玄览奉敕于紫蒙（象？）军御，敬造观世音菩萨一躯，及亡过父母，亡男□赤及亡女玉罗，见存眷属及法界苍生，咸同私（斯）福。”

（2）“长安二年岁□七月庚辰朔二十五日甲子，青州益（都）县佛弟子尹思真为亡过妻张氏及女侍□，见施净财，于驼山寺敬造石□像一铺。上为金轮皇帝，下及师僧父母。振众子炎埃，挽群人于耜□，忘者生净土，□乐无穷。法界苍生，咸同斯福。”

（3）“长安三［年］十月十九日，李怀鹰为亡过母任及妹九娘，见存父仅施净财，敬造弥陀像一铺。普愿见在眷属，咸同斯福。高文纪书。”

由造像形制及后期小龛题记推测，该窟造于武则天前期，即公元690至700年间。该窟主尊，应是依密教经典所造的毗卢佛。类似的毗卢佛在全国并不多见。在四川省广元市千佛崖莲花洞右壁的一尊，早于万岁通天元年（公元696年），也是武则天前期所作。[①] 在河南省洛阳市龙门石窟东山刘天洞的一尊，则早于天授三年（公元692年），应是唐高宗末年至武则天初年所作。驼山一号窟保存较好，是密教东传山东的一个物证，弥足珍贵。造像记也表明，至迟在长安二年，这里已有“驼山寺”。至迟在元代，驼山寺已改为道教的“昊天宫”。

二号窟，近方形，平顶。宽二点八米，深三点三米，高三点二八米。造像布局为正壁一跏趺坐佛，坐于圆形台座上。两侧壁各有一侍立菩萨。窟门有高浮雕持剑二力士。四壁遍刻小坐佛及立佛。窟门处有立式胡服供养人。

---

① 国家文物局教育处编：《佛教石窟考古概要》，文物出版社，1993年。

坐佛有低平之肉髻，螺发。面相方圆，颈部略粗，施二道横旋纹。胸平，内着偏衫，外披双领下垂式袈裟。左肩下垂一吊纽。右手施无畏印，左手在膝头，掌心向上。

侍立的菩萨头戴桶状莲花宝冠，宝冠中有立佛（左）或宝瓶（右），颈系项圈，斜披璎珞，帔帛绕身前二次。

力士衣纹风化严重，但双手高举，横握宝剑之雄姿，颇为生动。

主尊佛座上的题记有："像主张小叉敬造"，"像主叉妻吕敬造"，"比丘尼光供养"等等。

上述二号窟从布局到造像服饰、造像风格均与其南邻的三号窟相似。故知此窟是在隋开皇初年所造的无量寿佛及观世音、大势至二菩萨像。

三号窟，亦近方形，立面呈尖拱形式。窟宽五点四米，深六点五米，高七点五米。造像布局、造像服饰、风格略同于二号窟。稍有不同者是：主佛左肩下无"吊纽"，而右菩萨冠中有花蔓宝珠。

三号窟内有造像题记近百品。重要的有：

（1）"大像主、青州总管、柱国、平桑公。"

（2）"像主、安乐郡沙门都僧盖。"（上述两品在佛座上。）

（3）"仪同三司、青州总管府长史赵良供养。"

（4）"仪同妻、郡君张供养佛。"（上述两品在主佛身躯左侧。）

（5）"益都县令唐照明一心供养时。"

此外的"像主"还有各姓俗人及比丘、比丘尼等近百人。①

阎文儒先生已考证此"平桑公"就是韦操，《隋书》卷四十七《韦世康传》附见之。操，字元节，仕周，致位上开府、光州刺史。隋高祖为丞相时，以讨平尉迟迥之功（公元 580 年），进位柱国封平桑郡公，历青、荆二州总管，卒于官。则窟开凿于开皇十四年（公元594年）之前。②李裕群则进一步考证此窟在开皇元年至三年（公元 581 年至公元 583 年）

---

①《八琼室金石补正》，卷二十九。

② 阎文儒：《中国石窟艺术总论》，天津古籍出版社，1987 年。

之间。[①]

很显然，该窟是以平桑公韦操、安乐郡沙门都僧盖为主的佛教邑社造像。“大像主”（一佛、二菩萨、二力士）即五大像的功德主是韦操及妻张氏；其他壁面的造像亦各有像主。例如龙门石窟宾阳南洞，大像主是唐魏王李泰，但窟门力士的像主却是“汝州刺史、驸马都尉、渝国公刘玄意敬造金刚力士”。魏王李泰造阿弥陀像等在贞观十五年（公元641年），而刘玄意造二力士像却在永徽元年（公元650年）。由此可知，该三号窟定为隋开皇初年所造并无不妥。

二、三号窟佛有螺髻，菩萨双肩垂下长长的饰带等做法，则是受到了南方的影响。

四号窟，亦近方形，宽二米，深二点三米，高二点二米。造像布局为一倚坐无首弥勒佛、二弟子、二菩萨侍立，窟门为二力士。

青州的倚坐佛像，一件见于大齐武平四年（公元573年）的“司空公青州刺史临淄王像碑”之碑额雕刻；另一件见于龙兴寺出土的无首佛像，[②]亦造于北齐。此倚坐无首佛像，披U字领袈裟，腰间不束带，衣纹用双阴线刻表现。下垂之双腿，膝盖分开距离较大而脚部距离较小。四号窟的倚坐佛像，头残，着双领下垂式袈裟，胸间束带。袈裟的一角自右肩垂下，绕过腹际，搭于左腕下垂。袈裟底部覆盖双足部分脚面。其形象类似于龙门石窟宾阳南洞内“洛州河南县思顺坊老幼等造弥勒像”大龛，时间是贞观二十二年（公元648年）四月八日。由此推断，四号窟造于初唐贞观年间。

顺便指出，在东魏、北齐时代，山东省没有交脚弥勒石造像。河南省安阳市宝山灵泉寺“大留圣窟”，由著名高僧道凭造于东魏武定四年（公元546年），其所造的弥勒佛已是结跏趺坐式。[③]河北省正定出土有东魏武定七年（公元549年）的永固寺尼造汉白玉半跏趺坐的弥勒像[④]、

---

① 李裕群：《驼山石窟开凿年代与造像题材考》，《文物》，1998年，第六期。李氏考证出安乐郡废于开皇三年（公元583年）十一月。

② 青州市博物馆编：《青州龙兴寺佛教造像艺术》，图九十七，山东美术出版社，1999年。

③ 河南省古代建筑保护研究所：《宝山灵泉寺》，河南人民出版社，1991年。

④ 王巧莲、刘友恒：《正定收藏的部分北朝石造像》，《文物》，1998年，第五期。

北齐河清元年（公元562年）的建忠寺比丘尼造汉白玉双弥勒半跏趺坐像（背面是双思惟像）。[①] 而在西魏、北周地区，则仍保留有北魏以来的交脚弥勒像。例如山西省垣曲县宋村重兴寺遗址发现的西魏大统十四年（公元548年）造像座右侧面上就雕有交脚弥勒菩萨像，[②] 甘肃省张家川回族自治县出土的北周建德二年（公元573年）"王令猥造像碑"正面一龛造倚坐之弥勒佛，而右侧面上仍雕有树下说法的交脚弥勒菩萨像。[③]

窟门右力士，粗眉大目，大口大耳，作警卫状，甚为生动。但身体刻画较呆滞，腰部虽系绳索，但未显示出腰胯间的曲线变化。

五号窟系一大龛，宽一点五三米，深一点五米，高一点二五米。造像布局为一坐佛、二侍立菩萨。但三像风化严重，依风格，似可定为隋代后期之作。

我国信徒倾心"西方净土"，历史悠久。著名者有庐山慧远（公元334—416年）之结莲社。北齐时"使持节、都督青州诸军事、骠骑大将军、青州刺史、司空公、宁都县开国公、高城县开国公、昌国侯、临淮王"娄定远，于公元573年在青州南阳寺敬造"无量寿像一区，高三丈九尺，并造观世音、势至二大士而夹侍焉"。[④] 此举在青齐地区必有重大影响。云门山、驼山的三窟隋代无量寿佛，在全国大型石窟中也是较早之作，从而成为唐初大造无量寿佛（即阿弥陀佛）的原型。而南朝流行的立式无量寿佛（如成都市西安路出土的梁天监三年无量寿佛立像等），在唐初则衰微不彰。这与齐州僧道铨声称获得了天竺鸡头摩寺五通菩萨图写的尊仪不无关系。

### （三）广福寺（胜福寺）及东三号塔地宫

广福寺遗址在青州市南十千米之劈头山东麓，今属云峡河乡后寺村西阜。遗址为山坡台地，东西宽约一千米，南北深为五百至六百米。今遗

---

① 张秀生、刘友恒等：《中国河北正定文物精华》，文化艺术出版社，1998年。

② 王睿、吕辑书：《山西垣曲县宋村发现西魏造像基座》，《文物》，1994年，第七期。

③ 吴怡如：《北周王令猥造像碑》，《文物》，1988年，第二期。

④《金石萃编》，卷三十五。

址中心部位仍矗立圆首石碑一通，即明代成化十二年（公元 1476 年）四月所立的《重修广福寺记碑》（高二点二米，宽一点一米）。该石碑面向南方，则正南北为寺院之主轴线。在主轴线周围，瓦砾成堆，墙基断垣犹存。青州市博物馆研究人员前往调查时，曾发现初唐石造弥勒倚坐像，宋代石刻金翅鸟像、墓塔残塔铭，明代金铜毗卢佛像等珍贵文物，今存青州市博物馆。

遗址之东、西各有一处塔林。东塔林今存石塔六座，塔基四处。西塔林今存石塔四座。

唐代道宣（公元 596—667 年）《续高僧传》卷二十六《智能传》记此寺云：智能，姓李，河内人。素怀律教。开皇之始，观道渭阴，住转轮寺。“仁寿置塔，奉敕召送于青州胜福寺中。处约悬峰，山参天际，风树交结，回瞰千里，古名岩势之道场也。元魏末时，创开此额。初置基日，疏山凿地，入土三尺，获古石函。长可八尺，深六尺许，表里平滑，殆非人运。所谓至感冥通，有祈斯应矣。乃下舍利，大放光明，挺溢山宇，道俗俱见。乃至出没流转，变状匹论。能晚还寺，更崇定业。林泉栖托，不予僧伦，逃名永逝，莫测其终。”

由这一项最早的史料可知：此寺创于北魏末年，名为“岩势道场”，后改名为“胜福寺”。隋仁寿元年（公元 601 年），僧智能奉敕于此寺下舍利并建宝塔。这宝塔的位置，依地势而论，应在西塔林一带。此塔在明成化前已毁，所以《重修广福寺记》云：“寺始建无考。惟旧石志，有大魏武定二年（公元 544 年）蒙诏板补齐郡太守刘世明敬造佛像，为国王帝主祈福之说。又有石刻记大隋仁寿元年（公元 601 年），于青州逢山县胜福寺奉安舍利，敬造灵塔，亦微寓祈祝之意。二刻现存于寺。意者寺之所建，或肇于魏隋之朝欤！”所幸此石刻《舍利塔下铭》[1]几经辗转，

① 全文见《金石萃编》卷四十。铭文云：“舍利塔下铭。维大隋仁寿元年，岁次辛酉，十月辛亥朔十五日乙丑，皇帝普为一切法界幽显生灵，谨于青州逢山县胜福寺奉安舍利、敬造灵塔，愿太祖武元皇帝、元明皇后、皇帝、皇后、皇太子、诸王子孙等并内外群官，爰及民庶、六道三途、人非人等，生生世世值佛闻法，永离苦空，同升妙果。孟弼书。”尾部用小字刻出：“敕使大德僧智能、长史邢祖俊、侍者昙辩、司马李信则、侍者善才、录事参军邱文安、敕使羽骑尉李德谌、司功参军李佶。”

完好保存至今，仍存于青州市博物馆。

《重修广福寺记》所提及的刘世明造像，清代犹存。段松龄《益都金石记》收有录文："大魏武定二年（公元 544 年）岁次甲子十二月辛亥十四日甲子，前蒙诏板补齐郡太守刘世明敬造石像，为国王帝主、师僧父母、居家眷属，咸同斯福。"同书还载有东魏胜福寺造像题名者崔氏十余人。刘世明，附见于《魏书》卷五十五《刘芳传》。刘芳族兄刘僧利有二子，长子刘世雄，官至太山太守；次子刘世明，"字伯楚，颇涉书传，自奉朝请，稍迁兰陵太守，彭城内史……肃宗时，征归。"世明既还，奉送所持节，身归乡里，自是不复入朝，常以射猎为适。兴和三年（公元 541 年）卒于家，为谏议大夫。孝庄末，除征虏将军、南充州刺史。"后被逼劫至萧梁，不愿受官，固请北。赠骠骑大将军、仪同三司、徐州刺史。子伟，字彦英，武定末冠军将军、中散大夫。

刘世明于武定二年（公元 544 年）还在造像，则传记云卒于兴和三年（公元 541 年）者大误。又刘世明晚年"蒙诏板补齐郡太守"，传记亦失载。

胜福寺自唐之后，更名广福寺。宋时兴盛，金皇统八年（公元 1148 年）重修。明永乐之后，迭加修葺。清康熙间颓圮。光绪十三年（公元 1887 年），益都县知县张承燮又略葺之。直至"文化大革命"前，犹存僧塔六十多座，而今可见者仅十座。

东、西二塔林中，曾有"龙兴寺百法院老院主清梵灰匣记"（无年月）、"皇化寺大悲院润大师灰灵记"并"佛顶尊胜陀罗尼经幢"，圣宋嘉祐四年（公元 1059 年）十一月十日等，今已无存。

在西塔林中，皆为瓶式石塔，有塔铭者仅一座，铭云："大明国山东青州府僧、示寂本师、副都纲闻绝学和尚，时正统九年（公元 1444 年）五月。"依明代僧官之制，各府设"都纲司"，置僧官"都纲"一人，从九品。"副都纲"一人，无品。此僧系青州府"副都纲"，法名某闻，法号绝学，故合称"闻绝学和尚"。

东塔林中，亦皆造瓶式石塔。其中有塔铭者二座。东一号塔有铭云："示寂本师果香林和尚，时嘉靖三年（公元 1524 年）三月。"东二号塔铭云："青州僧纲司广福寺徒弟文湖、文果、文原、文成、文经、文明、文仰。圆寂本师兴古峰和尚塔。时正德九年（公元 1514 年）三月吉日。法孙恩堂、恩荣、恩春……”由此可推知，一号塔示寂者法名“文果”，法号“香林”，是二号塔“兴古峰和尚”的弟子。二号塔铭中的“僧纲司”是各州所设的僧官机构，又称“僧正司”。

明代以来，广福寺僧人可查出辈分者有“觉”字辈，如觉瑛翠庵、觉祯等。他们的弟子是“道”字辈，如道稳、道仪等。“文”字辈的弟子是“恩”字辈。但此寺明代属何宗派，尚不能明。

东三号塔下面的地宫，已遭盗掘。笔者亲下地宫内作了考察。地宫用青石砌筑，分前后室及甬道。前室在南方，后室在北方。前室及左右耳室平面呈横长方形，后室平面呈正方形，有四面起坡式穹隆顶。今地宫中已无遗物残留，可珍贵者尚保存有两幅石刻画像。一幅在甬道通往前室的门楣上，刻的是金翅鸟，鸟首，展开双翼，尾羽向上。其形象类似于云南大理千寻塔震落之金翅鸟（属大理国时代，即公元 937 年至 1253 年间）。[①] 另一幅在前室通往后室的门楣上，刻的是三种普贤菩萨。三普贤作“品”字形布列，中间是一朵方形大莲花图案。上部的普贤乘大象，象头在右侧，左右各有一朵莲花。大象下有“象奴”牵象。下部的二普贤形体较小，也乘大象，在大莲花左右；各踏云朵，相向而立，但无“象奴”。二普贤的外侧各有莲叶纹装饰。从金翅鸟及三普贤的形象观察，应是宋代后期作品。三种普贤即“实相普贤”“究竟普贤”“贤现普贤”，出自《法华经》。三种普贤的题材在全国也非常少见，弥足珍贵。

据《益都县图志》的记述，宋代皇化寺大悲院（在青州城内北部）润大师称为“宗首”，又常诵《法华经》，死后归葬于胜福寺。据此推测，宋代的胜福寺可能传天台宗。地宫中的三普贤造像也旁证了这一点。

自唐玄宗谥河南汝州风穴寺可贞禅师（公元 642—725 年）为天台宗“七祖”，我国北方的天台宗获得较大发展。晚唐至宋初，作为“禅宗祖庭”的嵩山少林寺也传天台宗。

---

① 李昆声：《云南艺术史》，云南教育出版社，1995 年。杭州慈云岭资贤寺第三龛的金翅鸟作人首鸟身（属吴越国公元 942 年左右）。参见中国社会科学院考古研究所浙江工作队：《杭州慈云岭资贤寺摩崖龛像》，《文物》，1995 年第十期。河北省正定隆兴寺大悲阁石须弥座上所雕刻的金翅鸟也作人首鸟身（约作于宋初 971 年至 975 年间或稍早），而“鸟首”之金翅鸟大约出现于公元 11 世纪顷。但在藏传佛教系统中，金翅鸟之“人首”往往头戴冠，西夏三号王陵发现的“嫔迦”即是如此。

值得重视的是，在东塔林之北的山崖下有两间开凿的石室。其中，北石室面向南方，宽约四米，深约四米，高约二米。平面方形，贴近北墙留有禅床，高约四十厘米。而西石室面向东方，宽深亦四米多，高二米，平面方形，贴西墙也留有禅床，高约三十厘米。二石室皆敞口，室内壁面平整，无雕饰。在二石室外立面上，有密布成列的小方龛，亦无雕饰。推测二石室是北朝遗留的禅堂，崖面上的小方龛，则可能是古代存放僧人骨灰之所。宋代僧人的“灰灵匣”，或即存放于其中。中国许多石窟中有“瘗窟”“塔龛”，皆此类也。

另外，据青州市博物馆调查，在广福寺南边的山崖上有一处小石窟，但造像残毁严重，面目全非。在该石窟的左侧，还有一个天然山洞，洞内曾藏有一尊明代金铜毗卢佛像。

### （四）仰天山文殊禅寺

仰天山主峰位于青州市西南的王坟镇文里村西，距青州市约五十千米，海拔八百三十四米。这里地处青州与淄博、临朐交界的深山区，旧属临朐县，今为一处森林公园。

据称，仰天山是抗金的红袄军领袖、益都人杨安儿的根据地。杨安儿、李全自从金代泰和元年（公元 1201 年）起事，至元代中统三年（公元 1262 年）李全之子李璮被俘杀，先后占据山东省东部达六十多年。①

文殊禅寺依山而建，大约始于北宋，盛于金元，至清而废。

今存佛教遗迹，重要者有三处：

第一处为千佛洞。这是一个天然大溶洞，洞内残存小型石刻佛像若干。据洞口外的游人题记可知，千佛洞造像早于金代承安三年（公元 1198 年）。

第二处是巨幅摩崖阴线刻观音、龙女、善财童子三尊像。观音像坐高（含台座）约七米。头上有圆形头光，周身有火焰纹身光。观音头戴宝冠，面相方圆，眉目鼻耳仍清晰可见。颈上刻横旋纹，身披璎珞、帔帛，腰间束带，倚坐。但腿部风化严重，线条不清。在左肩外侧刻一宝

①《金史》，卷一百零二。《仆散安贞传》等。

瓶。左侧侍立的龙女，低丫髻，面相丰满，眉目清秀，双目有神，直鼻小口，唇上红色犹存，双手伸向观音，作供养状，持物不详。下着长裙，足部残去。观音右侧的善财童子像已风化不清。“善财童子”见于《华严经·人法界品》，参拜了五十三位善知识，终成正果。“龙女”则见于《法华经·提婆达多品》，是娑竭罗龙王之女，修得神通，顿悟得道。宋代以来，民间造像把善财童子及龙女作为观世音菩萨的二夹侍。

笔者于 1995 年 11 月考察四川省合川县涞滩二佛寺时，也见到浮雕的观音三尊像，今仅存右侧的善财童子、左侧的龙女二像，造于南宋至元之际。由此推测此大龛造于金元时代。像这样巨幅观音三尊像，在中国北方仅此一见，十分珍贵。

值得注意的是，观音三尊像所在的壁面凿成圆拱长方形，高达一百多米，宽约三十多米，凹入一个平面，似乎原来有一个更宏伟的计划。

第三处是塔林，今存宋元僧人石塔十四座。石塔多与经幢结合，下有八棱石柱或方形石柱，上有宝珠及屋檐式顶盖。也有八棱式塔座，上有卵形塔身，最上加屋檐式塔盖。

依塔铭可知，宋元时代本寺传禅宗临济宗禅法。

### （五）尧王山与稷山造像

尧王山，古称尧山，在青州市西北郊，海拔三百三十四米。《水经注·淄水》引《从征记》云：“广固城北三里，有尧山祠，尧因巡狩登此山，后人遂以名山。庙在山之左麓，庙像东面。华宇修整，帝图严饰，轩冕之容穆然。山之上顶，旧有上祠，今也毁废，无复遗式……”唐开成五年（公元 840 年）四月，日本国求法僧圆仁（公元 794—864 年）离青州时，尧王庙犹存。

今从尧王山向东南眺望，即是南燕国都“广固城”故址，今已夷为农田。

尧王山东山头下，有摩崖造像五龛，自东向西排列，命名为一至五号龛。

一号龛，作横长方形。中心是结跏趺坐佛，坐于圆形莲座上。佛像面部残，有桃形头光，手作降魔印。左右二菩萨侍立，双手合十，也有头光。在三像左右，分上下两排，各有三身侍立者，皆双手合十立于圆莲座上，共计十二身。观其形象，粗陋简单，似是民间工匠所作。该龛似造于明代。

二号龛，一坐佛二侍立菩萨，风化严重，犹有初唐风格。

三号龛，分上下两排，各八身罗汉坐像，似元明之作。

四号龛，仅存方形小龛，造像无存。

五号龛，是一较大的横长方形龛，内造华严三圣，并二菩萨。但残坏严重，犹存狮、象形态，当亦是元明之作。

稷山在青州市西北约十五千米，海拔二百六十米。今属邵庄乡与临淄区（辛店）交界处。《齐记补》云，山上旧有稷祠，齐宣王（公元前320—前302年）又曾立孔子庙，故又名孔父山。《益都县图志》云，今山上有石室并画像。

1983年9月，临淄区梁家终村村民在稷山采石爆破时，发现汉代洞穴石墓一座。此后又发现洞穴石墓二座。三墓沿东、中、西分布。

中间的一座墓较大，今已暴露于外。在井状竖穴中，积水甚深。井口方形，宽广各约五米。在井内立壁上，凿有三个小龛，即西壁上一龛，北壁上二龛，东西并列。显然，三龛与墓无关，是后代利用壁面所作。

一号龛，在西壁上。线刻二人轮廓，皆平顶圆面，穿交领衫，未刻面目。一坐者，一侍立，在其左侧。依大的形体观察，犹存汉风。另在坐者轮廓内，有一浮雕坐像，打破了线刻形象。但浮雕像也已模糊。

二号龛，为一圆拱方形龛，在北壁西侧。龛外左右，各有一长方形龛。圆拱龛内，浮雕一坐像，头部毁去，身穿交领衫，袖手坐于低方座上。两侧龛内，各有一人，持笏躬身而侍立，作供养状。二人采用减地平刻技法，与汉画像石技法相似。

三号龛，为一尖拱方形龛，大小略同于二号龛。龛内浮雕三人。中间坐者头梳高发髻，面部已毁，颈部有横旋纹，双手合抱于胸前，穿交领短袖衫，似结跏趺坐。其左侧立一侍者，右手执一圆扇，在坐者头上。坐者右侧有一较小的侍立者，站于莲花座上。

上述三龛，造像因风化不清，加之内容见所未见，故时代及题材一时难以论断。而三龛雕刻于汉代洞穴墓口，更是闻所未闻也。但二、三两龛大小相似，东西并列，应有内在联系。或许这与早期佛、道并祀有关。

### （六）胶南市大珠山三处小石窟

胶南市在北魏时属青州高密郡。胶南海滨的“瑯琊台”是秦始皇三次巡视之地，早已闻名海内外。胶南市南的大珠山，不但有石门古寺，而且有三处鲜为人知的小石窟。

第一处，石屋子沟石窟，在大珠山镇石门寺东南山沟里。是利用一滚落的巨石，状似草庐，凿出方丈大小的石窟。据说窟内有造像，但笔者考察时已淹在水中，未能入内。

第二处，峡谷南山石窟，在大珠山镇西北约一千米山腰间。它是利用山腰间一突出之巨石凿成，圆拱方形门，窟内平面呈横长方形，宽约二点五米，深约一点五米。窟顶正中有人字坡。三壁造像均毁于“文化大革命”中，残痕中惟存桃形头光。在窟门外上边，有一横向方形沟槽，应是木构建筑之遗迹。

第三处，峡谷西山石窟，在峡谷南山石窟之西约一千米。这是在山顶一巨石上部凿成的小石窟。洞口方形，其右侧崖面上浮雕一卧虎，虎头向着洞口。

窟内平面呈方形，宽约一点七米，深约一点五米，窟顶中部有人字坡。正壁中心造一坐佛二侍立菩萨。其左侧上排雕二小坐佛，下排一小坐佛；右侧上排雕二小坐佛，下排无雕刻。

洞内左壁，在人字坡三角处刻一坐佛，其下有二排坐佛，上排六身，下排五身。作禅定印佛与作无畏印佛间隔布列。题记有：“比丘门师法奉”，“息舍利”等字。右壁在人字坡三角处造一坐佛。起下为二排坐佛，上排六身，下排三身。题记有“息芬常”“息恶佛”等等。两壁文字楷书，但仍有隶意。

此窟造像虽风化不辨衣纹，但佛有低肉髻，方面型，宽肩；小坐佛亦方面型粗颈等等；虽系民间工匠所造，但仍可看出属于北齐时代所作。从题记分析，应是一个家族的造像，而聘请的“门师”，则是比丘法奉。窟门外刻一卧虎守护，恐亦民间作法，不见于其他石窟中。又据胶南市

博物馆纪中良馆长介绍，一号石窟造像风格与三号石窟类似，则推测石屋子沟石窟亦应造于北齐时代。

胶南的三处小石窟，或在山上，或在水边，且小仅方丈，似是由早期禅窟改造而成。窟顶作人字坡状，则不见于今青州地区其他石窟。

## 四、结语

综上所述，青州地区自西晋设立宁福寺，南燕国设立七级寺，乃有佛教之传布。

至北魏以来，青州佛教大有发展。有据可考者已有广固南寺、胜福寺（后改称广福寺）、白苟寺、张河间尼寺、张白奴尼寺、成买寺、永宁寺、皆公寺、南阳寺（后改称龙兴寺）、孙泰寺、大业寺等等。魏齐间，青州高僧辈出，如僧世、普明、宝亮、道明、僧远、惠缘、真玉、道猷、慧海、济本、道诠等人。民间邑社广泛建立。州县官吏，大多崇佛。另据道宣《广宏明集》所收北齐文宣帝高洋诏书指出："乃有缁衣之众，参半于平俗；黄服之徒，数过于正户。所以国给为此不充，王用因兹取乏。"

这些情况证明，青州出土大批精美的佛教造像绝非偶然，青州佛教艺术流派在东魏时形成，也在情理之中。这一流派，从信仰上看，在在表现了民间佛教的崇信；从艺术上看，兼收南北风格，更加贴近现实生活，表达了民众的审美情趣。这就构成了有别于其他地区的艺术特质，法相庄严，净化圆融，展现了它的历史风采。

入隋，以云门山、驼山二石窟隋代无量寿佛三尊像为代表的青州造像影响全国，意义重大。唐代的毗卢佛、宋代的三普贤、金元的观世音三尊像在全国也不多见。惜明代以降，青州佛教造像则少特色。

宋金时代禅宗之曹洞宗北系的创始人、青州希辨大师（公元1082—1150年），[①] 在中国佛教史上有重要的地位，然而却未找到他在青州的遗

① 希辨是少林寺蒙元时代开山祖师雪庭福裕禅师的五代祖师，其传承是：青州希辨—大明法宝（公元1114—1173年）—王山觉体（生卒不详）—雪岩慧满（公元1136—1206年）—万松行秀（公元1166—1246年）—雪庭福裕（公元1203—1275年）。

迹，令人遗憾。

稷山三龛造像之谜，至今尚无可解。这正反映出中国早期佛教造像研究之薄弱及艰难。在《公元 1—3 世纪中国的仙佛模式》一文中，笔者首次“揭示了东汉人以神仙为原型，结合对佛教的理解，创作了仙佛模式”，“大约在 3 世纪末叶，犍陀罗模式为主的佛教图像才最终取代了仙佛模式”。笔者还就三项文物指出了老子与浮图并祀之例：一是洛阳市孟津县出土东汉永元五年（公元 93 年）的“老子浮图镜”。二是山东省沂南画像石墓中室八角擎天石柱南面的“老子人夷狄为浮图像”（东汉末至曹魏初）。三是江苏省连云港孔望山的摩崖一号及二号像即老子与浮图像（约曹魏前期）。同样的，“中国禅窟阶段”的存在与研究也刚刚开始。2000 年 5 月，笔者考察了河北省元氏县封龙山二禅窟。考证其是道安（公元 312—385 年）等人坐禅之地。时间在公元 351 年之前。比敦煌始造禅窟的公元 366 年还早十五年以上。故广福寺二石室的性质及年代，有待进一步探寻。

总之，本次考察表明，青州的佛教文化源远流长。近年来对青州的佛教造像的研究已取得丰硕成果，并将促进全国及周边国家佛教造像的研究。

1996 年，龙兴寺遗址窖藏发掘现场

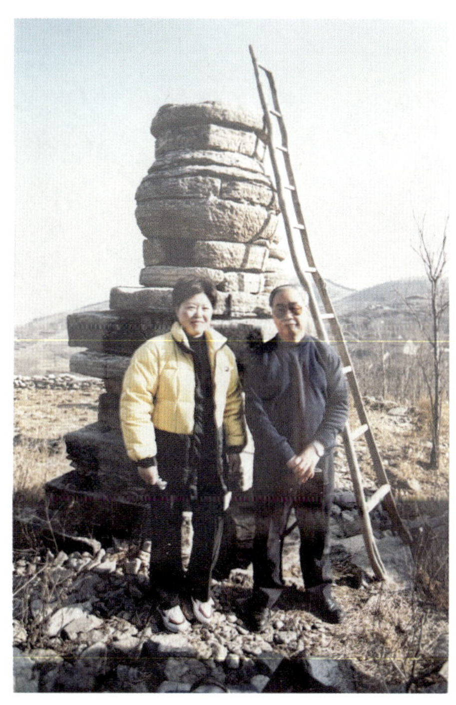

2000 年 12 月 20 日，温玉成与青州博物馆馆长王瑞霞女士在青州广福寺塔地宫前考察

残背光上的飞天（北魏）

莲花化生童子（东魏）

韩小华造背屏式弥勒三尊像（永安二年）

背屏式佛三尊造像（东魏）

张河间寺尼智明造像（天平三年）

倚坐弥勒佛像（唐）

结跏趺坐佛像（北齐）

贴金彩绘立佛像（东魏）

U 字领袈裟贴金彩绘立佛像（北齐）

菩萨立像（北魏晚期）

贴金彩绘思惟菩萨像（北齐）

贴金彩绘短璎珞菩萨立像（北齐）

贴金彩绘长璎珞菩萨立像（北齐）

# 附录贰

# 龙门石窟大事纪年表

| 公元前 516 年 | 昭公二十六年 | 赵鞅使女宽首阙塞。 |
|---|---|---|
| 公元 184 年 | 东汉中平元年 | 以河南尹何进为大将军，置八关都尉官。“伊阙关”为八关之一。(《后汉书·灵帝纪》) |
| 公元 275 年 | 西晋咸宁元年 | 鲜卑拓跋部沙漠汗人宾于晋，从者务勿尘登仙于伊阙之山寺。(《魏书·释老志》) |
| 公元 493 年 | 北魏太和十七年 | 孝文帝拓跋宏率步骑百余万南伐，九月庚午幸洛阳；丁丑，群臣谏阻南伐，帝乃定迁都之计。十月戊寅，幸金墉城，诏征司空穆亮与尚书李冲、将作大匠董爵，始经洛京。(《魏书·高祖纪》) 龙门古阳洞南壁孙秋生等二百人造像龛始造。 |
| 公元 494 年 | 北魏太和十八年 | 十二月十一日，孝文帝亲御六旌，南伐肖逆。侍中、护军将军、北海王元详于古阳洞始造弥勒像一龛。 |
| 公元 495 年 | 北魏太和十九年 | 九月庚午，六宫及文武尽迁洛阳。十一月，长乐王丘穆陵亮夫人尉迟于古阳洞为亡息造弥勒像一龛。 |
| 公元 499 年 | 北魏太和二十三年 | 四月丙午朔孝文帝崩，时年三十三岁。四月丁巳，太子恪即位，是为宣武帝。 |
| 公元 500 年 | 北魏景明元年 | 宣武帝诏大长秋卿白整，准代京灵岩寺石窟，于洛南伊阙山，为高祖孝文帝、文昭皇太后营石窟二所。永平中，中尹刘腾奏：为世宗宣武帝复造石窟一，凡为三所。(《魏书·释老志》) 即今宾阳三洞。 |
| 公元 502 年 | 北魏景明三年 | 侯太妃为亡夫侍中、征北大将军、广川王贺兰汗造弥勒像龛于古阳洞。次年又为己身及孙造弥勒像一龛。 |
| 公元 503 年 | 北魏景明四年 | 十二月一日，比丘法生为孝文帝及北海王母子造释迦佛像龛于古阳洞。 |

| 公元 507 年 | 北魏正始四年 | 安定王元燮为亡祖造释迦像一龛讫工于古阳洞。 |
|---|---|---|
| 公元 509 年 | 北魏永平二年 | 十一月己丑，宣武帝为诸僧朝臣讲《维摩诘经》。 |
| 公元 511 年 | 北魏永平四年 | 十月十六日，征虏将军、华州刺史、安定王元燮为亡祖、考等造弥勒像龛于古阳洞。 |
| 公元 515 年 | 北魏延昌四年 | 正月丁卯，宣武帝崩，时年三十三岁。太子诩即位，是为肃宗孝明帝。虚龄七岁。九月，母胡太后专政。 |
| 公元 516 年 | 北魏熙平元年 | 在龙门东山建香山寺。 |
| 公元 517 年 | 北魏熙平二年 | 四月乙卯，胡太后幸伊阙石窟寺，即日还宫。征虏将军、泾州刺史、齐郡王元祐造弥勒像一龛于古阳洞。 |
| 公元 526 年 | 北魏孝昌二年 | 肃宗孝明帝幸南石窟寺，即日还宫。 |
| 公元 527 年 | 北魏孝昌三年 | 太尉公皇甫度开凿石窟寺完工。 |
| 公元 528 年 | 北魏武泰元年 | 二月中，孝明帝崩。立幼主钊。四月，尔朱荣至河阳，迎立长乐王子攸为帝，是为敬宗孝庄帝。尔朱荣渡河，杀胡太后等公卿以下两千余人，史称“河阴之役”。 |
| 公元 533 年 | 北魏永熙二年 | 正月己亥，孝武帝元脩幸嵩高、石窟灵岩寺，庚子又幸，散施各有差。 |
| 公元 534 年 | 北魏永熙三年 | 七月，高欢入洛，立清河王子元善见为帝，是为东魏孝静帝。十月迁邺。十二月，宇文泰立南阳王元宝炬为帝，是为西魏文帝。 |
| 公元 547 年 | 东魏武定五年 | 杨衒之撰《洛阳伽蓝记》五卷，书中记述了京南关口有石窟寺（古阳洞）、灵岩寺（宾阳洞）。 |
| 公元 550 年 | 北齐天保元年 | 五月，高洋废东魏孝静帝，自立为文宣帝。 |
| 公元 554 年 | 北齐天保五年 | 《魏书》撰成。 |
| 公元 574 年 | 北周建德三年 | 五月，周武帝禁佛、道二教。 |
| 公元 577 年 | 北周建德六年 | 二月，北周灭北齐。 |
| 公元 580 年 | 北周大象二年 | 元月复行佛、道二教。 |
| 公元 581 年 | 隋开皇元年 | 二月杨坚受禅，是为高祖隋文帝。是岁，下诏任民出家，仍令计口出钱大造经像。 |
| 公元 605 年 | 隋大业元年 | 三月，诏尚书令杨素、将作大匠宇文恺营造东京洛阳，每月役丁二百万人，次年正月成。 |
| 公元 606 年 | 隋大业二年 | 隋炀帝杨广自伊阙陈法驾，备千乘万骑入东京洛阳。 |
| 公元 618 年 | 唐武德元年 | 五月，李渊称帝，是为唐高祖。 |
| 公元 637 年 | 唐贞观十一年 | 道王李元庆母刘妃于破窑造弥勒像一龛。 |

| | | |
|---|---|---|
| 公元 641 年 | 唐贞观十五年 | 唐太宗李世民猎于伊阙。三月十日，豫章公主造像龛于宾阳南洞。十一月，魏王李泰为亡母长孙氏造像一铺于宾阳南洞并立“伊阙佛龛之碑”。 |
| 公元 650 年 | 唐永徽元年 | 十月五日，汝州刺史、驸马都尉、渝国公刘玄意造阿弥陀像一龛及大金刚力士于宾阳南洞。 |
| 公元 655 年 | 唐永徽六年 | 十一月，立武则天为皇后。 |
| 公元 657 年 | 唐显庆二年 | 以洛阳为东都。七月三十日，吏部尚书唐临造阿弥陀像于龙门西山。 |
| 公元 663 年 | 唐朔三年 | 常才于敬善寺南一洞刻《金刚经》一部。 |
| 公元 664 年 | 唐麟德元年 | 是岁，玄奘殁（公元 600—664 年）。 |
| 公元 665 年 | 唐麟德二年 | 纪王慎之母韦太妃发愿开凿敬善寺洞。 |
| 公元 667 年 | 唐乾封二年 | 华严宗大师康法藏出家前在龙门魏字洞造阿弥陀像一龛。 |
| 公元 672 年 | 唐咸亨三年 | 皇后武则天捐脂粉钱二万贯，资助雕凿大卢舍那像 龛。 |
| 公元 675 年 | 唐上元二年 | 大卢舍那像龛迄工。 |
| 公元 676 年 | 唐上元二年 | 十二月三十日，龙门大卢舍那像龛完工。 |
| 公元 679 年 | 唐调露元年 | 八月十五日，敕于大卢舍那像龛南置大奉先寺。 |
| 公元 680 年 | 唐永隆元年 | 十一月三十日，大监姚神表、内道场智运禅师造龙门西山万佛洞完工。 |
| 公元 686 年 | 唐垂拱二年 | 十月八日，左玉钤卫将军、薛国公阿史那暕及夫人李氏造像于龙门西山。 |
| 公元 687 年 | 唐垂拱三年 | 中天竺国三藏法师地婆诃罗（日照）殁，天后敕葬龙门香山之阳。后梁王武三思请置伽蓝，赐名香山寺。 |
| 公元 690 年 | 唐天授元年 | 七月，沙门怀义、法明等十人进《大云经》，陈符命，言则天乃弥勒下生，应代唐为阎浮提主。九月，则天革命称周。 |
| 公元 694 年 | 唐延载元年 | 八月，北市彩帛行于龙门西山开凿“净土堂”，并刻《佛说菩萨诃色欲经》。当年，武则天游洛南龙门，诏从臣赋诗。左史东方虬诗先成，后赐锦袍；之问俄顷献，后览之嗟赏，更夺袍以赐。 |
| 公元 696 年 | 唐万岁登封元年 | 新罗僧文雅（公元 613—696 年），号圆测，卒于是年，葬于香山寺北谷，起白塔。 |
| 公元 698 年 | 唐圣历元年 | 武则天诏令庐陵王李显还洛，令太子舍龙门，具礼以还，中外大悦。 |

| 公元 704 年 | 唐长安四年 | 三月二十七日，中山郡王李隆业造观世音石像于龙门西山。 |
|---|---|---|
| 公元 705 年 | 唐神龙元年 | 春，姚崇等人为亡母造极南洞完工。十月，武则天幸龙门香山寺。 |
| 公元 706 年 | 唐神龙二年 | 十月二十三日，温王李重茂造立像一躯。 |
| 公元 710 年 | 唐景云元年 | 九月一日，吐火罗僧宝隆造释迦像一龛。 |
| 公元 711 年 | 唐景云二年 | 北印度迦湿弥罗国人宝思惟于龙门山造天竺寺，苏颋撰《唐河南龙门天竺寺碑》。 |
| 公元 717 年 | 唐开元五年 | 三月，张敬宗母王婆造天尊像一龛于龙门双窑。 |
| 公元 718 年 | 唐开元六年 | 内侍省高力士等一百六十人建“大唐内侍省功德之碑”于奉先寺北壁。 |
| 公元 721 年 | 唐开元九年 | 北印度迦湿弥罗国三藏宝思惟卒于龙门山天竺寺。 |
| 公元 727 年 | 唐开元十五年 | 天竺人菩提流志殁，于洛南龙门西北原起塔，勒石志之。 |
| 公元 728 年 | 唐开元十六年 | 香山寺上座惠澄法师、比丘张和尚义琬等续修龙门东山高平郡王洞。 |
| 公元 732 年 | 唐开元二十年 | 禅宗北宗神秀大师弟子义福葬于伊阙之北。诗人李白、杜甫游龙门，夜宿香山寺，并撰有《秋夜宿龙门香山寺奉寄王方城十七丈奉国迎上》《游龙门奉先寺》等诗篇。 |
| 公元 735 年 | 唐开元二十三年 | 印度三藏善无畏（公元 637—735 年）卒，葬龙门西山广化寺。 |
| 公元 736 年 | 唐开元二十四年 | 禅宗北宗七祖义福（公元 658—736 年），卒葬龙门西山奉先寺。 |
| 公元 738 年 | 唐开元二十六年 | 比丘尼灵觉（约公元 687—738 年）卒，葬龙门西山瘗窟。灵觉系武三思之女。 |
| 公元 741 年 | 唐开元二十九年 | 印度三藏金刚智（公元 669—741 年）卒，葬龙门西山奉先寺西岗。 |
| 公元 755 年 | 唐天宝十四年 | 十二月丁酉，安禄山陷洛阳。 |
| 公元 759 年 | 唐乾元二年 | 禅宗南宗七祖神会葬于龙门。宝应元年，奏请在塔地设宝应寺。 |
| 公元 765 年 | 唐永泰元年 | 禅宗南宗七祖神会（公元 684—758 年）卒于荆州开元寺，是年，嗣虢王李巨等迎真身于洛，建塔于龙门西山宝应寺。 |
| 公元 791 年 | 唐贞元七年 | 户部侍郎卢征造救苦观世音菩萨于龙门东山万佛沟。 |

| 公元 832 年 | 唐大和六年 | 白居易用六七十万贯修缮香山寺，撰《修香山寺记》。 |
|---|---|---|
| 公元 845 年 | 唐会昌五年 | 七月，下敕灭佛法。毁寺凡四千六百余，僧尼归俗二十六万余。 |
| 公元 846 年 | 唐会昌六年 | 八月，白居易（公元 772—846 年）卒于洛阳履道里。遗命葬于香山寺如满禅师塔之侧。 |
| 公元 850 年 | 唐大中四年 | 五月，则上人于废天竺寺造尊胜幢塔。 |
| 公元 855 年 | 唐大中九年 | 十二月十七日，日本国僧圆珍至龙门山广化寺参拜善无畏塔。次年正月十三日，又参拜龙门山奉先寺金刚智塔。 |
| 公元 924 年 | 后唐同光二年 | 十二月乙酉，庄宗李存勖幸龙门广化寺，开佛塔祈雪。 |
| 公元 955 年 | 后周显德二年 | 五月，废非敕额寺院，禁私度僧尼。 |
| 公元 975 年 | 北宋开宝八年 | 三月，宋太祖赵匡胤幸龙门山广化寺，开善无畏塔，敬瞻真体。 |
| 公元 984 年 | 太平兴国九年 | 日僧奝然至洛阳龙门礼佛。 |
| 公元 1011 年 | 北宋大中祥符四年 | 二月辛酉，宋真宗赵恒祀汾阴后土祠；三月十一日，观龙门并撰《龙门铭》（今存龙门东山）。 |
| 公元 1015 年 | 北宋大中祥符八年 | 宋真宗命沙门栖演修饰龙门山石佛像，计一万七千三百三十九尊。 |
| 公元 1026 年 | 北宋天圣四年 | 丁裕监修龙门山石像、石道。文彦博、司马光、邵雍、梅尧臣等游赏龙门，撰有诗篇、游记。 |
| 公元 1073 年 | 北宋熙宁六年 | 文彦博于龙门西山胜善寺设药寮。 |
| 公元 1117 年 | 北宋政和七年 | 赵明诚《金石录》刊行，收龙门金石目五条。 |
| 公元 1560 年 | 明嘉靖三十九年 | 僧道连将龙门东山上之乾元寺迁于草店，尚书沈应时撰《迁寺记》。 |
| 公元 1568 年 | 明隆庆二年 | 巡按河南等处监察御使赵岩题“伊阙”。 |
| 公元 1610 年 | 明万历三十八年 | 山西省平阳府绛州张一川妻造地藏王一尊于潜溪寺南崖上。此为龙门有纪年最晚的石刻像。 |
| 公元 1623 年 | 明天启三年 | 二月，徐霞客游嵩洛；二月二十五日游龙门石窟。 |
| 公元 1707 年 | 清康熙四十六年 | 四月，学政汤右曾、知府张尹等修葺龙门东山上旧寺（唐乾元寺），称“香山寺”。 |
| 公元 1709 年 | 清康熙四十八年 | 三月十三日，吴郡汪士题“唐少傅白公墓”。 |
| 公元 1750 年 | 清乾隆十五年 | 九月，乾隆帝爱新觉罗·弘历幸龙门及香山寺，题诗以纪胜。 |

| 公元 1827 年 | 清道光七年 | 八月，方履住潜溪寺二月，拓得龙门碑刻八百余种。 |
|---|---|---|
| 公元 1870 年 | 清同治九年 | 路朝霖撰《洛阳龙门志》，是为龙门首部专志。 |
| 公元 1880 年 | 清光绪六年 | 洛阳知县曾炳章督工统计，龙门全山造像凡十四万二千二百八十九尊，题记三千六百八十品。 |
| 公元 1889 年 | 清光绪十五年 | 康有为著《广艺舟双楫》，盛赞“龙门二十品”书法之美。 |
| 公元 1898 年 | 清光绪二十四年 | 法国矿山工程师鲁普兰斯·兰格游龙门，1902 年公布旅行报告。这是西方人首次得知龙门信息。 |
| 公元 1901 年 | 清光绪二十七年 | 九月十九日，慈禧太后及光绪帝爱新觉罗·载湉由西安回銮赴洛阳，是日至龙门拜佛。 |
| 公元 1907 年 | 清光绪三十三年 | 法国巴黎大学教授沙畹（E. Chavannes）考察龙门石窟，用长安拓工宗怀璞拓碑。1909 年至 1915 年发表《北中国考古图录》，该书第二卷主要介绍了龙门石窟，并将五百五十多种龙门题记译成法文，同时作了考证。 |
| 公元 1915 年 | 中华民国四年 | 2 月 3 日，罗振玉游龙门，见古阳洞佛首多失去。 |
| 公元 1925 年 | 中华民国十四年 | 瑞典国斯德哥尔摩大学教授喜龙仁（O. Siren）在伦敦出版《5 至 14 世纪中国雕塑》，共收龙门石窟照片三十二幅，并对龙门雕刻艺术作了高度评价。 |
| 公元 1934 年 | 中华民国二十三年 | 美国人普爱伦（Alan R.Priest）勾结北京古董商丘彬盗劫龙门宾阳中洞帝后礼佛图两幅珍贵大型浮雕。 |
| 公元 1935 年 | 中华民国二十四年 | 河南省博物馆关百益编《伊阙石刻图表》二册出版。 |
| 公元 1941 年 | 中华民国三十年 | 日本国京都大学水野清一、长广敏雄合著《龙门石窟之研究》在东京出版。此二人曾于 1936 年 4 月考察龙门石窟。 |
| 公元 1948 年 | 中华民国三十七年 | 3 月，洛阳龙门镇解放。 |

# 龙门二十品一览表

| 名称 | 年代 | 碑刻尺寸<br>高 × 宽<br>（cm） | 位置 | 造像<br>组合 | 碑刻<br>现状 |
|---|---|---|---|---|---|
| 比丘慧成为亡父始平公造像记 | 太和二十二年<br>（公元 498 年） | 90 × 40 | 古阳洞<br>北壁洞口<br>上方 | 一佛<br>二菩萨 | 完好 |
| 新城县功曹孙秋生、刘起祖二百人等造像记 | 景明三年<br>（公元 502 年） | 137 × 50 | 古阳洞<br>南壁 | 一佛<br>二菩萨 | 完好 |
| 辅国将军杨大眼为孝文皇帝造像记 | 北魏 | 93 × 40 | 古阳洞<br>北壁 | 一佛<br>二菩萨 | 字残较重 |
| 陆浑县功曹魏灵藏薛法绍造像记 | 北魏 | 88 × 39 | 古阳洞<br>北壁 | 一佛<br>二菩萨 | 被砸<br>四分之三 |
| 长乐王丘穆陵亮夫人尉迟为亡息牛橛造像记 | 太和十九年<br>（公元 495 年） | 72 × 33 | 古阳洞<br>北壁 | 一弥勒<br>二菩萨 | 完好 |
| 云阳伯郑长猷为亡父等造像记 | 景明二年<br>（公元 501 年） | 50 × 30 | 古阳洞<br>南壁 | 一弥勒<br>二菩萨 | 基本完好 |
| 广川王祖母太妃侯为亡夫广川王贺兰汗造像记 | 景明三年<br>（公元 502 年） | 60 × 40 | 古阳洞<br>窟顶 | 一弥勒<br>二菩萨 | 完好 |
| 邑主高树、维那解伯都卅二人等造像记 | 景明三年<br>（公元 502 年） | 40 × 28 | 古阳洞<br>北壁 | 一佛<br>二菩萨 | 完好 |

| 名称 | 年代 | 碑刻尺寸<br>高 × 宽<br>（cm） | 位置 | 造像<br>组合 | 碑刻<br>现状 |
|---|---|---|---|---|---|
| 广川王祖母太妃侯为幼孙造像记 | 景明四年<br>（公元 503 年） | 25 × 79 | 古阳洞<br>窟顶 | 一弥勒<br>二菩萨 | 完好 |
| 北海王元详造像记 | 太和<br>二十二年<br>（公元 498 年） | 76 × 42 | 古阳洞<br>北壁 | 一弥勒<br>二菩萨 | 完好 |
| 比丘道匠为师僧父母造像记 | 北魏 | 20 × 45 | 古阳洞<br>北壁 | 二佛<br>二菩萨 | 完好 |
| 高太妃为亡孙保造像记 | 北魏 | 38 × 25 | 古阳洞<br>窟顶 | 一弥勒<br>二菩萨 | 完好 |
| 安定王元燮为亡祖亡考亡妣造像记 | 正始四年<br>（公元 507 年） | 24 × 38 | 古阳洞<br>南壁 | 一佛二弟子二菩萨 | 基本完好 |
| 张元祖妻一弗为亡夫造像记 | 太和二十年<br>（公元 496 年） | 11 × 32 | 古阳洞<br>北壁 | 一佛<br>二菩萨 | 完好 |
| 比丘惠感为亡父母造像记 | 景明三年<br>（公元 502 年） | 17 × 39 | 古阳洞<br>北壁 | 一弥勒<br>二菩萨 | 完好 |
| 比丘法生为孝文皇帝并北海王母子造像记 | 景明四年<br>（公元 503 年） | 37 × 34 | 古阳洞<br>南壁 | 一佛<br>二菩萨 | 完好 |
| 齐郡王元祐造像记 | 熙平二年<br>（公元 517 年） | 37 × 37 | 古阳洞<br>南壁 | 一弥勒<br>二菩萨 | 完好 |
| 司马解伯达造像记 | 北魏 | 12 × 35 | 古阳洞<br>北壁 | 一弥勒<br>二菩萨 | 残损严重 |
| 邑主马振拜和维那张子成三十四人为皇帝造像记 | 景明四年<br>（公元 503 年） | 58 × 34 | 古阳洞<br>窟顶 | 一弥勒<br>二菩萨 | 基本完好 |
| 比丘尼慈香、慧政造像记 | 神龟三年<br>（公元 520 年） | 38 × 38 | 慈香窟<br>正壁 | 一佛二弟子二菩萨 | 完好 |

# 龙门石窟主要洞窟被盗文物一览表

| 编号 | 窟龛名称 | 造像名称 | 原位置 | 被凿像残迹高度（cm） | 造像年代 | 破坏时间 | 所藏博物馆 |
|---|---|---|---|---|---|---|---|
| 1 | 古阳洞 | 交脚弥勒菩萨像 | 古阳洞 | 36.5 | 北魏 | 1907～1918年，部分为1918～1935年 | 瑞士瑞特保格博物馆 |
| 2 | | 交脚弥勒菩萨像 | | 37.8 | | | 日本大阪市立美术馆 |
| 3 | | 交脚弥勒菩萨像 | | 54 | | | 瑞士瑞特保格博物馆 |
| 4 | | 交脚弥勒菩萨像 | | 24.5 | | | 哲敬堂 |
| 5 | | 交脚弥勒菩萨像 | | 28 | | | 中国上海博物馆 |
| 6 | | 菩萨头像 | | 52 | | | 美国纽约大都会艺术博物馆 |
| 7 | | 菩萨头像 | | 40 | | | 日本仓敷市大原美术馆 |
| 8 | 宾阳中洞 | 孝文帝礼佛图 | 窟门内北侧 | 208 | 北魏 | 1930～1935年 | 美国纽约大都会艺术博物馆 |
| 9 | | 文昭皇后礼佛图 | 窟门内南侧 | 202 | | 1930～1935年 | 美国堪萨斯州纳尔逊艺术博物馆 |
| 10 | | 菩萨头像 | 南壁左胁侍 | 94 | | 1930～1935年 | 日本东京国立博物馆 |
| 11 | | 菩萨头像 | 南壁右胁侍 | 92 | | 1930～1935年 | 日本大阪市立美术馆 |

| 编号 | 窟龛名称 | 造像名称 | 原位置 | 被凿像残迹高度（cm） | 造像年代 | 破坏时间 | 所藏博物馆 |
|---|---|---|---|---|---|---|---|
| 12 | 敬善寺 | 主佛头像 | 后室正壁 | 39 | 初唐 | 1923 年后 | 日本大阪市立美术馆 |
| 13 | | 弟子 | | 近代修补 | | 1918 年前 | |
| 14 | | 菩萨头像（2 尊） | | 近代修补 | | | |
| 15 | 万佛洞 | 左、右胁侍菩萨头像 | 正壁 | 52 ~ 54 | 公元 680 年 | 1936 年前 | |
| 16 | | 左、右天王头像 | 前壁 | 53 ~ 56 | | | |
| 17 | | 供养人头像 | 后室正壁左右侧 | 36 ~ 38 | | | |
| 18 | | 狮子像 | 前室右壁 | 133 | | | 美国堪萨斯州纳尔逊艺术博物馆 |
| | | | 前室左壁 | 117 | | | 美国波士顿艺术博物馆 |
| 19 | | 力士头像 | 窟门外右侧 | 56 | | 1936 年后 | |
| 20 | 清明寺 | 主尊佛头像 | 正壁 | 41 | 唐 | 1918 年前 | |
| 21 | | 左、右胁侍菩萨头像 | 正壁 | 29 ~ 37 | | | |
| 22 | | 狮子（二尊，整体） | 南北壁 | 59 | | 1918 年后 | |
| 23 | 惠简洞 | 左、右胁侍菩萨头像 | 南北壁 | 40 ~ 46 | 唐 | 1923 年后 | |
| 24 | 药师洞 | 立菩萨头像 | 正壁主尊左右侧 | 41 ~ 47 | 初唐 | 1914 年后 | |
| 25 | 韦利器像龛 | 主尊佛头像 | 正壁 | 37 | 唐开元三年（公元 715 年） | 1928 年前 | |
| 26 | | 左胁侍菩萨头像 | | 29 | | | |
| 27 | | 右胁侍菩萨头像 | | 24 | | | |
| 28 | 老龙洞螺髻坐佛大龛 | 螺髻坐佛头像 | 老龙洞北壁 | 46 | 初唐 | 1923 年后 | |

| 编号 | 窟龛名称 | 造像名称 | 原位置 | 被凿像残迹高度（cm） | 造像年代 | 破坏时间 | 所藏博物馆 |
|---|---|---|---|---|---|---|---|
| 29 | | 右胁侍菩萨头像 | | 36 | | | |
| 30 | 老龙洞立佛大龛 | 右胁侍菩萨头像 | 老龙洞南壁 | 38 | | | |
| 31 | 老龙洞大像龛 | 主尊坐佛头像 | 西壁 | 50 | | | |
| 32 | 莲花洞 | 主尊立佛头像 | 正壁 | 144 | 北魏 | 1914～1935年 | |
| 33 | | 左弟子迦叶头像 | 正壁 | 61 | 北魏 | 1914～1935年 | 法国巴黎吉美博物馆 |
| 34 | | 右弟子阿难头像 | | 56 | | | 中国台湾 |
| 35 | | 左菩萨头像 | 北壁 | 107 | | | |
| 36 | | 右菩萨头像 | 南壁 | 100 | | | 日本大阪市立美术馆 |
| 37 | | 力士头像 | 窟门外右侧 | 52 | | | |
| 38 | | 飞天头像（四尊） | 窟顶莲花周围 | 43.5／39／40／51 | | | |
| 39 | 魏字洞 | 左胁侍子弟头像 | 正壁 | 36 | 北魏 | 1914年后 | |
| 40 | | 左胁侍菩萨头像 | | 53 | | | |
| 41 | | 右胁侍菩萨头像 | | 48 | | | |
| 42 | 唐字洞 | 主尊坐佛头像 | 正壁 | 46 | 初唐 | 1914年后 | |
| 43 | | 右胁侍菩萨头像 | | 32 | | | |
| 44 | | 左胁侍菩萨头像 | | 39 | | | |
| 45 | | 倚坐佛头像 | 南壁大龛 | 41 | | | |
| 46 | 药师立佛龛 | 立佛头像 | 奉先寺北壁 | 48 | 唐 | 1914～1936年 | |

| 编号 | 窟龛名称 | 造像名称 | 原位置 | 被凿像残迹高度（cm） | 造像年代 | 破坏时间 | 所藏博物馆 |
|---|---|---|---|---|---|---|---|
| 47 | 奉先寺 | 等身佛头像 | 北壁众立佛龛 | 38 | 唐开元初年 | 1936年前 | 日本大阪市立美术馆、日本京都国立博物馆、中国上海博物馆、加拿大皇家安大略博物馆等 |
| 48 | | | | 45 | | | |
| 49 | | | | 42 | | | |
| 50 | | | | 47 | | | |
| 51 | | | | 42 | | | |
| 52 | 奉先寺 | 等身佛头像 | 北壁众立佛龛 | 47 | 唐开元初年 | 1936年前 | 日本大阪市立美术馆、日本京都国立博物馆、中国上海博物馆、加拿大皇家安大略博物馆等 |
| 53 | | | | 50 | | | |
| 54 | | | | 47 | | | |
| 55 | | | | 50 | | | |
| 56 | | | | 40 | | | |
| 57 | | | | 45 | | 1911～1918年 | |
| 58 | | | | 42 | | 1918～1936年 | |
| 59 | | | | 45 | | | |
| 60 | 药方洞 | 主尊左胁侍弟子头像 | 后室正壁 | 53 | 北齐 | 1914～1936年 | |
| 61 | | 二飞天头及上半身像 | 窟门外上方窟楣中 | | | 1936～1948年 | |
| 62 | 火顶洞 | 坐佛头像 | 正壁 | 50 | 唐 | 1914年后 | 日本大阪市立美术馆 |
| 63 | | 菩萨头像 | 正壁主尊右胁侍 | 33 | | | |
| 64 | | 左天王头像 | 正壁主尊左侧 | 42 | | | |
| 65 | | 右天王头像 | 正壁主尊右侧 | 32 | | | |

| 编号 | 窟龛名称 | 造像名称 | 原位置 | 被凿像残迹高度（cm） | 造像年代 | 破坏时间 | 所藏博物馆 |
|---|---|---|---|---|---|---|---|
| 66 | 皇甫公窟北壁大龛 | 右弟子头像 | 正壁 | 48 | 北魏晚期 | 1914 ~ 1948 年 | |
| 67 | | 右菩萨像 | | 53 | | | |
| 68 | | 左菩萨像 | | 45 | | | |
| 69 | | 半跏趺坐菩萨头像 | 正壁右侧 | 49 | | | |
| 70 | | 菩萨头、手、左手臂像 | 南壁大龛 | 90 | | | |
| 71 | | 供养人头胸像 | 南壁大龛外西侧 | 66 | | | |
| 72 | | 菩萨头像 | 龛内右坐佛右胁侍 | 33 | | | |
| 73 | | 供养人头像 | 龛口右侧 | 51 | | | |
| 74 | 八作司洞 | 菩萨头像 | 正壁主佛右胁侍 | 52 | 唐 | 1914 年后 | |
| 75 | 龙华寺洞 | 天王头像 | 主尊左侧 | 43 | 唐 | 1914 年后 | |
| 76 | | 立佛头像 | 正壁左侧 | 50 | | | |
| 77 | | 立菩萨头像 | 北壁 | 51 | | | |
| 78 | | 坐佛头像 | | 63 | | | |
| 79 | 龙华寺洞 | 坐佛头像 | 南壁 | 60 | 唐 | 1914 年后 | |
| 80 | | 立菩萨头像 | | 50 | | | |
| 81 | | 天王头像 | | 40 | | | |
| 82 | 极南洞 | 天王头像 | 左壁 | 35 | 唐 | 1935 年前 | |
| 83 | | 天王头像 | 右壁 | 40 | | | |
| 84 | 擂鼓台中洞 | 佛头（左肩、左胸）像 | 正壁主尊倚坐佛 | 63（114） | 武周 | 1923 年后 | 美国旧金山亚洲艺术博物馆 |
| 85 | | 菩萨头像 | 正壁右胁侍 | 45 | | | |
| 86 | 擂鼓台北洞 | 四臂观音头像 | 前壁右侧 | 52 | 武周 | 1914 年后 | 日本仓敷市大原美术馆 |

| 编号 | 窟龛名称 | 造像名称 | 原位置 | 被凿像残迹高度（cm） | 造像年代 | 破坏时间 | 所藏博物馆 |
|---|---|---|---|---|---|---|---|
| 87 | 高平郡王洞 | 主尊佛头像 | 正壁 | 79 | 武周 | 1914 年后 | |
| 88 | | 右胁侍弟子头像 | | 78 | | | |
| 89 | | 右胁侍菩萨头像 | | 62 | | | |
| 90 | | 左胁侍菩萨头像 | | 63 | | | |
| 91 | 二莲花南洞 | 弟子头像 | 正壁左胁侍 | 34 | 武周 | 1914 ~ 1948 年 | |
| 92 | | 天王 | 主尊左侧 | 195 | 武周 | | |
| 93 | 二莲花北洞 | 弟子头 | 主尊左胁侍 | 33 | 武周 | 1914 ~ 1948 年 | |
| 94 | | 菩萨像 | 主尊左胁侍 | 230 | | | |
| 95 | | 天王头 | 主尊左侧 | 45 | | | |

# 龙门石窟流失海外文物收藏机构一览表

| 序号 | 位置名称 | 年代 | 收藏机构 |
|---|---|---|---|
| 1 | 古阳洞尼法文法隆造弥勒菩萨像 | 北魏 | 欧洲私人 |
| 2 | 弥勒菩萨交脚像 | 北魏 | 瑞士瑞特保格博物馆 |
| 3 | 弥勒菩萨交脚像 | 北魏 | 日本大阪市立美术馆 |
| 4 | 弥勒菩萨交脚像 | 北魏 | 瑞士瑞特保格博物馆 |
| 5 | 古阳洞弥勒菩萨交脚像 | 北魏 | 哲敬堂 |
| 6 | 古阳洞弥勒菩萨交脚像 | 北魏 | 美国旧金山亚洲艺术博物馆 |
| 7 | 菩萨头像 | 北魏 | 美国纽约大都会艺术博物馆 |
| 8 | 菩萨头像 | 北魏 | 日本仓敷市大原美术馆 |
| 9 | 交脚弥勒菩萨头像 | 北魏 | 前美国纽约卢芹斋 |
| 10 | 宾阳中洞孝文帝礼佛图浮雕 | 北魏 | 美国纽约大都会艺术博物馆 |
| 11 | 宾阳中洞文昭皇后礼佛图浮雕（局部） | 北魏 | 美国堪萨斯州纳尔逊艺术博物馆 |
| 12 | 宾阳中洞南壁右胁侍菩萨头像 | 北魏 | 日本东京国立博物馆 |
| 13 | 古阳洞安定王元燮龛礼佛图浮雕 | 北魏 | 日本大阪市立博物馆 |
| 14 | 宾阳中洞南壁左胁侍菩萨头像 | 北魏 | 日本大阪市立博物馆 |
| 15 | 供养人头像 | 北魏 | 瑞士瑞特保格博物馆 |
| 16 | 莲花洞迦叶头像 | 北魏 | 法国吉美博物馆 |
| 17 | 莲花洞正壁右胁侍菩萨头像 | 北魏 | 日本大阪市立博物馆 |
| 18 | 飞天头像 | 北魏 | 哲敬堂 |
| 19 | 佛头像（1） | 唐 | 英国维多利亚·亚特博物馆 |

| 序号 | 位置名称 | 年代 | 收藏机构 |
|---|---|---|---|
| 20 | 佛头像 | 唐 | 加拿大皇家安大略博物馆 |
| 21 | 佛头像 | 唐 | 加拿大皇家安大略博物馆 |
| 22 | 佛头像 | 唐 | 美国旧金山亚洲艺术博物馆 |
| 23 | 佛头像 | 唐 | 法国私人 |
| 24 | 佛头像（1） | 唐 | 日本私人 |
| 25 | 佛头像 | 唐 | 瑞士瑞特保格博物馆 |
| 26 | 佛头像 | 唐 | 日本私人 |
| 27 | 菩萨头像 | 北魏 | 日本东京国立博物馆 |
| 28 | 宾阳中洞维摩诘像 | 北魏 | 美国弗利尔美术馆 |
| 29 | 菩萨头像 | 北魏 | 日本大阪市立博物馆 |
| 30 | 迦叶头像 | 北魏 | 法国吉美博物馆 |
| 31 | 菩萨头像 | 北魏 | 日本大阪市立博物馆 |
| 32 | 佛头像（2） | 唐 | 英国维多利亚·亚特博物馆 |
| 33 | 擂鼓台中洞佛头像 | 唐 | 美国旧金山亚洲艺术博物馆 |
| 34 | 佛头像 | 唐 | 日本私人 |
| 35 | 敬善寺主尊佛头像 | 唐 | 日本大阪市立美术馆 |
| 36 | 佛头像 | 唐 | 日本仓敷市大原美术馆 |
| 37 | 佛头像 | 唐 | 英国维多利亚·亚特博物馆 |
| 38 | 佛头像 | 唐 | 美国旧金山亚洲艺术博物馆 |
| 39 | 佛头像 | 唐 | 日本东京国立博物馆 |
| 40 | 佛头像 | 唐 | 美国私人 |
| 41 | 观音菩萨头像 | 唐 | 美国私人 |
| 42 | 菩萨头像 | 唐 | 哲敬堂 |
| 43 | 观音菩萨头像 | 唐 | 日本私人 |
| 44 | 大势至菩萨头像 | 唐 | 哲敬堂 |
| 45 | 菩萨头像 | 唐 | 美国洛杉矶博物馆 |
| 46 | 菩萨头像 | 唐 | 日本私人 |
| 47 | 佛弟子手像 | 唐 | 欧洲私人 |
| 48 | 迦叶头像 | 唐 | 美国纽约大都会艺术博物馆 |

| 序号 | 位置名称 | 年代 | 收藏机构 |
|---|---|---|---|
| 49 | 擂鼓台北洞前壁十一面观音头像 | 唐 | 日本仓敷市大原美术馆 |
| 50 | 观音菩萨头像 | 唐 | 美国旧金山亚洲艺术博物馆 |
| 51 | 迦叶头像 | 唐 | 加拿大皇家安大略博物馆 |
| 52 | 天王像 | 唐 | 美国波士顿艺术博物馆 |
| 53 | 力士头像 | 唐 | 日本私人 |
| 54 | 天王头像 | 唐 | 哲敬堂 |
| 55 | 力士头像 | 唐 | 欧洲私人 |
| 56 | 万佛洞狮子像（1） | 唐 | 美国堪萨斯州纳尔逊艺术物馆 |
| 57 | 万佛洞狮子像（2） | 唐 | 美国波士顿艺术博物馆 |

# 龙门石窟流失海外文物回归一览表

<table>
<tr><th>编号</th><th>造像名称</th><th>所属洞窟</th><th>像高、宽、长（cm）</th><th>造像年代</th><th>收藏者</th><th>被盗时间</th><th>回归时间</th></tr>
<tr><td>1</td><td>罗汉迦叶雕像</td><td>看经寺</td><td>高 84.3</td><td>唐</td><td>加拿大国立艺术馆</td><td>1936～1940 年</td><td>2001 年 4 月</td></tr>
<tr><td>2</td><td>高树龛释尊佛头</td><td>古阳洞</td><td>高 32</td><td>北魏景明三年（502）</td><td rowspan="5">陈哲敬</td><td>20 世纪初</td><td rowspan="7">2005 年 10 月</td></tr>
<tr><td>3</td><td>观世音菩萨头像</td><td>火顶洞左胁侍</td><td>高 37</td><td>唐</td><td>20 世纪 30 年代</td></tr>
<tr><td>4</td><td>佛头像</td><td></td><td>高 17.8</td><td>唐</td><td rowspan="5">20 世纪初</td></tr>
<tr><td>5</td><td>飞天造像</td><td></td><td>长 36</td><td>唐</td></tr>
<tr><td>6</td><td>弥勒菩萨头像</td><td>（疑）古阳洞</td><td>高 23</td><td>北魏</td></tr>
<tr><td>7</td><td>佛头像</td><td></td><td>高 43</td><td>唐</td><td rowspan="2">美国纽约私人</td></tr>
<tr><td>8</td><td>天王头像</td><td>（疑）火顶洞</td><td>高 33.5，宽 15</td><td>唐</td></tr>
</table>

# 后记

## “天字一号”龙门石窟

笔者于1964年从北京大学考古专业毕业后，在龙门山“昼读古史，夜数繁星”，度过了三十六年（1964—1999）面壁研修的岁月。对龙门石窟我是熟悉的，也是深怀情感的。“天字一号，皇家风范”是龙门石窟有别于其他石窟的最重要特征。多年来，我们在龙门石窟的研究和管理方面取得了很大的进展，但相较之其他石窟（尤其敦煌石窟）的同类工作而言，我们在龙门石窟的宣传力度、宣传高度、宣传趣味等方面做得尚不够，我们还有很大的提升空间和许多事情可做。

我想从以下几点来阐述龙门石窟的重要性：

### 一、龙门石窟有着得天独厚的佛教文化根基

早在东汉时，洛阳就是国际性的大都会，是丝绸之路的东方起点。汉明帝建造了中国第一座官办寺院“白马寺”，翻译出了第一部佛经《四十二章经》（公元1世纪）。在洛阳孟津县，出土了东汉“老子入夷狄为浮屠车马镜”；在密县打虎亭汉墓，出土了壁画“舍利供养图”。这些

珍贵文物都证明了公元 1 至 3 世纪“仙佛模式”的存在。所谓“老子入夷狄为浮屠”，正是中国文化接受印度文化的“桥梁”。

曹魏时代，高僧昙诃迦罗来到洛阳（公元 249—254 年），翻译出《僧祇戒心》（大众部戒律之节本），并开始授戒。早在阿育王时代晚期（公元前 268—公元前 232 年），于阗国已经有从印度塔克西拉逃难来的移民。公元前 1 世纪，于阗国开始信奉佛教。我国第一位西行求法的高僧朱士行到达于阗国，求取了“正品梵书胡本九十章六十余万言”（公元 282—260 年）。西晋时，这些文献由竺叔兰译出，即《放光般若经》二十卷。洛阳当时有佛寺四十二所。随着“西国佛画”的大量传入，形成了我国第一个佛教造像高潮。公元 275 年，龙门已经有“伊阙山寺”，“索离部”力微之子沙漠汗的从者务勿尘就是在这里“登仙”（出家），比乐尊抵达敦煌（公元 366 年）早了整整九十一年。

公元 493 年，北魏孝文帝迁都洛阳。龙门石窟开始正式雕造。据《洛阳伽蓝记》记载，到公元 534 年时，洛阳有佛寺一千三百六十七所。公元 516 年至 522 年间，惠生遵胡太后之命又前往西天取经一百一十七部。

特别值得注意的是，洛阳融觉寺汉地僧人昙无最创作的《大乘义章》被天竺沙门菩提流支译成胡书（吐火罗语），传至西域（大月氏），西域沙门尊称昙无最为“东方圣人”。

公元 606 年，隋炀帝于洛水之南上林苑建立“翻经馆”，这是由国家建立的第一个译经机构。公元 605 年 4 月，隋军攻破林邑国都（占城），获佛经一千三百五十部，并昆仑书多梨树叶经，送往“翻经馆”。

在唐代，洛阳与长安是两大佛教中心。静泰所撰《大唐东京大敬爱寺一切经论目录》五卷（公元 663 年）、明诠所撰《大周刊定众经目录》十五卷（公元 695 年），为后代编辑“大藏经”奠定了基础。唐代高僧玄奘的家乡位于洛阳偃师区府店镇滑城河村。（有王行满书《大唐二帝圣教序碑》为证。）玄奘出家于洛阳净土寺。他从印度带回了佛教经典及“优填王像”“佛足印”等图像。中国佛教史由此掀开了新的篇章。龙门石窟擂鼓台南洞旁的“佛足印”，更印证了垂拱四年（公元 688 年）“大地震”的存在。

## 二、龙门石窟是我国工程最为浩大的石窟

“青嶂远分从地断，洪流高泻自天来。”这是许浑《晚登龙门驿楼》中的诗句，它描绘的就是龙门伊阙的风景。

龙门石窟开凿在坚硬的石灰岩地层中。据1880年洛阳知县曾炳章统计，龙门共有佛教造像十四万二千二百八十九尊，题记三千六百品。北魏时期，朝廷就设有“石窟丞”主管其事。仅“宾阳三洞”即用工八十万二千三百六十六个。唐代奉先寺“大卢舍那像龛”的工程规模巨大，整龛宽三十三米，高三十五米，深四十米。“摩崖三佛”整窟宽十六点八五米，高七点三米，深八米。而均属于砂岩地层的敦煌莫高窟和云冈石窟，窟龛的规模都相对较小。

## 三、龙门石窟有石窟二千三百四十五个；其中“造像记”二千七百八十品，总计达三十万字。这些“造像记”所保存的丰富、珍贵的第一手史料，也是其他石窟无可比拟的

从空间上看，龙门石窟的造像者东起朝鲜半岛（新罗国），西至阿富汗（吐火罗国）；南起长江流域，北至俄罗斯西伯利亚（突厥国）。从时间上看，龙门石窟自公元493年至公元1610年，共有纪年题记七百零二品（其中北朝纪年一百八十九品）。因此，龙门石窟是我国石窟寺（北魏至唐代）分期、断年的标杆。其他石窟则不然，如敦煌莫高窟早期三窟，至今不能确切断年；隋代石窟原来认为有一百二十个，后来改称八十个。莫高窟不具备分期、断年的条件。

中国石窟第一个考古报告《洛阳龙门双窑》完成于1964年，发表于《考古学报》1988年第一期。

龙门石窟蕴藏的历史文化内涵十分丰富，涉及重要历史人物众多（帝王将相、后妃公主、文人墨客等等），涉及重大历史事件（包括中外交流）众多（唐代西行者王玄策、玄照、玄奘、慧超、义净等事迹）；这些承载，远非其他石窟可以比拟。

## 四、龙门石窟艺术代表了皇家风范，引领了中华佛教造像艺术的方向

在全国大量的石窟造像中，只有龙门石窟的“宾阳三洞”（有大型“帝后礼佛图”）、奉先寺“大卢舍那像龛”（美学成就“不可企及”）、“摩崖三佛”以及云冈石窟的“昙曜五窟”等十个窟是皇帝主持修造的。由此，产生了佛教造像北魏前期的“云冈模式”，北魏后期的“龙门模式”（秀骨清像），北齐、北周的“面短而艳”以及丰腴为度的“唐代模式”。这些艺术典范，风靡全国。“上有好者，下必甚焉。”唐代的文人在敦煌卷子中这样写道：“河洛明月，更照三危。”这是洛阳的皇家典范直接影响敦煌（三危山）艺术的生动写照。

法国的色嘉兰、瑞典的喜龙仁等西方艺术家都高度评价龙门石窟的艺术成就。2000 年 11 月，联合国教科文组织在报告中这样定位：“（龙门石窟）代表了中国石刻艺术的最高峰。”

而反观云冈石窟，其艺术来源不明，“疑有断层”。昙曜五窟至今不能具体确认。

武则天时代传播的《大云经》和“大型弥勒佛倚坐像”，讴歌“大周新政”，该传统为后世所遵循。（在犍陀罗艺术中，有弥勒菩萨，并没有弥勒佛。中国在北齐、北周时代，创造了弥勒成佛。）

我们还应指出，龙门石窟艺术作为古代帝王膜拜的圣地，在中国石窟中也是绝无仅有的。有唐一代，唐高宗、武则天曾多次巡幸龙门石窟。公元 924 年，后唐庄宗李存勖幸龙门广化寺，祈雪。公元 975 年，宋太祖赵匡胤幸龙门广化寺，开善无畏塔，敬瞻真体。公元 1011 年，宋真宗赵恒撰《龙门铭》，刻于龙门东山；公元 1015 年，他又命沙门栖演整修龙门石佛一万七千三百三十九尊。这是国家修理佛像最早的记录。公元 1750 年 9 月，乾隆帝游览龙门香山寺并题诗、纪胜、立碑。公元 1901 年 9 月，慈禧太后与光绪帝从西安回京，途经洛阳，专程游览龙门石窟并拜佛。1948 年洛阳解放后，刘少奇、周恩来、朱德、陈云、邓小平、杨尚昆、华国峰、江泽民、胡锦涛、朱镕基、钱其琛等许多党和国家领导人都曾参观、考察过龙门石窟。

“千峰势到岳边止，万派声归海上消。”龙门石窟以其精湛的艺术成就和大气的皇家风范而成为世界的惟一。公元 1898 年，法国人首次游历龙门石窟。公元 1907 年，法国沙畹教授首次考察了龙门石窟，之后发表专著《北中国考古图录》。新中国成立以来，尼泊尔国王马亨德拉、柬埔寨首相宾努、加拿大总理特鲁多、丹麦首相哈特林、比利时首相马尔滕斯、印度总理拉奥及瓦杰帕伊等外国元首都纷纷参拜“龙门圣地”。多年来，龙门石窟迎接着五湖四海的来客，游人如织。龙门石窟属于中国，更属于世界。

笔者退休之后，龙门石窟的旅游业又取得了巨大发展。龙门石窟的学术研究和宣传工作以及香山寺遗址的发掘都取得了重大成果。然而，还有许多方面需要提升赶上。希望各级领导和各相关领域能够高度重视龙门石窟的学术研究和宣传工作。“中兴业，需人杰。”龙门石窟急需提高研究人员的素质并引进人才。龙门人更应该坚定自信，阔步前行。

本书是笔者这些年研究龙门石窟及相关领域的成果集合，力求学术性与可读性兼顾。主体分为“皇家典范”“石刻巅峰”“龙门往事”“龙门旧影”“龙门古诗”几个板块，其中部分内容涉及同一研究对象时，叙述上会略有重叠，但侧重点和详略存在差异。“附录一”部分是龙门石窟的周边研究，“附录二”部分是与龙门石窟相关联的几个表格，它们对认识、研究龙门石窟很有帮助。希望读者朋友们能够通过此书增进对龙门石窟的了解，更加珍爱、呵护祖国的宝贵文化遗产，更希望方家提出宝贵的意见、建议。

感谢史家珍、杭侃、张焯、路伟、释永信、贺志军、何小要、张全有、张亚光、张雅娜、王飞宁、张雪芬、闫广宇及龙门石窟研究院、山西大同云冈研究院、甘肃敦煌研究院、河南嵩山少林寺、山东青州博物馆、北京大学文博学院、清华大学中国营造学社纪念馆等领导、同志和单位的支持。王一珂同志心怀对古都洛阳和龙门石窟的热爱，为促成本书的出版付出了巨大努力，在此特别致以谢意。

温玉成

2023 年冬于北京